纯粹哲学丛书
黄裕生 主编

道德情感现象学
DAODE QINGGAN XIANXIANGXUE

透过儒家哲学的阐明

卢盈华 著

江苏人民出版社

图书在版编目(CIP)数据

道德情感现象学:透过儒家哲学的阐明/卢盈华著. 一南京:江苏人民出版社,2021.12
（纯粹哲学丛书）
ISBN 978-7-214-26569-2

Ⅰ.①道… Ⅱ.①卢… Ⅲ.①儒家-哲学思想-研究 Ⅳ.①B222.05

中国版本图书馆 CIP 数据核字(2021)第 182147 号

书　　　名	道德情感现象学——透过儒学哲学的阐明
著　　　者	卢盈华
责 任 编 辑	陈　颖　薛耀华
装 帧 设 计	许文菲
责 任 监 制	王　娟
出 版 发 行	江苏人民出版社
地　　　址	南京市湖南路 1 号 A 楼,邮编:210009
照　　　排	江苏凤凰制版有限公司
印　　　刷	江苏凤凰通达印刷有限公司
开　　　本	652 毫米×960 毫米　1/16
印　　　张	15.25　插页 3
字　　　数	194 千字
版　　　次	2021 年 12 月第 1 版
印　　　次	2021 年 12 月第 1 次印刷
标 准 书 号	ISBN 978-7-214-26569-2
定　　　价	78.00 元

(江苏人民出版社图书凡印装错误可向承印厂调换)

谨以此书
献给我的祖母孙秀荣(1935—2013)

从纯粹的学问到真实的事物
——"纯粹哲学丛书"改版序

江苏人民出版社自 2002 年出版这套"纯粹哲学丛书"已有五年,共出书 12 本,如今归入凤凰出版传媒集团"凤凰文库"继续出版,趁改版机会,关于"纯粹哲学"还有一些话要说。

"纯粹哲学"的理念不只是从"纯粹的人"、"高尚的人"、"摆脱私利"、"摆脱低级趣味"这些意思引申出来的,而是将这个意思与专业的哲学问题,特别是与德国古典哲学的问题结合起来思考,提出"纯粹哲学"也是希望"哲学""把握住""自己"。

这个提法,也有人善意地提出质询,谓世上并无"纯粹"的东西,事物都是"复杂"的,"纯粹哲学"总给人以"脱离实际"的感觉。这种感觉以我们这个年龄段或更年长些的人为甚。当我的学生刚提出来的时候,我也有所疑虑,消除这个疑虑的理路,已经在 2002 年的"序"中说了,过了这几年,这个理路倒是还有一些推进。

"纯粹哲学"绝不是脱离实际的,也就是说,"哲学"本不脱离实际,也不该脱离实际,"哲学"乃是"时代精神"的体现;但是"哲学"也不是要"解决"实际的具体问题,"哲学"是对于"实际-现实-时代""转换"一个"视角"。"哲学"以"哲学"的眼光"看""世界","哲学"以"自己"的眼光"看"世界,也就是以"纯粹"的眼光"看"世界。

为什么说"哲学"的眼光是"纯粹"的眼光?

"纯粹"不是"抽象",只有"抽象"的眼光才有"脱离实际"的问题,因为它跟具体的实际不适合;"纯粹"不是"片面",只有"片面"的眼光才有"脱离实际"的问题,因为"片面"只"抓住-掌握""一面",而"哲学"要求"全面"。只有"全面-具体"才是"纯粹"的,也才是"真实的"。"片面-抽象"都"纯粹"不起来,因为有一个"另一面"、有一个"具体"在你"外面"跟你"对立"着,不断地从外面"干扰"你,"主动-能动"权不在你手里,你如何"纯粹"得起来?

所以"纯粹"应在"全面-具体"的意义上来理解,这样,"纯粹"的眼光就意味着"辩证"的眼光,"哲学"为"辩证法"。

人们不大谈"辩证法"了,就跟人们不大谈"纯粹"了一样,虽然可能从不同的角度来"回避"它们,或许以为它们是相互抵触的,其实它们是一致的。

"辩证法"如果按日常的理解,也就是按感性世界的经验属性或概念来理解,那可能是"抽象"的,但那不是哲学意义上的"辩证"。譬如冷热、明暗、左右、上下等等,作为抽象概念来说,"冷"、"热"各执一方,它们的"意义"是"单纯"的"抽象",它们不可以"转化",如果"转化"了,其"意义"就会发生混淆;但是在现实中,在实际上,"冷"和"热"等等是可以"转化"的,不必"变化"事物的温度,事物就可以由"热""转化"为"冷",在这个意义上,执著于抽象概念反倒会"脱离实际",而坚持"辩证法"的"转化",正是"深入""实际"的表现,因为实际上现实中的事物都是向"自己"的"对立面""转化"的。

哲学的辩证法正是以一种"对立面""转化"的眼光来"看-理解"世界的,不执著于事物的一面——偏,而是"看到-理解到"事物的"全面"。

哲学上所谓"全面",并非要"穷尽"事物的"一切""属性",而是"看到-理解到-意识到"凡事都向"自己"的"相反"方面"转化","冷"必然要"转化"为"非冷",换句话说,"冷"的"存在",必定要"转化"为"冷"的"非存在"。

在这个意义上,哲学的辩证法将"冷-热"、"上-下"等等"抽象-片面"的"对立""纯粹化"为"存在-非存在"的根本问题,思考的就是这种"存在-非存在"的"生死存亡"的"大问题"。于是,"哲学化"就是"辩证化",也就是"纯净化-纯粹化"。

这样,"纯粹化"也就是"哲学化",用现在流行的话来说,就是"超越化";"超越"不是"超越"到"抽象"方面去,不是从"具体"到"抽象",好像越"抽象"就越"超越",或者越"超越"就越"抽象",最大的"抽象"就是最大的"超越"。事实上恰恰相反,"超越"是从"抽象"到"具体","具体"为"事物"之"存在"、"事物"之"深层次"的"存在",而不是"表面"的"诸属性"之"集合"。所谓"深层",乃是"事物"之"本质","本质"亦非"抽象",而是"存在"。哲学将自己的视角集中在"事物"的"深层",注视"事物""本质"之"存在"。"事物"之"本质","本质"之"存在",乃是"纯粹"的事物。"事物"之"本质",也是"事物"之"存在",是"理性-理念"的世界,而非"驳杂"之"大千世界"-"感觉经验世界"。"本质-存在-理念"是"具体"的、"辩证"的,因而也是"变化-发展"的。并不是"现象""变"而"理念-本质""不变",如果"变"作为"发展"来理解,而不是机械地来理解,则恰恰是"现象"是相对"僵化"的,而"本质-理念"则是"变化-发展"的。这正是我们所谓"时间(变化发展)"进入"本体-本质-存在"的意义。

于是,哲学辩证法也是一种"历史-时间"的视角。我们面对的世界,是一个历史的世界、时间的世界,而不仅是僵硬地与我们"对立"的"客观世界"。"客观世界"也是我们的"生活世界",而"生活"是历史性的、时间性的,是变化发展的,世间万事万物无不打上"历史-时间"的"烙印","认出-意识到-识得"这个"烙印-轨迹",乃是哲学思考的当行,这个"烙印"乃是"事物-本质-存在""发展"的"历史轨迹",这个"轨迹"不是直线,而是曲线。"历史-时间"的进程是"曲折"的,其间充满了"矛盾-对立-斗争",也充满了"融合-和解-协调",充满了"存在-非存在"的"转化",充满了"对立面"的"转化"和"统一"。

以哲学-时间-历史的眼光看世界,世间万物都有相互"外在"的"关系"。"诸存在者"相互"不同",当然也处在相互"联系"的"关系网"中,其中也有"对立",譬如冷热、明暗、上下、左右之类。研究这种"外在"关系,把握这种"关系"当然是非常重要的,须得观察、研究以及实验事物的种种属性和他物的属性之间的各种"关系",亦即该事物作为"存在者"的"存在""条件"。"事物"处于"外在环境"的种种"条件""综合"之中,这样的"外在""关系"固不可谓"纯粹"的,它是"综合"的、"经验"的;然则,事物还有"自身"的"内在""关系"。

这里所谓的"内在""关系",并非事物的内部的"组成部分"的关系,这种把事物"无限分割"的关系,也还是把一事物分成许多事物,这种关系仍是"外在"的;这里所谓"内在"的,乃是"事物""自身"的"关系",不仅仅是这一事物与另一事物的关系。

那么,如何理解事物"自身"的"内在""关系"?"事物自身"的"内在""关系"乃是"事物自身""在""时间-历史"中"产生"出来的"非自身-他者"的"关系",乃是"是-非"、"存在-非存在"的"关系",而不是"白"的"变成""黑"的、"方"的"变成""圆"的等等这类关系。这种"是非-存亡"的关系,并不来自"外部",而是"事物自身"的"内部"本来就具备了的。这种"内在"的"关系"随着时间-历史的发展"开显"出来。

这样,事物的"变化发展",并非仅仅由"外部条件"的"改变"促使而成,而是由事物"内部自身"的"对立-矛盾"发展-开显出来的,在这个意义上,"内因"的确是"决定性"的。看到事物"变化"的"原因""在""事物自身"的"内部",揭示"事物发展"的"内在原因",揭示事物发展的"内在矛盾",这种"眼光",可以称得上是"纯粹"的(不是"驳杂"的),是"哲学"的,也是"超越"的,只是并不"超越"到"天上",而是"深入"到事物的"内部"。

以这种眼光来看世界,世间万物"自身"无不"存在-有""内在矛盾",一事物的"存在"必定"蕴涵"该事物的"非存在",任何事物都向自身的"反面""转化",这是事物自己就蕴涵着的"内在矛盾"。至于这个事物究竟"变成""何种-什么"事物,则要由"外部""诸种条件"来"决定",但是哲学可以断言的,乃是该事物-世间任何事物都不是"永存"的,都是由"存在""走向-转化为""自己"的"反面"——"非存在","非存在"就"蕴涵""在"该事物"存在"之中。在这个意义上,我们对事物采取"辩证"的态度,也就是采取"纯粹"的态度,把握住"事物"的"内在矛盾",也就是把握住了"事物自身",把握住了"事物自身",也就是把握住了"事物"的"内在""变化-发展",而不"杂"有事物的种种"外部"的"关系";从事物"外部"的种种"复杂关系"中"摆脱"出来,采取一种"自由"的、"纯粹"的态度,抓住"事物"的"内在关系",也就是"抓住"了事物的"本质"。

抓住事物的"本质",并非不要"现象","本质"是要通过"现象""开显"出来的,"本质"并非"抽象概念","本质"是"现实",是"存在",是"真实",是"真理";抓住事物的"本质",就是要"透过现象看本质"。"哲学"的眼光,"纯粹"的眼光,"辩证"的眼光,"历史"的眼光,正是这种"透过现象""看""本质"的眼光。

"透过现象看本质","现象"是"本质"的,"本质"也是"现象"的,"本质""在""现象"中,"现象"也"在""本质"中。那么,从"本质"的眼光来"看""现象-世界"又复何如?

从"纯粹"的眼光来"看""世界",则世间万物固然品类万殊,但无不"在""内在"的"关系"中。"一事物"的"是-存在"就是"另一事物"的"非-非存在","存在""在""非存在"中,"非存在"也"在""存在"中;事物的"外在关系",原本是"内在关系"的"折射"和"显现"。世间很多事物,在现象上或无直接"关系",只是"不同"而已。譬如"风马牛不相及","认识到-意识到""马""牛"的这种"不同"大概并不困难,是一眼就可以断定的。对于古代战争来说,有牛无马,可能是一个大的问题。对于古代军事家来说,认识到这一点也不难,但是要"意识到-认识到""非存在"也"蕴涵着""存在",二者是一而二、二而一的,并不因为"有牛无马"而放弃战斗,就需要军事家有一点"大智慧"。如何使"非存在""转化"为"存在"?中国古代将领田单的"火牛阵"是以"牛"更好地发挥"马"的战斗作用的一例,固然并非要将"牛""装扮"成"马",也不是用"牛"去"(交)换""马",所谓"存在-非存在"并非事物之物理获胜或生物的"属性"可以涵盖得了的。"存在-非存在"有"历史"的"意义"。

就我们哲学来说,费希特曾有"自我""设定""非我"之说,被批评为主观唯心论,批评当然是很对的,他那个"设定"会产生种种误解;不过他所论述的"自我"与"非我"的"关系"却是应该被重视的。我们不妨从一种"视角"的"转换"来理解费希特的意思:如"设定"——采取一种"视角"——"A-存在",则其他诸物皆可作"非A-非存在"观。"非A"不"=(等于)""A",但"非A"却由"A""设定","非存在"由"存在""设定"。我们固不可说"桌子"是由"椅子""设定"的,这个"识见"是"常识"就可以判断的,没有任何哲学家会违反它,但是就"椅子"与"非椅子"的关系来说,"桌子"却是"在""非椅子"之内,而与"椅子"有一种"对立统一"的关系,"非椅子"是由于"设定"了"椅子"而来的。扩大开来说,"非存在"皆由"存在"的"设定"而来,既然"设定""存在",则必有与其"对立"的"反面"——"非存在""在","非存在"由"存在""设定",反之亦然。

"我"与"非我"的关系亦复如是。"意识-理性""设定"了"我",有了"自我意识",则与"我""对立"的"大千世界"皆为"非我",在这个意义上,"非我"乃由"(自)我"之"设定"而"设定",于是"自我""设定""非我"。我们看到,这种"设定"并不是在"经验"的意义上来理解的,而是在"纯粹"的意义上来理解的,"自我"与"非我"的"对立统一"关系乃是"纯粹"的、"本质"的、"哲学"的、"历史"的,因而也是"辩证"的。我们决不能说,在"经验"上大千世界全是"自我""设定"——或者叫"建立"也一样——的,那真成了狄德罗批评的,作如是观的脑袋成了一架"发疯的钢琴"。哲学是很理性的学问,它的这种"视角"的转换——从"经验"的"转换"成"超越"的,从"僵硬"的"转换"成"变化发展"的,从"外在"的"转换"成"内在"的——并非"发疯"式的胡思乱想,恰恰是很有"理路"的,而且还是很有"意义"的:这种"视角"的"转换",使得从"外在"关系看似乎是"风马牛不相及"的"事物"都有了"内在"的联系。"世界在普遍联系之中"。许多事物表面上"离"我们很"远",但作为"事物本身-自身-物自体"看,则"内在"着-"蕴涵"着"对立统一"的"矛盾"的"辩证关系",又是"离"我们很"近"的。海德格尔对此有深刻的阐述。

"日月星辰"就空间距离来说,离我们人类很远很远,但它们在种种方面影响人的生活,又是须臾不可或离的,于是在经验科学尚未深入研究之前,我们祖先就已经在自己的诗歌中吟诵着它们,也在他们的原始宗教仪式中膜拜着它们;尚有那人类未曾识得的角落,或者时间运行尚未到达的"未来",我们哲学已经给它们"预留"了"位置",那就是"非我"。哲学给出这个"纯粹"的"预言",以便一旦它们"出现",或者我们"发现"它们,则作出进一步的科学研究。"自我"随时"准备"

着"迎接""非我"的"挑战"。

"自我"与"非我"的这种"辩证"关系,使得"存在"与"非存在""同出一元",都是我们的"理性""可以把握-可以理解"的:在德国古典哲学,犹如黑格尔所谓的"使得""自在-自为之物""转化"为"为我之物";在海德格尔,乃是"存在"为"使存在",是"动词"意义上的"存在","存在"与"非存在"在"本体论-存在论"上"同一"。

就知识论来说,哲学这种"纯粹"的"视角"的"转换",也有相当重要的意义。知识论也"设定"一个不以人的意志为转移的"客体",这个"客体"乃是一切经验科学的"对象",也是"前提",但是哲学"揭示"着"客体"与"主体"也是"对立统一"的"辩证关系",一切"非主体"就是"客体",于是仍然在"存在-非存在"的关系之中,那一时"用不上"的"未知"世界,同样与"主体"构成"对立统一"关系,从而使"知识论"展现出广阔的天地,成为一门有"无限"前途的"科学",而不局限于"主体-人"的"眼前"的"物质需求"。哲学使人类知识"摆脱""急功近利"的"限制",使"知识"成为"自由"的。"摆脱""急功近利"的"限制",也就是使"知识-科学"有"哲学"的涵养,使"知识-科学"也"纯粹"起来,使"知识-科学"成为"自由"的。古代希腊人在"自由知识"方面给人类的贡献使后人受益匪浅,但这种"自由-纯粹"的"视角",当得益于他们的"哲学"。

从这个意义来看,我们所谓的"纯粹哲学",一方面当然是很"严格"的,从康德到黑格尔的德国古典哲学,哲学有了自己很专业的一面,再到胡塞尔,曾有"哲学"为"最为""严格"(strict-strenge)之称;另一方面,"纯粹哲学"就其题材范围来说,又是极其广阔的。"哲学"的"纯粹视角",原本就是对于那表面上似乎没有关系的、在时空上"最为遥远"的"事物",都能"发现"有一种"内在"的关系。"哲学"有自己的"远"、"近"观。"秦皇汉武"已是"过去"很多年的"事情",但就"纯粹"的"视角"看也并不"遥远",它仍是伽达默尔所谓的"有效应的历史",仍在"时间"的"绵延"之"中",它和"我们"有"内在"的关系。

于是,从"纯粹哲学"的"视角"来看,大千世界、古往今来,都"在""视野"之"中",上至"天文",下至"地理","至大无外"、"至小无内",无不可以"在""视野"之"中";具体到我们这套丛书,在选题方面也就不限于讨论康德、黑格尔、海德格尔等等专题,举凡社会文化、政治经济、自然环境、诗歌文学,甚至娱乐时尚,只要以"纯粹"的眼光,有"哲学"的"视角",都在欢迎之列。君不见,法国福柯探讨监狱、疯癫、医院、学校种种问题,倡导"穷尽细节"之历史"考古"观,以及论题不捐细小的"后现代"诸公,其深入程度,其"解构"之"辩证"运用,岂能以"不纯粹"目之?

"纯粹哲学丛书"改版在即,有以上的话想说,当否敬请读者批评指正。

叶秀山

2007 年 7 月 10 日于北京

序"纯粹哲学丛书"

人们常说,做人要像张思德那样,做一个"纯粹的人",高尚的人,如今喝水也要喝"纯净水",这大概都没有什么问题;但是说到"纯粹哲学",似乎就会引起某些怀疑,说的人,为避免误解,好像也要做一番解释,这是什么原因?我想,这个说法会引起质疑,是有很深的历史和理论的原因的。

那么,为什么还要提出"纯粹哲学"的问题?

现在来说"纯粹哲学"。说哲学的"纯粹性",乃是针对一种现状,即现在有些号称"哲学"的书或论文,已经脱离了"哲学"这门学科的基本问题和基本要求,或者可以说,已经没有什么"哲学味",但美其名曰"生活哲学"或者甚至"活的哲学",而对于那些真正探讨哲学问题的作品,反倒觉得"艰深难懂",甚至断为"脱离实际"。在这样的氛围下,几位年轻的有志于哲学研究的朋友提出"纯粹哲学"这个说法,以针砭时弊,我觉得对于哲学作为一门学科的发展是有好处的,所以也觉得是可以支持的。

人们对于"纯粹哲学"的疑虑也是由来已久。

在哲学里,什么叫"纯粹"?按照西方哲学近代的传统,"纯粹"

(rein，pure)就是"不杂经验"、"跟经验无关",或者"不由经验总结、概括出来"这类的意思,总之是和"经验"相对立的意思。把这层意思说得清楚彻底的是康德。

康德为什么要强调"纯粹"？原来西方哲学有个传统观念,认为感觉经验是变幻不居的,因而不可靠,"科学知识"如果建立在这个基础上,那么也是得不到"可靠性",这样就动摇了"科学"这样一座巍峨的"殿堂"。这种担心,近代从法国的笛卡尔就表现得很明显,而到了英国的休谟,简直快给"科学知识""定了性",原来人们信以为"真理"的"科学知识"竟只是一些"习惯"和"常识",而这些"习俗"的"根据"仍然限于"经验"。

为了挽救这个似乎摇摇欲坠的"科学知识"大厦,康德指出,我们的知识虽然都来自感觉经验,但是感觉经验之所以能够成为"科学知识",能够有普遍的可靠性,还要有"理性"的作用。康德说,"理性"并不是从"感觉经验"里"总结-概括"出来的,它不依赖于经验,如果说,感觉经验是"杂多-驳杂"的,理性就是"纯粹-纯一"的。杂多是要"变"的,而纯一就是"恒",是"常",是"不变"的；"不变"才是"必然的"、"可靠的"。

那么,这个纯一的、有必然性的"理性"是什么？或者说,康德要人们如何理解这个(些)"纯粹理性"？我们体味康德的哲学著作,渐渐觉得,他的"纯粹理性"说到最后乃是一种形式性的东西,他叫"先天的"——以"先天的"译拉丁文 a priori 不很确切,无非是强调"不从经验来"的意思,而拉丁文原是"由前件推出后件",有很强的逻辑的意味,所以国外有的学者干脆就称它作"逻辑的",意思是说,后面的命题是由前面的命题"推断"出来的,不是由经验的积累"概括"出来的,因而不是经验的共同性,而是逻辑的必然性。

其实,这个意思并不是康德的创造,康德不过是沿用旧说；康德的创造性在于他认为旧的哲学"止于"此,就把科学知识架空了,旧的逻辑只是"形式逻辑"——"止于"形式逻辑,而科学知识是要有内容的。康德觉得,光讲形式,就是那么几条,从亚里士多德创建形式逻辑体系以来,到康德那个时代,并没有多大的进步,而科学的知识,日新月异,"知识"是靠经验"积累"的,逻辑的推演,后件已经包含在前件里面,推了出来,也并没有"增加"什么。所以,康德哲学在"知识论"的范围里,主要的任务是要"改造"旧逻辑,使得"逻辑的形式"和"经验的内容"结合起来,也就是像有的学者说的,把"逻辑的"和"非逻辑的"东西结合起来。

从这里,我们看到,即使在康德那里,"纯粹"的问题,也不是真的完全"脱离实际"的;恰恰相反,康德的哲学工作,正是要把哲学做得既有"内容",而又是"纯粹"的。这是一件很困难的工作,康德做得很艰苦,的确也有"脱离实际"的毛病,后来受到很多的批评,但是就其初衷,倒并不是为了"钻进象牙之塔"的。

康德遇到了什么困难?

我们说过,如果"理性"的工作,只是把感觉经验得来的材料加工酿造,提炼出概括性的规律来,像早年英国的培根说的那样"归纳"出来的,那么,一来就不容易"保证""概括"出来的东西一定有普遍必然性,二来这时候,"理性"只是"围着经验转",也不大容易保持"自己",这样理解的"理性",就不会是"纯粹"的。康德说,他的哲学要来一个"哥白尼式的大革命",就是说,过去是"理性"围着"经验"转,到了我康德这里,就要让"经验"围着"理性"转,不是让"纯粹"的东西围着"不纯"的东西转受到"污染",而是让"不纯"的东西围着"纯粹"的东西转得到"净化"。这就是康德说的不让"主体"围着"客体"转,而让"客体"围着"主体"转的意义所在。

我们看到,不管谁围着谁转,感觉经验还是不可或缺的,康德主观上并不想当"脱离实际"的"形式主义者";康德的立意,还是要改造旧逻辑,克服它的"形式主义"的。当然,康德的工作也只是一种探索,有许多值得商讨的地方。

说实在的,在感觉经验和理性形式两个方面,要想叫谁围着谁转都不很容易,简单地说一句"让它们有机地结合起来"当然并不解决问题。

康德的办法是提出一个"先验的"概念来统摄感觉经验和先天理性这两个方面,并使经验围着理性转,以保证知识的"纯粹性"。

康德的"先验的"原文为 transcendental,和传统的 transcendent 不同,后者就是"超出经验之外"的意思,而前者为"虽然不依赖经验但还是在经验之内"的意思。

康德为什么要把问题弄得如此的复杂?

原来康德要坚持住哲学知识论的纯粹性而又具有经验的内容,要有两个方面的思想准备。一方面"理性"要妥善地引进经验的内容,另一方面要防止那本不是经验的东西"混进来"。按照近年的康德研究的说法,"理性"好像一个王国,对于它自己的王国拥有"立法权",凡进入这个王国的都要服从理性为它们制定的法律。康德认为,就科学知识来说,只有那些感觉经验的东西,才被允许进入这个知识的王国,成为它的臣民;而那些根本不是感觉经验的东西,亦即不能成为经验对象的东西,譬如"神-上帝",乃是一个"观念-理念",在感觉经验世界不存在相应的对象,所以它不能是知识王国的臣民,它要是进来了,就会不服从理性为知识制定的法律,在这个王国里,就会闹矛盾,而科学知识是要克服矛盾的,如果出现不可避免的矛盾,知识王国-科学的大厦,就要土崩瓦解了。所以康德在他的第一批判——《纯粹理性批判》里,一方面要仔细研究理性的立法作用;另一方面要仔细厘定理性的职权范围,防止越出经验的范围之外,越过了自己的权限——防止理性的僭越,管了那本不是它的臣民的事。所以康德的"批判",有"分析"、"辨析"、"划界限"的意思。

界限划在哪里?正是划在"感觉经验"与"非感觉经验-理性"上。对于那些不可能进入感觉经验领域的东西,理性在知识王国里,管不了它们,它们不是这个王国的臣民。

康德划这一界限还是很有意义的,这样一来,举凡宗教信仰以及想涵盖信仰问题的旧形而上学,都被拒绝在"科学知识"的大门以外了,因为它们所涉及的"神-上帝"、"无限"、"世界作为一个大全"等等,就只是一些"观念"(ideas),而并没有相应的感觉经验的"对象"。这样,康德就给"科学"和"宗教"划了一条严格的界限,而传统的旧形而上学,就被断定为"理性"的"僭越";而且理性在知识范围里一"僭越",就会产生不可克服的矛盾,这就是他的有名的"二律背反"。

在这个意义上,我们看到,在知识论方面,康德恰恰是十分重视感觉经验的,也是十分重视"形式"和"内容"的结合的。所以批评康德知识论是"形式主义",猜想他是不会服气的,他会说,他在《纯粹理性批判》里的主要工作就是论证"先天综合判断"如何可能,既然是"综合"的,就不是"形式"的,在这方面,他是有理由拒绝"形式主义"的帽子的;他的问题出在那些不能进入感觉经验的东西上。他说,既然我们所认知的是事物能够进入感觉经验的一面,那么,那不能进入感觉经验的另一面,就是我们科学知识不能达到的地方,我们在科学上则是一无所知;而通过我们的感官进得来的,只是一些印象(impression)、表象(appearance),我们的理性在知识上,只能对这些东西根据自己立的法律加以"管理",使之成为科学的、具有必然真理性的知识体系,所以我们的科学知识"止于""现象"(phenomena),而"物自身"(Dinge an sich)、"本体"(noumena)则是"不可知"的。

原来,在康德那里,这种既保持哲学的纯粹性,又融入经验世界的"知识论"是受到"限制"的,康德自己说,他"限制""知识",是为"信仰"留有余地。那么,就我们的论题来说,康德所理解的"信仰"是不是只是"形式"的？应该说,也不完全是。

我们知道,康德通过"道德"引向"宗教-信仰"。"知识"是"必然"的,所以它是"科学";"道德"是"自由"的,所以它归根结蒂不能形成一门"必然"的"科学知识"。此话怎讲？

"道德"作为一门学科,讨论"意志"、"动机"、"效果"、"善恶"、"德性"、"幸福"等问题。如果作为科学知识来说,它们应有必然的关系,才是可以知道、可以预测的；但是,道德里的事,却没有那种科学的必然性,因而也没有那种"可预测性"。在道德领域里,一定的动机其结果却不是"一定"的；"德性"和"幸福"就更不是可以"挂论"出来的。世上有德性的得不到幸福,比比皆是；而缺德的人往往是高官得做、骏马得骑。有那碰巧了,既有些德性,也有些幸福的,也就算是老天爷开恩了。于是,我们看到,在经验世界里,"德性"和"幸福"的统一,是偶尔有之,是偶然的,不是必然的。我们看到一个人很幸福,不能必然地推断他一定就有德性,反之亦然。在这个意义上,这种关系,是不可知的。

所谓"不可知",并不是说我们没有这方面的感觉经验的材料,对于人世的"不公",我们深有"所感"；而是说,这些感觉材料,不受理性为知识提供的先天法则的管束,形不成必然的推理。"不可知"乃是指的这层意思。

"动机"和"效果"也是这种关系,我们不能从"动机"必然地"推论"出"效果",反之亦然。也就是说,我们没有足够的理由说一个人干了一件"好事",就"推断"他的"动机"就一定也是"好"的；也没有足够的理由说一个人既然动机是好的,就一定会做出好的事情来。

之所以会出现这种情况,乃是因为"道德"的问题概出于意志的

"自由",而"自由"和"必然"是相对立的。

要讲"纯粹",康德这个"自由"是最"纯粹"不过的了。"自由"不但不能受"感觉经验-感性欲求"一点点的影响,而且根本不能进入这个感觉经验的世界,就是说,"自由"不可能进入感性世界成为"必然"。这就是为什么康德把他的《实践理性批判》的主要任务定为防止"理性"在实践-道德领域的"降格":理性把原本是超越的事当做感觉经验的事来管理了。

那么,康德这个"自由"岂不是非常的"形式"了?的确如此。康德的"自由"是理性的"纯粹形式",它就问一个"应该",向有限的理智者发出一道"绝对命令",至于真的该做"什么",那是一个实际问题,是一个经验问题,实践理性并不给出"教导"。所以康德的伦理学,不是经验的道德规范学,而是道德哲学。

那么,康德的"纯粹理性"到了"实践-道德"领域,反倒更加"形式"了?如果康德学说止于"伦理学",止于"自由",则的确会产生这个问题;但是我们知道,康德的伦理道德乃是通向宗教信仰的桥梁,它不止于此。康德的哲学"止于至善"。

康德解释所谓"至善"有两层含义:一是指单纯意志方面的,是最高的道德的善;一是更进一层为"完满"的意思。这后一层的意义,就引向了宗教。

在"完满"意义上的"至善",就是我们人类最高的追求目标:"天国"。在这个意义上,我们人类要不断地修善,"超越""人自身"——已经孕育着尼采的"超人"(?),而争取进入"天国"。

在"天国"里,一切的分离对立都得到了"统一"。"天国"不仅仅是"理想"的,而且是"现实"的。在"天国"里,凡理性的,也就是经验的,反之亦然。在那里,"理性"能够"感觉"、"经验的",也就是"合理的",两者之间有一种"必然"的关系,而不像尘世那样,两者只是偶尔统一。这样,在那个世界,我们就很有把握地说,凡是幸福的,就一定是有德的,而绝不会像人间尘世那样,常常出现"荒诞"的局面,让那有德之人受苦,而缺德之人却得善终。于是,在康德的思想里,"天国"恰恰不是"虚无缥缈"的,而是实实在在的,它是一个"理想",但也是一个"现实";甚至我们可以说,唯有"天国"才是既理想又现实的,于是,我们可以说这是一种"完满"意义上的"至善"。

想象一个美好的"上天世界"并不难,凡是在世间受到委屈的人都会幻想一个美妙的"天堂",他的委屈就会得到平申;但是建立在想象和幻想上的"天堂",是很容易受到怀疑和质询的,中国古代屈原的"天问",直到近年描写莫扎特的电影 *Amadeus*,都向这种想象的产物发出了疑问,究其原因,乃是这个"天堂"光是"理想"的,缺乏"实在性";康德的"天国",在他自己看来,却是"不容置疑"的,因为它受到严格的"理路"的保证。在康德看来,对于这样一个完美无缺、既合理又实实在在的"国度"只有理智不健全的人才会提出质疑。笛卡尔有权怀疑一切,康德也批评过他的"我思故我在"的命题,因为那时康德的领域是"知识的王国";如果就"至善-完满"的"神的王国-天国"来说,那么"思"和"在"原本是"同一"的,"思想的",就是"存在的",同理,"存在"的,也必定是"思想"的,"思"和"在"之间,有了一种"必然"的"推理"关系。对于这种关系的质疑,也就像对于"自然律"提出质疑一样,本身"不合理",因而是"无权"这样做的。

这样,我们看到,康德的"知识王国"、"道德王国"和"神的王国-天国",都在不同的层面和不同的意义上具有现实的内容,不仅仅是形式的,但是没有人怀疑康德哲学的"纯粹性",而康德的"(纯粹)哲学"不是"形式哲学"则也就变得明显起来。

表现这种非形式的"纯粹性"特点的,还应该提到康德的第三批判:《判断力批判》。就我们的论题来说,《判断力批判》是相当明显地表现了形式和内容统一的一个领域。

通常我们说,《判断力批判》是《纯粹理性批判》和《实践理性批判》之间的桥梁,或者是它们的综合,这当然是正确的;这里我们想补充说的是:《判断力批判》所涉及的世界,在康德的思想中,也可以看做是康德的"神的王国-天国"的一个"象征"或"投影"。在这个世界里,现实的、经验的东西,并不仅仅像在《纯粹理性批判》里那样,只是提供感觉经验的材料(sense data),而是"美"的,"合目的"的;只是"审美的王国"和"目的王国"还是在"人间",它们并不是"天国"。在这个意义上,我们具有(有限)理性的人,如果努力提高"鉴赏力-判断力",提高"品位-趣味",成了"高尚的人","脱离了低级趣味的人",那么就有能力在大自然和艺术品里发现"理性"和"感性"、"形式"和"内容"、"合目的性"和"合规律性"等等之间的"和谐"。也就是说,我们就有能力在经验的世界里,看出一个超越世界的美好图景。康德说,"美"是"善"的"象征","善"通向"神的王国",所以,我们也可以说,"美"和"合目的"的世界,乃是"神城-天国"的"投影"。按基督教的说法,这个世界原本也是"神""创造"出来的。

"神城-天国"在康德固然言之凿凿,不可动摇对它的信念,但是毕竟太遥远了些。康德说,人要不断地"修善",在那绵绵的"永恒"过程中,人们有望达到"天国"。所以康德的实践理性的"公设"有一条必不可少的就是"灵魂不朽"。康德之所以要设定这个"灵魂不朽",并不完全是迷信,而是他觉得"天国"路遥,如果灵魂没有"永恒绵延",则人就没有"理由"在今生就去"修善",所以这个"灵魂不朽"是"永远修善"所必须要"设定"的。于是,我们看到,在康德哲学中,已经含有了"时间"绵延的观念,只是他强调的是这个绵延的"永恒性",而对于"有限"的绵延,即人的"会死性"(mortal)则未曾像当代诸家那么着重地加以探讨;但是他抓住的这个问题,却开启了后来黑格尔哲学的思路,即把哲学不仅仅作为一些抽象的概念的演绎,而是一个时间的、历史的发展过程,强调"真理"是一个"全""过程",进一步将"时间"、"历史"、"发展"的观念引进哲学,形成了一个庞大的哲学体系。

黑格尔哲学体系可以说是"包罗万象",是百科全书式的,却不是驳杂的,可以说是"庞"而不"杂"。人们通常说,黑格尔发展了谢林的"绝对哲学",把在谢林那里"绝对"的直接性,发展为一个有矛盾、有斗争的"过程",而作为真理的全过程的"绝对"却正是在那"相对"的事物之中,"无限"就在"有限"之中。

"无限"在"有限"之中,"有限""开显"着"无限",这是黑格尔强调的一个非常重要的思想。这个思路,奠定了哲学"现象学"的基础,所以,马克思说,《精神现象学》是理解黑格尔哲学的钥匙。

"现象学"出来,"无限"、"绝对"、"完满"等等,就不再是抽象孤立的,因而也是"遥远"的"神城-天国",而就在"有限"、"相对"之中,并不是离开"相对"、"有限"还有一个"绝对"、"无限"在,于是,哲学就不再专门着重去追问"理性"之"绝对"、"无限",而是追问:在"相对"、"有限"的世界,"如何""体现-开显"其"不受限制-无限"、"自身完满-绝对"的"意义"来。"现象学"乃是"显现学"、"开显学"。从这个角度来说,黑格尔的哲学显然也不是"形式主义"的。

实际上黑格尔是在哲学的意义上扩大了康德的"知识论",但是改变了康德"知识论"的来源和基础。康德认为,"知识"有两个来源:一个是感觉经验,一个是理性的纯粹形式。这就是说,康德仍然承认近代英国经验主义者的前提:知识最初依靠着感官提供的材料,如"印象"之类的,只是康德增加了另一个来源,即理性的先天形式;黑格尔的"知识"则不依赖单纯的感觉材料,因为人的心灵在得到感觉时,并不是"白板一块",心灵-精神原本是"能动"的,而不仅仅是"被动"地接受。"精神"原本是自身能动的,不需要外在的感觉的刺激和推动。精神的能动性使它向外扩展,进入感觉的世界,以自身的力量"征服"感性世界,使之"体现"精神自身的"意义"。因而,黑格尔的"知识",乃是"精神"对体现在世界中的"意义"的把握,归根结蒂,也就是精神对自身的把握。所以在这个意义上,黑格尔的"科学-知识"(Wissenschaft),并不是一般的经验科学知识理论,而是"哲学",是"纯粹的知识",即"精神"在历史发展的进程中、在时间的进程中对精神自身的把握。

精神(Geist)是一个生命,是一种力量,它在时间中经过艰苦的历程,征服"异己",化为"自己",以此"充实"自己,从一个抽象的"力"发展成有实在内容的"一个""自己",就精神自己来说,此时它是"一"也是"全"。精神的历史,犹如海纳百川,百川归海为"一",而海因容纳百川而成其"大-全"。因此,"历经沧桑"之后的"大海",真可谓是"一个"包罗万象、完满无缺的"大-太一"。

由此我们看到,黑格尔的《精神现象学》作为"现象学-显现学",乃是精神——通过艰苦卓绝的劳动——"开显""自己""全部内容"的"全过程"。黑格尔说,这才是"真理-真之所以为真(Wahrheit)"——一个真实的过程,而不是"假(现)象"(Anschein)。

于是,我们看到,在康德那里被划为"不可知"的"本体-自身",经过黑格尔的改造,反倒成了哲学的真正的"知识对象",而这个"对象"不是"死"的"物",而是"活"的"事",乃是"精神"的"创业史",一切物理的"表象",都在这部"精神创业史"中被赋予了"意义"。精神通过自己的"劳作",把它们接纳到自己的家园中来,不仅仅是一些物质的"材料"-"质料",而是一些体现了"精神"特性(自由-无限)的"具体共相-理念",它们向人们——同样具有"精神"的"自由者-无限者(无论什么具体的事物都限制不住)"——"开显"自己的"意义"。

就我们现在的论题来说,可以注意到黑格尔的"绝对哲学"有两方面的重点。

一方面,我们看到,黑格尔的"自由-无限-绝对"都是体现在"必然-有限-相对"之中的,"必然-有限-相对"因其"缺乏"而会"变",当它们"变动"时,就体现了有一种"自由-无限-绝对"的东西在内,而不是说,另有一个叫"无限"的东西在那里。脱离了"有限"的"无限",黑格尔叫做"恶的无限",譬如"至大无外"、"至小无内",一个数的无限增加,等等,真正的"无限"就在"有限"之中。黑格尔的这个思想,保证了他的哲学不会陷于一种抽象的概念的旧框框,使他的精神永远保持着能动的创造性,也保持着精神的历程是一个有具体内容的、非形式的过程。在这个意义上,黑格尔的"绝对"并不是一个普遍的概念,而是具体的个性。这个"个性",在它开始"创世"时,还是很抽象的,而在它经过艰苦创业之后"回到自己的家园"时,它的"个性"就不再是抽象、空洞的了,而是有了充实的内容,成了"真""个性"了。

另一方面,相反的,那些康德花了很大精力论证的"经验科学",反倒是"抽象"的了,因为这里强调的只是知识的"普遍性",这种普遍性又是建立在"感觉的共同性"和理性的"先天性-形式性"基础之上的,因而它们是静止的,静观的,而缺少精神的创造性,也就缺少精神的具体个性,所以这些知识只能是"必然"的,而不是"自由"的。经验知识的共同性,在黑格尔看来,并不"纯粹",因为它不是"自由"的知识;而"自由"的"知识",在康德看来又是自相矛盾的,自由而又有内容,乃是"天国"的事,不是现实世界的事。而黑格尔认为,"自由"而又有内容,就在现实之中,这样,"自由"才是具体的,不是抽象的形式。这样,在黑格尔看来,把"形式"与"内容"割裂开来,反倒得不到"纯粹"的知识。

于是,我们看到,在黑格尔那里,"精神"的"个性",乃是"自由"的"个性",不是抽象的,也不是经验心理学所研究的"性格"——可以归到一定的"种""属"的类别概念之中。"个体"、"有限"而又具有"纯粹性",正是"哲学"所要追问的不同于经验科学的问题。

那么,为什么黑格尔哲学被批评为只讲"普遍性"、不讲"个体性"的,比经验科学还要抽象得多的学说?原来,黑格尔在《精神现象学》中许诺,他的精神在创业之后,又回到自己的"家园",这就是"哲学"。"哲学"是一个概念的逻辑系统,于是在《精神现象学》之后,尚有一整套的"逻辑学"作为他的"科学知识(Wissenschaften)体系"的栋梁。在这一部分里,黑格尔不再把"精神"作为一个历史的过程来处理,而是作为概念的推演来结构,构建一个概念的逻辑框架。尽管黑格尔把他的"思辨概念-总念"和"表象性"抽象概念作了严格的区别,但是把一个活生生的精神的时间、历史进程纳入到逻辑推演程序,不管如何努力使其"自圆其说",仍然留下了"抽象化"、"概念化"的痕迹,以待后人"解构"。

尽管如此,黑格尔哲学仍可以给我们以启示:黑格尔的"绝对精神"既是"先经验的-先天的",同样也是"后经验的-总念式的"。

"绝对精神"作为纯粹的"自由",起初只是"形式的"、没有内容的、空洞的、抽象的;当它"经历"了自己的过程——征服世界"之后",回到了"自身",这时,它已经是有内容、充实了的,而不是像当初那样是一个抽象概念了。但是,此时的"精神"仍然是"纯粹"的,或者说,这才是真正意义上的有了内容的"纯粹",不是一个空洞的"纯粹",因为,此时的经验内容被"统摄"在"精神-理念"之中。于是就"精神-理念"来说,并没有"另一个-在它之外"的"感觉经验世界"与其"对立-相对",所以,这时的"精神-理念"仍是"绝对"的,"精神-理念"仍是其"自身";不仅如此,此时的"精神-理念"已经不是一个"空"的"躯壳-形式",而是有血肉、有学识、有个性的活生生的"存在"。

这里我们尚可以注意一个问题:过去我们在讨论康德的"先验

性-先天性"时,常常区分"逻辑在先"和"时间在先",说康德的"先天条件"乃是"逻辑在先",而不是"时间在先",这当然是很好的一种理解;不过运思到了黑格尔,"时间"、"历史"的概念明确地进入了哲学,这种区分,在理解上也要作相应的调整。按黑格尔的意思,"逻辑在先-逻辑条件"只是解决"形式推理"问题,是不涉及内容的,这样的"纯粹"过于简单,也过于容易了些,还谈不上真正意义上的"纯粹";真正的"纯粹"并不排斥"时间",相反,它就在"时间"的"全过程"中,"真理"是一个"全"。这个"全-总体-总念"也是"超越","超越"了这个具体的"过程",有一个"飞跃","1"+"1"大于"2"。这就是"meta-physics"里"meta"的意思。在这个意思上,我们甚至可以说,真正的、有内容的"纯粹"是在"经验-经历"之"后",是"后-经验"。这里的"后",有"超越"、"高于"的意思,就像"后-现代"那样,指的是"超越"了"现代"(modern)进入一个"新"的"天地","新"的"境界",这里说的是"纯粹哲学"的"境界"。所以,按照黑格尔的意思,哲学犹如"老人格言",看来似乎是"老生常谈",甚至"陈词滥调",却包容了老人一生的经验体会,不只是空洞的几句话。

说到这里,我想已经把我为什么要支持"纯粹哲学"研究的理由和我对这个问题的基本想法说了出来。最后还有几句话涉及学术研究现状中的某些侧面,有一些感想,也跟"纯粹性"有关。

从理路上,我们已经说明了为什么"纯粹性"不但不排斥联系现实,而且还是在深层次上十分重视现实的;但是,在做学术研究、做哲学研究的实际工作中,有一些因素还是应该"排斥"的。

多年来,我有一个信念,就是哲学学术本身是有自己的吸引力的,因为它的问题本身就在一个更高的层面上涉及现实的深层问题,所以不是一种脱离实际的孤芳自赏或者闲情逸致;但它也需要"排斥"某些"急功近利"的想法和做法,譬如,把哲学学术当做仕途的敲门砖,"学而优则仕","仕"而未成就利用学术来"攻击",骂这骂那,愤世嫉俗,自标"清高",学术上不再精益求精;或者拥学术而"投入市场",炒作"学术新闻",标榜"创新"而诽谤读书,诸如此类,遂使哲学学术"驳杂"到自身难以存在。这些做法,以为除了鼻子底下、眼面前的,甚至肉体的欲求之外,别无"现实"、"感性"可言。如果不对这些有所"排斥",哲学学术则无以自存。

所幸尚有不少青年学者,有感于上述情况之危急,遂有"纯粹哲学"之论,有志于献身哲学学术事业,取得初步成果,并得到江苏人民出版社诸公的支持,得以"丛书"名义问世,嘱我写序,不敢怠慢,遂有上面这些议论,不当之处,尚望读者批评。

叶秀山

2001年12月23日于北京

目 录

导言 儒家心学与道德体验的哲学进路 1

第一章 重新检视对儒家伦理学的康德式诠释 7
    第一节 休谟与康德:谁更接近孟子? 8
    第二节 心:作为情感的意向 9
    第三节 个体尊严与自律 13

第二章 马克斯·舍勒与王阳明思想中先天的价值与感受 17
    第一节 儒家心学中道德情感的特征 18
    第二节 马克斯·舍勒的先天价值与感受观念 25
    第三节 儒家思想中的价值与感受现象
          ——兼及对王阳明四句教的诠释 37

第三章 同情与爱的现象学 45
    引言 45
    第一节 同情与共感现象学 46
    第二节 爱的现象学 52
    第三节 爱的再探讨 57
    结语 65

第四章 同情、爱与儒家"仁"的观念 67

引言 67

第一节 孟子对仁的描述中的同情与爱 68

第二节 一体之仁与爱 73

第三节 仁爱的普遍性与良知 79

第四节 同一感、一体感与个体性 83

结语 92

第五章 羞耻现象学 94

引言 94

第一节 羞耻体验中精神、生命与快乐的冲突 95

第二节 破坏性羞耻和羞辱 106

结语 114

第六章 羞耻与儒家"义"的观念 116

第一节 义：责任与内在情感 116

第二节 儒家语境中的羞耻与义 119

第三节 礼、仁与义 125

第七章 敬之现象学 132

第一节 儒家经典中"敬"的两种基本含义 132

第二节 作为道德感受的尊敬之三类 135

第三节 作为宗教感受的尊敬：谦卑、崇敬以及相关的感受 141

第四节 儒家语境中作为宗教感受的尊敬 146

第八章 敬与儒家"礼"的观念 151

第一节 礼的来源和基础 151

第二节 礼与尊敬的关联：礼［乐］如何恰当地表达道德和宗教尊敬 157

结语 166

第九章 信任、守信与不信任 168

导言 168

第一节　信任与守信的表现与关联　170

第二节　不信任相关问题:破坏信任的力量、欺诈与避嫌　183

总结　193

结语　"心有其理"与"人心惟危"　196

参考文献　200

致谢　210

导言　儒家心学与道德体验的哲学进路

本书透过儒家的描述以澄清我们个人与人格间的体验,最终旨在探究情感与价值问题。凭借检验德国现象学家马克斯·舍勒的价值理论与儒家尤其是心学① 对道德感受的叙述,本研究将揭示儒学怎样促进对情感、价值与德性深入而全面的理解。本书将细致地分析关键情感(如同情—爱、羞恶、恭敬、信任)以及它们与儒家核心价值德性(如仁、义、礼、信)的关联——仁义礼智信可以被看作普遍的价值,也可以被看作个人的德性。心的秩序将被展示为情感秩序,而非逻辑或理性秩序。本书希望推进道德认知与实践,并推动现象学、中国哲学、跨文化诠释学、心理学等领域的研究与发展。在展开具体的阐述之前,笔者需要首先澄清此项研究的方法。②

在对待中国思想的研究上,存在着两种基本的进路。第一种进路处于思想史与经学的领域,它聚焦于历史考证与文字训诂,试图通过考察历史背景与特定词汇在历史上的含义来恢复某观念的本义。第二种进

---

① 笔者在广义上理解心学。相比于强调认知心的荀子与朱熹,最看重道德心的学者,如孟子、陆象山、王阳明,属于心学传统。
② 本导言之论述的详细引证详见书中各章。

路处于哲学的领域,它以问题意识为核心,试图通过总结、挑战、辩护和发展古人的思想,将其以一种融贯的方式叙述出来。笔者认可这两种进路皆有其价值,而个人更倾向于第二种。语义学可以帮助澄清一些误解,特别是跨越时代的望文生义所造成的误解,不过它并不能全然替代哲学的探索。清代学者"训诂明则义理明"①的说法实则取消了对意义的真诚追求。

缺乏对问题的关注,缺乏一个更深更广的思考作为背景,人们对特定词汇的意义澄清将会是有局限的,因为人们的理解力影响了他们对特定语词的诠释与评估。值得注意的是,当思想家使用一个特定语词时,他时常不是在其词源学与通行意义上使用,而有其独特的用法。此用法只有通过批判性地分析他的叙述才能被发现。因此,语义的检验只能辅助而不能决定诠释。

一些学者偏重于强调某观念产生的历史背景。毋庸置疑,某个历史条件可以刺激人们对之反思并提出方案以解决人性、政治、认知的危机。然而,在人们的遭遇与思想之间,既不存在必然的对应,也不存在统计学意义上大致的对应。环境和见闻不能决定人们如何感受与思考。譬如,同样是经历了大规模杀戮或相互的迫害,有些人变得更加自私与多疑,而另一些人更加珍惜人类的生命与感情,更为体谅和关怀他人。通过分析某人的政治、经济、家庭境况来推论他的性格、感受与思想只是一种外在的揣测。为了看到某人如何个体地感受与思考,我们必须深入到他本人的话语中。

由此,笔者的方法是通过批判地分析思想家的文本,以检验其论证或描述。一方面,我们的讨论必须有文本依据,并且不能随意地诠释文本。这就要求我们重视历史学与文字学的工作。另一方面,相同的文本可以对不同的诠释开放,尽管这种开放是在一定的限度内。对于表面上

---

① 参见戴震《戴震文集》,中华书局1980年版,第168页。

非系统性的中国思想来说，不同的诠释更是难以避免的。在评估不同的诠释时，我们需要考虑它们的理论连贯性与实践效应。

这种方法看起来与分析哲学的方法类似。后者通常首先对词汇下定义，对思想做概括，然后层层推理与辩难。我认可分析哲学方法的清晰与简洁，因此将其运用到了写作中。不过，这种方法也有其隐患，特别是过于简化了特定观念的丰富意涵。尽管它试图枚举某观念在不同层面上的含义，但由于疏于把握相关的意识与整体现象，它不能看到更多的定义以及它们内在的联系。基于简化了的理解与一孔之见，人们的论证遗漏了他们所未看到的内容，就像盲人摸象一般，各执一词。为了避免不必要的争论，我将避免在未经细看、反思与勾连的情况下，单凭常识武断地下定义。相反，我将首先检验不同的定义与理解。对于情感与心性话题来说，我们特别需要透过细致的描述来展示不同的理解。我们将不再直接地断言情感的本质以及它在伦理学与认识论中的位置。相较之下，我们首先要搞清楚所说的是哪一种情感。人们总是有意或无意地预设了某种或某些情感作为他们讨论情感的出发点。进一步地，我们也不再直接地断言某种特定的情感，而要首先分析它的不同面向。譬如，如果没有认识到自己所言的羞耻是哪种类型，没有认识到其他可能的类型，人们对羞耻下的总体断言就缺乏合法性。用胡塞尔的话说，我们需要将"普遍命题的大票面钞票兑换成接近实事的细致分析的小零钱"①。只有建立在细致描述的基础上，我们的结论才能是无偏颇的。此种认识对于儒家心学研究来说，更是必要的。

广义上的儒家心学肇始于孟子，经由朱熹的同时代论敌陆象山的发展，在王阳明那里达到了顶峰。与其他流派的学者不同，心学家较少谈及形而上学与宇宙论的概念，如无极、太极、太虚、太和、阴阳、五行，而是强调活生生的人类经验与感受。朱熹所代表的理学家侧重理性与法则，

---

① 黑尔德：《导言》，载胡塞尔《现象学的方法》，黑尔德编，倪梁康译，上海译文出版社2016年版，第13页。

相比而言,心学家更为重视道德情感。对于理学来说,尽管"心"可透过认知活动以相合于其依据"理",心与理仍在本质上是相分离的两种东西。理想的(合理的)"情"是"心"通过遵循"理"所发出来的;在这个意义上讲,"心"连接、统合了"性"与"情"。不同于理,心并不能作为道德的来源与道德行动的根本动力。理是形而上的、客观的,而心是纯经验的、主观的。儒家心学与之形成鲜明的对比,对其来说心与理是相互关联的(correlated)。理既客观又主观,既超越又内在;心既主观又客观,既内在又超越。①

没有对心之现象全面而又细致的描述,任何对儒家心学的赞扬与批评都将是缺乏坚实根基的。因此,通过证成和发展儒家心学的核心主张,本书将试图推进中国哲学的研究发展。对心学来说,本心总是契合于理。② 换句话说,情感不只是偶然的,而有其内在的秩序。牟宗三将其称为"本体论的觉情",这种称谓是非常合适的。不过,此种陈述仍稍显笼统,缺乏具体的内容以说服他人,也不能揭示某一道德情感是怎样相关联于某一德性或价值的。这要求我们依据心的具体活动来展示价值与感受如何内在于体验中。在这方面,现象学方法很有启发。一方面,它坚持对本质的追寻,拒绝相对主义、历史主义与心理主义。另一方面,现象学认为本质是在心的活动中呈现出来的,而不是隔绝地抽象地存在着。在意向性中,本质与直观相互建立彼此。现象学的还原摈弃偏见、媒介与无实质内涵的概念构造,使我们无中介地直面实事本身。实事本身可以被看作心的活动以及与其相关联的本质。这种进路与儒家心学对本心与理的一致性与原发性之认可是一致的。

目前学界关于现象学与中国哲学的对话已经取得了一些成果。多

---

① 见第二章。
② 即使在孟子那里,我们也可以看到这种契合。关于"理"与心的契合,孟子说:"心之所同然者何也? 谓理也,义也。圣人先得我心之所同然耳。故理义之悦我心,犹刍豢之悦我口。"(《孟子·告子上7》)在很多情况下,孟子并没有使用"理"这一语词,而是使用其他的语词如仁、义、礼、智。许多段落都表达了它们与心的原本契合。

数学者聚焦于胡塞尔①或海德格尔②,这两位的主张无疑更契合佛学与道家。由于对道德与宗教的共同关切,马克斯·舍勒与儒家更加具有亲和性。不过,关于这两者的比较研究还较为少见。本书将致力于对此比较研究做出贡献。对于先天的价值与情感,儒家心学与舍勒的价值现象学有着相似看法,不过它们对道德情感的表述不尽相同——早期舍勒对情感的描述毕竟是在亚伯拉罕传统的框架内进行的。凭借现象学方法,同时立足于儒家自身的文化与思想模式,笔者将澄清儒家传统中的体验结构。在此项澄清工作中,笔者将刻意避免现象学为人所批评的繁琐与虚玄面向,而以清晰和具体的方式呈现体验及其意义。此项细微的检验将展示怎样避免陷入两种诠释学的极端——要么将一种外在的框架强加给所研究的传统,要么将一种哲学传统隔离在其所谓的概念纯粹性中,无法与其他传统进行富有成效的对话。

本书不仅对中国哲学与比较哲学,还将对一般意义上的哲学做出贡献。在开展比较哲学或跨文化哲学研究时,我们不只是指出不同理论的异同。更重要的是,我们力图增进对相关现象的认识与对相关问题的理解。在本作品中,不同的理论将丰富彼此,并给我们提供一个深化的对世界与人生的看法。正是出于对情感与价值的关注,本书标题中的表述是"透过儒家哲学",而不是"儒家哲学中"。儒学是探究情感与价值问题的主要资源,但不是唯一的资源。只有通过对不同观点的综合,我们才能获得对现象的整全理解。本书的写作不仅澄清中国哲学的特殊性,也澄清哲学一般问题。在阐述不同的情感与价值德性时,笔者的步骤是首

---

① 参见耿宁《心的现象——耿宁心性现象学研究文集》,倪梁康编,倪梁康、张祥龙、王庆节译,商务印书馆2012年版;倪梁康《心的秩序——一种现象学心学研究的可能性》,江苏人民出版社2010年版。
② 参见王庆节《解释学、海德格尔与儒道今释》,中国人民大学出版社2009年版;张祥龙《海德格尔思想与中国天道》,三联书店2007年版;张祥龙《从现象学到孔夫子》,商务印书馆2011年版;袁保新《从海德格尔、老子、孟子到当代新儒学》,武汉大学出版社2011年版;赖贤宗《道家禅宗与海德格的交涉》,台北:新文丰出版公司2008年版。

先通过儒家与其他资源，澄清一般的情感体验；继而根据对情感的整全认识，进一步检视儒家对此种情感与其所对应的德性和价值的独特理解。第一步侧重通过特殊性寻求普遍性，第二步则侧重通过普遍性探求特殊性。

这里还需要对一些用法做出简要说明。在本书**通常**使用情况中，"感受"与"情感"可互换。严格来说，感受比情感含义更广。例如，是非之心（approval and disapproval）或许不可被看作情感，因为其含有判断的特征。然而，由于是非之心是自发的反应，我们不能否认它们也是感受。是非之心是一种独特的感受（认知性感受或感受性认知），在宽泛意义上属于情感，但在狭义上却不属于情感。就狭义而言，情感意味着排除了判断的**心灵**（heart）的活动，尽管情感可以**隐含**判断；判断被视为**心智**（mind）的功能。此外，感受可以较为轻微和短暂，而情感通常是强烈、深刻的感受。由于本书的主题是对情感的探讨，因此尽管笔者完成了澄清是非之心与良知意涵的写作，①却不拟将其收入本书中。或许它们更适合置于笔者关于心学或阳明学专项研究的系列中。

道德情感相关联于价值和人格，就道德而言本质上是建设性的，尽管它们的偏离形式也可以成为破坏性的。道德情感可以是个人的（personal）感受，指向个人自己，不过在多数情况下道德情感是人格间的（interpersonal）。相较之下，非道德情感（non-moral emotions）包含了道德中性情感（amoral emotions）与不道德情感（immoral emotions）。就道德而言，前者本质上是与道德无关的，而后者本质上是破坏性的。详细的阐述详见书中各章。

---

① 参见 Yinghua Lu, "Pure Knowing (*Liang Zhi*) as Moral Feeling and Moral Cognition: Wang Yangming's Phenomenology of Approval and Disapproval," *Asian Philosophy* 27, No. 4, 2017, pp. 309-323; Yinghua Lu, "Wang Yangming's Theory of the Unity of Knowledge and Action Revisited: An Investigation from the Perspective of Moral Emotion," *Philosophy East & West* 69, No. 1, 2019, pp. 197-214。

第一章　重新检视对儒家伦理学的康德式诠释

　　本章聚焦于儒学中的自律与情感问题，特别是关于儒家心学的代表人物孟子（王阳明将在下一章讨论）。在近代哲学中，常常可以见到理性与情感的对立。经典的经验主义和理性主义都将情感看作仅仅是感性的，因而缺乏客观的认知与评价内容。笔者将论证，儒家心学的视角既反对经验主义，也反对理性主义的伦理学。经验主义者认为理性是无力的，不能为道德提供根基，也不能激发道德行动。他们的立场无法赋予道德以绝对性与自主性，因为感性情感是受到环境、生理与心理制约的。另一方面，理性主义者认为人们的行动不应当被情感所决定，而应由普遍的、无条件的理性与法则来决定。此种看法也是不符合我们的道德体验的，因为道德情感的确对调节人们的行为具有重要意义。事实上，仅凭破坏性情感的存在便去否定道德情感的意义，是一种独断的做法，尽管拒斥理性的重要作用也同样是错误的。将此问题推到极端，人类既不是动物也不是机器，而同时具备情感、理性与精神性。本章将指出，对孟子而言，道德情感既不是感性的也不是理性的，而是有序的精神体验。下一章将澄清我们本原的实事体验是如何可能的，展示王阳明的理论框架怎样去建立此种可能性。

第一节　休谟与康德：谁更接近孟子？

休谟是一位著名的经验论者，其哲学体系奠基于感受之上，而孟子也透过四种初始的感受（四端之心）来理解人性，因此，孟子有时被理解为一个休谟主义者。① 然而，二者之间存在着一个被忽略的根本差异：对休谟来说，感受可以被还原为感觉（sensation），而孟子认为感受并不建立在生理心理状况之上。这一差异对他们各自的伦理学理论具有重要意义。

休谟认为，社会同情表现为我们见到或想象到他人的幸福或不幸时所相应感到的快乐或痛苦。由于社会同情，人们爱并尊敬那些具有有用的社会德性的人。休谟写道："在我们对品性与举止的一般认可中，社会德性的有用倾向对我们的作用不取决于利己，而是有着更为普遍和广泛的影响。"② 在休谟看来，尽管利己不能作为道德的根据，对社会的有用性以及一般的快乐仍然决定了道德的对与错。休谟写道：

> 如果有用性是道德情操的一个来源，如果这种有用性并不总是被认为是关于自我的，那么所有造成社会的幸福的事物，就将其自身直接指向了我们的认可和善意。这里有一个原则，它在很大程度上解释了道德的起源：当它如此明显地、自然地出现时，我们还有什么必要去寻找深奥的、遥远的体系？③

孟子则明确拒绝此一观点：道德的**善**终极地决定于外在**利好**的有用性。对孟子来说，内在的情感，如同情，不能被还原为快乐与利益。相

---

① 黄进兴：《优入圣域：权利、信仰与正当性》，陕西师范大学出版社1998年版，第9—33页。
② David Hume, *An Enquiry Concerning the Principles of Morals*, ed. J. B. Schneewind (Indianapolis: Hackett Publishing Company, 1983), p.50.
③ David Hume, *An Enquiry Concerning the Principles of Morals*, p.43.

反,在《孟子》一书的开篇他就清楚地分辨了"义"与"利":"王何必曰利?亦有仁义而已矣。王曰'何以利吾国'?大夫曰'何以利吾家'?士庶人曰'何以利吾身'?上下交征利而国危矣。"(《孟子·梁惠王上1》)

孟子并不反对获利这一行为本身。相反,他明言值得得到报酬的人,应当被给予报酬:"可食而食之矣。"(《孟子·滕文公下4》)不过,在孟子看来,将利益看作伦理学的基础并认为利的价值高于义,则是不正当的。笔者认为,康德的义务论(deontology)更接近孟子的思想。我将引入和检验对儒家伦理学的康德式诠释,此种诠释由牟宗三首创,并得到其弟子李明辉的发扬。我将论证,早期儒家伦理学可被关联于康德思想的程度是很有限的。在本章的结尾和本书接下来的部分,我将拓展李明辉初步的提议,去说明对体验的现象学分析——如舍勒所做的那样——对于证成儒家的道德学说更有启发。

第二节 心:作为情感的意向

在其著作《儒家与康德》中,李明辉对孟子进行了牟宗三所开创的康德式解读。他认为,孟子通过孺子将入于井的举例(《孟子·公孙丑上6》),肯认了道德的无条件性。康德与孟子都认为,意向优先于结果。不过,问题在于,去救小孩的意向是出于遵循义务的动机,还是为情感所推动?

康德道德学说的一个特征是否认将任何目标或结果作为道德行为的可能基础。一个行动具有道德价值,在于它的无条件性和绝对性。他写道:"在世界之中,一般地甚至在世界之外,唯一除了一个善良意志以外,根本不能设想任何东西有可能无限制地被视为善的。"[①] 一个善良意

---

① 康德:《道德形而上学奠基》,杨云飞译,邓晓芒校,人民出版社2013年版,第11页;科学院版(康德全集德文版本第4卷)第393页。

志是绝对地善的,因为它不需要其他的善作为其条件。① 使善良意志成为善的是出于履行义务的动机而行动的意愿。康德写道:"义务是由尊重法则而来的行动的必然性。"② 也就是说,道德之善是由遵循道德法则而行动,不考虑情感、欲望、功利或其他的目的。进一步来说,法则是理性的要求,理性命令人们克服自然欲望去服从它。康德认为,有两种类型的命令。假言律令"把某个可能行动的实践必要性,表现为达成人们意愿的其他事物(或至少有可能这样意愿)的手段。定言律令则把某个行动自身表现为客观必要的,与其他目的不相关。"③ 对康德来说,只有庄严的定言律令代表了道德的真实要求。

当人们看到一个小孩将要掉进井里时,他们会感到孟子所说的心的不安(《孟子·公孙丑上6》),我赞成李明辉的主张:心的不安反映了道德的无条件性本质。正如这段话所示,去救小孩的意向并不预设任何目的,譬如与小孩的父母交友、得到当地人民的称赞。这里需要强调的是,孟子的道德思想可以被视为康德主义的重要方面在于,二者都认为道德行为是无条件的,二者都不诉诸任何外在利好来证明意向和行动的道德性。在其他方面,则不难看出,早期儒家伦理学——特别是孟子所阐明的伦理学——与康德伦理学有着截然不同的特征。

例如,对于孟子,我们找不到文本证据去支持这样的看法:营救小孩是康德式的定言律令所要求的。对康德来说,定言律令仅仅具有法则的

---

① "善良意志并不是因为它产生了什么作用或完成了什么事情,也不是因为它适合用来达到某个预定的目的而是善的,只是因为它的意愿而是善的,即它是自在地善的,并且,就其自身来看,必须被评价为比任何仅仅只是有可能用它来实现有利于某种爱好的东西,甚至可以说有利于所有爱好的总和的东西,都无可比拟地要高得多。"参见康德《道德形而上学奠基》,第12—13页;科学院版第394页。
② Immanuel Kant, *Groundwork of the Metaphysics of Morals*, trans. Mary Gregor (Cambridge: Cambridge University Press, 1997), p. 13;科学院版第400页。
③ Immanuel Kant, *Groundwork of the Metaphysics of Morals*, p. 25;科学院版第414页。譬如,"如果你想要得到他人的喜爱,请尊重他人"这一命令是假言律令;"请尊重他人,不为了达成任何目的"这一命令可被看作定言律令。

形式,而没有法则的具体内容。它的作用是提供必要的条件,以使法则成为法则。定言律令的第一个表示形式是:"仅仅按照你同时也能够愿意它成为一条普遍法则的那个准则去行动。"① 这一形式不仅表达了道德的绝对性,也表达了其普遍性。

孟子所举的营救小孩的例子是否可被看作康德的道德法则,取决于它是否可由定言律令所形成。这里我不打算立即讨论此问题。我想指出,仔细地阅读一定会表明孟子没有这样的表述。当一个人打算营救那个孩子时,他并没有去制定并遵循道德法则,也没有遵循已经制定了的道德法则。相反,事实上,孟子例子中的行为人不能抵御他内心的呼唤(不安)。如果不是出于律令,那么,心的不安类同于道德义务吗?换句话说,感受可以像义务一样被命令吗?说"你**必须**这样去感受"是否有意义?

康德认为,无论如何感受,人们都应当按照义务行事。他写道:

> 有一些灵魂如此易于为同情心所打动,以致他们不带虚荣或利己的其他动因而对于在周围播散快乐感到由衷的愉快,而且他们能够对别人的满足感到高兴,只要这满足是他们造成的。但我认为,在这种情形下的这类行动,无论多么合乎义务,多么值得爱戴,却仍然没有任何真正的道德价值,而是和其他的爱好同一层次的。比如,对于荣誉的爱好,如果它碰巧实际上符合公共利益,并且是合乎义务的,故而是值得赞赏的,那么它应该受到表扬和鼓励,但不值得敬重;因为这种准则缺乏道德内涵,也就是说具有道德内涵的行动不是出于爱好,而只是出于义务去做。②

如果一个人不感到同情,没有内心的动机去结束他人的痛苦,却仍然出于对道德法则的尊重而迫使自己去结束他人的痛苦,那么他会得到康德

---

① 康德:《道德形而上学奠基》,第 52 页;科学院版第 421 页。
② 康德:《道德形而上学奠基》,第 18—19 页;科学院版第 398 页。

主义者的敬重。在孟子的例子中，我们见到的是一个不同的故事，其中没有这样的表述："即使你不感到同情，也应当营救那个孩子"，或者"你必须强迫自己感到同情"。恰恰相反，孟子肯定同情是一个自发的、不受强迫的活动。感到同情的能力是人性中先天的实事或趋向。孟子认为，缺乏同情感，对于人之为人甚至是不可能的。他说："无恻隐之心，非人也。"(《孟子·公孙丑上 6》)如果某人在特定场合中不感到同情，这是因为他失去了本心。不过，这种"失去"更像是遮蔽，而不是毁灭，因为孟子还声称，只要人们去寻求，就会得到(《孟子·告子上 6》)。寻求的方式，包括教育、反思，乃至当下觉醒(顿悟)等。简而言之，孟子的重点不是讨论如何通过理性和自由意志来遵守义务，而是如何保持道德情感。因此，将孟子视作纯粹的义务论者、本质上的康德主义者，是不合适的。

调和理性论者和情感论者的一种方法是将情感看作一种义务。李明辉认为，孟子和席勒都主张人们生来有着对义务的爱好。① 然而，在康德看来，出于意向行事就是出于义务，而对于孟子来说，意向主要是道德情感。二者存在较大差异。

康德主张，当一个行动合于义务但不是出于义务时，它并不具有道德价值。相似地，孟子说："人之所以异于禽于兽者几希，庶民去之，君子存之。舜明于庶物，察于人伦，由仁义行，非行仁义也。"(《孟子·离娄下 19》)李明辉解释说："'由仁义行'是出于义务而行为。"② 然而，孟子这段话的主要观点是，仁义之行是自发的活动，而不是勉强或辛苦努力的结果——尽管维持仁义离不开辛苦努力。用义务解释"义"是有意义的(即便义也相关联于羞耻感)，然而用义务来定义"仁"却是有问题的：仁首要地表现为爱与同情。

---

① 李明辉：《儒家与康德》，台北：联经出版事业公司 1990 年版，第 79 页。
② 李明辉：《儒家与康德》，第 53 页。

第三节　个体尊严与自律

对于儒家有一种很普遍的误解，认为儒家不重视个体，将个体淹没在社会关系中。在这种对儒家的认知中，个人会仅仅被视为集体（家庭、社区、国家）中的一个数目，甚至特定目的的工具。自主的选择被忽略了，普通人要遵循有着不同来源的他律的指令。这种对儒家的解读剥夺了个人的自主权与尊严。无论是自由主义者基于这种误解去反对儒家，还是当权者打着这种旗号去鼓吹利用儒家来压迫无权者，都是有问题的。

康德认为，作为**理性的存在者**，每个人自己都是目的。善意并不以功利的目的为前提，但却与另一个意义上的目的相容。理性存在者根据法则的表象或概念而行事，而引导我们制定准则或法则的是一个目的。他写道："用来作为意志自我规定的客观基础的，就是目的，而目的如果单纯由理性给予，就必然对所有理性存在者同样有效。"① 具有绝对价值的无条件目的，必须是为了所有理性存在者，而不能仅仅是特定某些人。这样就形成了定言律令的第二种形式：**你要这样行动，把不论是你的人格中的人性，还是任何其他人的人格中的人性，任何时候都同时用作目的，而绝不只是用作手段。**② 通过将每个人的人性当作目的，康德肯定了个体尊严的不可剥夺性。根据康德伦理学，应当禁止那些将他人只是当作工具加以利用的行为，比如欺骗、胁迫，这些行为为了某个人和团体的福祉而牺牲另外的个人和团体。

对康德来说，个体尊严源于理性和自由意志，自由意志意味着自由地给予和服从道德法则。康德说："人性的尊严正在于这种普遍立法的

---

① 康德：《道德形而上学奠基》，第 61 页；科学院版第 427 页。
② 康德：《道德形而上学奠基》，第 64 页；科学院版第 429 页。

能力,虽然以自己同时也服从这一立法为条件。"① 合法性和自我决定是意志自律的两个核心要素。一方面,自由意志意味着服从规则的能力,而不会被偶然的环境和欲望所动摇。另一方面,如果道德法则是从外部强加于主体的,那么道德主体也是不自由的。在这个意义上,自由意志意味着自我立法。因此,"意志自律是意志的这种性状,通过该性状,同一个意志(不依赖于意愿对象的所有性状)对于它本身就是一个法则。"② 意志自由是制定道德法则的必要动因,而道德法则是我们认识到我们的自由意志的必要根据。因此康德说:"一个自由的意志和一个服从道德法则的意志是同一个。"③

李明辉以类似的方式引证孟子也肯定了个体尊严和自主:"行一不义、杀一不辜而得天下,皆不为也。"(《孟子·公孙丑上 2》)伯夷、伊尹和孔子都不会侵犯他人的权利。孟子还说:"恭者不侮人,俭者不夺人。"(《孟子·离娄上 16》)一个个体的尊严必须被尊重。在孟子的正义战争思想中,他反对为了征服他国或夺取土地而杀人、将士兵当作工具(《孟子·离娄上 14》《孟子·告子下 8》《孟子·告子下 1》)。当"人"或"士兵"被当作达到特定目的的一个集体的工具,"人"或"士兵"的个体人格被忽视了。那么,个体尊严的来源是什么呢?个体的特殊价值在于理性和自由意志,还是其他?④

孟子确实同样认可个人的道德自律(或自主),不过在我看来,他所认可的是人格的自律而不是自由意志的自律。人格的自律表现为实现善的道德趋向,更具体地说,表现为一个人**先天**的道德情感。他说:"君子所性,仁义礼智根于心。"(《孟子·告子上 21》)基于这段话,李明辉认为,对于孟子来说,心是道德法则的立法者。⑤ 李氏的这一断言过于狭

---

① 康德:《道德形而上学奠基》,第 80 页;科学院版第 440 页。
② 康德:《道德形而上学奠基》,第 80 页;科学院版第 440 页。
③ Immanuel Kant, *Groundwork of the Metaphysics of Morals*, p. 53;科学院版第 447 页。
④ 在第七章和第八章中,我更为具体地检验了个体尊严的来源。
⑤ 李明辉:《儒家与康德》,第 89 页。

窄,因为对孟子来说,心除了服从义务外还有别的趋向,如爱所表现的仁。同时,这些德性也不同于道德法则。更为合适的做法是将仁义礼智看作人性中内在的精神价值,以及人们在发展人格中应当培养的德性。孟子并不将欲望和破坏性情感看作真实的人性。对他来说,道德价值首要地表现为四端之心。在多数情况下,孟子使用"心"而不是"情"这一词汇,不过他所说的"心"恰恰是道德感受。① 孟子说:

> 由是观之,无恻隐之心,非人也;无羞恶之心,非人也;无辞让之心,非人也;无是非之心,非人也。恻隐之心,仁之端也;羞恶之心,义之端也;辞让之心,礼之端也;是非之心,智之端也。(《孟子·公孙丑上6》)

当一个人行善时,他是在依循其真实的人性——孟子认为真实人性由道德情感的自发性展示-而不是遵循理性和自由意志,或出于对道德法则的尊重。无论如何,只要孟子将道德动机的起源定位在我们的内在,而不是他律的源头,那么其文本就认同人之道德动机的自律。

因此,我支持李明辉的论点,即康德和孟子都维护个人尊严和自律。正如孟子所说,"仁者如射,射者正己而后发。发而不中,不怨胜己者,反求诸己而已矣。"(《孟子·公孙丑上7》)个体与自我是儒家的重要维度。李氏敏锐地指出,康德将情感排除出了道德主体之外,这反映了康德和孟子的主要区别。然而,他没有阐明,关于人格尊严的来源,康德和孟子是有重要区别的:对康德而言,尊严来自理性和自由意志的自律;对于孟子来说,人格尊严来自人格的自律,而人格自律又源于人性中固有的精神价值。

---

① 在孟子的用法中,"情"的意思通常是"实情"或"事实"。朱子将"情"理解为情感,而牟宗三和傅佩荣将其理解为实情。参见朱熹《四书章句集注》,中华书局2011年版,第307页;朱熹《朱子语类》卷五十九,载《朱子全书》第16册,上海古籍出版社2010年版,第1881页;牟宗三《心体与性体》下卷(《牟宗三先生全集》第8册),台北:联经出版事业公司2003年版,第461页;傅佩荣《解读孟子》,上海三联书店2007年版,第187页。

总之,孟子和康德的学说有相似之处,二者都不是结果论、幸福论、他律理论或经验论。他们都突出内在性、意向、自律和人格尊严。但是,二者存在本质差异。对康德来说,出于意向而行动就是出于义务,而对孟子来说,意向在于道德情感。李明辉认为孟子认可"对义务的爱好",这是不恰当的。这既破坏了爱的自发性,也破坏了义务的强制性力量,尽管这是调和情感和理性之意向的有意义的尝试。对康德而言,值得注意的是,人格尊严源于理性和自由意志的自律,后者意味着自由地给予和自由地遵从道德法则。相反,对孟子来说,人格尊严建立在人格自律上,而人格自律又源于人性中固有的精神价值。牟宗三和李明辉明智地宣称,儒家心学认可"本体论的觉情",① 然而他们将理以及仁义礼智解释为道德法则却是缺乏说服力的。康德与孟子的主要区别在于:对于康德,道德情感是他律的、感性的、单纯经验的;对于孟子,道德情感是自律的、有序的,是既先天又可经验的。

最后一个要点引导我们进入另一个重要的问题。由于在很多情况下,情感都是由不同的环境触发的,道德情感如何可能不是单纯偶然的呢?为了说明道德情感的合法性,我们需要进入价值和情感现象学的领域。李明辉已经颇有启发地指出,舍勒的价值现象学可以使儒家伦理学更具说服力。② 然而,康德和舍勒的显著差异却被他忽视了。如果我们承认这些差异,那么我们会看到,李氏的康德式诠释——如将仁等同为道德法则——实则与舍勒式的理解相悖。

---

① 牟宗三:《心体与性体》下卷,第308页。
② 李明辉:《儒家与康德》,第78页。

第二章 马克斯·舍勒与王阳明思想中先天的价值与感受

本章批判性地发展牟宗三对王阳明的诠释,探究马克斯·舍勒与儒家心学特别是王阳明哲学中的价值与道德情感现象学。

第一节说明儒家对道德情感的理解,并介绍王阳明的良知观念。在王阳明思想中,"本心"相关联于(correlated with)"理"(pattern, principle, order)与"性",并且同时具有认知与情感的维度。本心通过四端之心表现出来。道德情感是可经验的,但不是感性的;它们是先天的精神体验,我们透过它们直观到人性之理。对阳明来说,作为本质存在的本心与作为动态表现的良知,并没有什么不同。

第二节阐释马克斯·舍勒关于先天的价值和感受的观念,以解释良知如何可以既内在又超越,既主观又客观。我们将解释舍勒的现象学和价值伦理学的理论框架。舍勒发展了不同于埃德蒙德·胡塞尔的现象学方法,并批判地发展出了不同于康德的自律伦理学进路。由此,我们将展示价值和感受何以是先天的。尽管特定的价值载体是相对的、受环境制约的,但无中介地被给予的价值本身却是先天的。价值的级序在偏好之行为中被给予,而价值则在[对价值的]① 意向性感受中被给予。价

---

① 本书中方括号表示对内容的补充。

值级序的被给予先于价值的被给予。进一步地,我们将检验舍勒如何解释价值模态的级序以及爱的行为。价值从低到高的顺序如下:快乐、实用、生命、精神和神圣。爱是一种先于并打开价值被给予之领域的运动,它从较低价值通向较高价值,推动较高价值的实现。偏好显示了对价值的意向性指涉,而爱则是一个无条件的创造性行为。偏好奠基于爱。

第三节探讨儒家尤其是王阳明思想中的价值与情感现象。我们会发现,儒家也肯定了价值级序。对儒家来说,精神价值在广义上同时包含精神价值和神圣价值。关于神圣是否优越于精神,以及天是否具有个体人格,将留在以后讨论。这里只需指出,神圣和对天的敬畏是儒家的重要维度。天理同时表示了精神与神圣之价值,直观到这些价值的是[人]心。从天理来看,人的真实本性(性)是精神价值在人之中的具体化;从心来看,性是精神情感和行为的普遍化。一些王阳明的术语,如心、意、良知、物,也将得到阐明。与舍勒思想类似,儒家心学肯定了这样的意向性结构:一方面是与天理对应的价值观(级序)与精神价值,一方面是与本心良知对应的爱、偏好、价值感受。本章旨在阐明阳明思想的基本结构。详细的道德情感分析将留待以后讨论。

第一节　儒家心学中道德情感的特征

孟子云:"恻隐之心,仁之端也;羞恶之心,义之端也;辞让之心,礼之端也;是非之心,智之端也。"(《孟子·公孙丑上 6》)在这里,孟子声称道德情感是人性的"端"。"端"可以被理解为:(1)开端、发端,(2)端倪、端绪。第(1)种意味着某事物尚未真正存在、完成,而只是"刚开始"出现某个苗头。如一幅画刚开始被创作时的形态是"端",几年后完成时的形态是"成"。第(2)种是指已经存在的某事物的"最初被发现"。如已经发生的案件是"成",侦探发现的破案线索是"端"。根据第一种解释,道德情感是性的基础,而根据第二种解释,性是道德情感的基础。大致上,前者代表了经验主义的人性论趋向,后者代表了理性主义的趋向。在注释这一段时,朱熹采纳了第二种理解。他写道:"恻隐、羞恶、辞让、是非,情也。仁、义、礼、智,性也。心,统性情者也。端,绪也。因其情之发,而性之本然可得而见,犹有物在中而绪见之于外也。"① 对朱熹来说,四种初始情感是已经存在的性的最初被发现的样态,而不是性本身。根据这种解释,作为用的道德情感犹如萌芽,而先验的、普遍的、具有生之理的性犹如 DNA(笔者的比喻),而心犹如萌芽的种子。② 通过遵循 DNA(具生之理)的指令,种子(心)成长为萌芽(道德情感)。这种理解与经验主义的解读对立,后者将道德情感看作种子,而将性看作萌芽。

根据朱熹,性即理。他继承了程颐的说法,"'性即理也',在心唤做性,在事唤做理。"(《朱子语类》卷五)③ 理是宇宙与道德的模式或秩序,因而代表了天[的法则]——当然天还有信仰的特征。天所赋予人的被称作性。人具有两种类型的性:气质之性与天地之性,④ 只有后者被看作真实的人性。根据朱熹对《大学》的诠释,修身在于积累关于理的知识(致知),而积累知识的方法是凭借经验和文本的学习去研究各种事物。因此,就道德基础而言,朱熹是一个先验主义者或理性主义者;而就道德实践而言,朱熹又是一个经验主义者——他重视经验学习,否定顿悟之说。

朱熹将性、理与心隔离开来。前者是形而上的、稳固的,后者是经验的、动态的。对他来说,心有着认知和情感的面向。尽管心与情都只是气,心却优先于单纯的情,因为心可以通过对理的领悟与对情感的调节,以相符于理。心的涵养联结、统合了情感与理,所以朱子说"心,统性情者也。"(《朱子语类》卷五)⑤ 对于朱熹,作为**情感的心**只是心理的本能,

---

① 朱熹:《四书章句集注》,第 221 页。
② 朱熹:《朱子全书》第 14 册,第 230—231 页。
③ 朱熹:《朱子全书》第 14 册,第 216 页。
④ 张载:"形而后有气质之性,善反之则天地之性存焉。故气质之性,君子有弗性焉。"(《正蒙·诚明篇第六》)
⑤ 朱熹:《朱子全书》第 14 册,第 228 页。

因而是不可靠的,需要理的调节。作为**认知的心**尽管比作为情感的心更重要,它也并不全然可靠,因为它可能没有很好地领会理,未能调节好情感。究竟来说,道德的根基在于天理,行善依赖于对天理的正确理解。

尽管朱熹取得了巨大成就,他的伦理学与形而上学仍面临挑战。这也是王阳明反对他的原因。第一,对朱熹来说,**理只是外在于我们的**。理永恒地、先在地存在,并不涉及主体的贡献。从这个意义上说,道德主体不是自律的,因为他遵循的道德原则不是他本人参与制定的。在政治的他律中,人们服从政治权威,而不是服从自己参与制定的法律。同样,在道德他律中,人们服从外在的力量而不是自己的内心。根据孟子仁义内在的说法(《孟子·告子上 4》《孟子·告子上 5》),王阳明批评朱熹隔离理与心的做法是转向了告子。①

第二,理只存在而不活动,因而不能激发人们的道德行动。**我们没有内在的超越根基去推动我们行动。**

第三,**如果我们采取以知识为道德基础的立场,将会带来一些有害的结果。**(1) 世界上有太多复杂的知识,一个人不能完全掌握,而且许多理论总是有争议的,但是在完全理解究竟意义和真理之前不采取任何行动是不合适的。阳明批评了朱子的修身方法,"今人却就将知行分作两件去做,以为必先知了然后能行。我如今且去讲习讨论做知的工夫,待知得真了方去做行的工夫,故遂终身不行,亦遂终身不知。"② (2) 失去了学习与外在探索之条件的人将停止修身,因为修身成了不可能实现的任务。阳明在边远地区的流放生活事实上有助于他认识到外在求索的不足。

第四,朱熹解释中和时,将情感未发的状态看作**体**,将情感已发的状

---

① 王阳明:《答顾东桥书》,载《王阳明全集》,吴光等编校,上海古籍出版社 2011 年版,第 48 页。
② 王阳明《传习录》,第 5 条。关于王阳明《传习录》的条目数,参见 Wang Yangming, *Instructions for Practical Living and Other Neo-Confucian Writings by Wang Yang-ming*, trans. Wing-tsit Chan (New York and London: Columbia University Press, 1963)。《传习录》文字参见《王阳明全集》,吴光等编校,上海古籍出版社 2011 年版。除非特别标明,本书其他地方同此。

态看作用。在他看来,人们应该在情感尚未生起时便涵养自我,而不是当情感已经生起了才修身。**这种二元的实践工夫导致人们喜静而厌动。**当静坐时,人们将隔绝于活生生的经验。

作为儒家心学最重要的人物,阳明发展了孟子关于本心和良知的思想。孟子说:"君子所性,仁义礼智根于心。"(《孟子·告子上21》)如同多数宋明儒者,阳明也认同性即理。根据孟子这段话,阳明进一步主张性、理内在于心。心不是一个抽象的观念,而必须在具体的表现和当下的感应中得到肯定。孟子说:

> 人之所不学而能者,其良能也;所不虑而知者,其良知也。孩提之童,无不知爱其亲者;及其长也,无不知敬其兄也。亲亲,仁也;敬长,义也。无他,达之天下也。(《孟子·告子上15》)

良知既是一个名词——内在的知识、纯粹的[道德]知识或本原的知识(knowledge),又是一个动词——知道(know)以及知道去做(know to do)之行动。① 如这段话所示,良知包含了对父母的爱与对兄长的

---

① 笔者曾经在英文写作中将良知译为"pure knowing",这是 Philip J. Ivanhoe 的译法,参见氏著,*Readings from the Lu-Wang School of Neo-Confucianism* (Indianapolis and Cambridge: Hackett Publishing Company, 2009)。因为良知不仅存在于人也存在于动物、植物乃至石头,我没有增加"moral"一词。然而,"pure knowing"可能会误导读者将良知看作仅仅是一个认知,而没有情感之基石,没有对道德价值的导向。现在我觉得"pure moral knowing"更能恰当地传达良知的内涵。尽管从广义上看,所有事物都具有良知,良知仍然主要地表现在人类活动中,展现道德情感与价值。我使用"knowing"而不是"knowledge",因为这一动名词形式既表达了其动词含义——做道德判断(知善知恶)与激发道德行动,又表达了其名词含义——先天、内在、纯粹、本原的知识。
此外,相比于杂多的无序的意念与经验知识,良知在以下意义上是纯粹的。首先,在认识论层次上,相比于依赖外在调查实验的经验知识,良知是无中介的知识,直接地由反思本原的体验获得。良知并不是在本体论的意义上"本原"的,并不是所有其他的情感与欲望都源于良知。因此,"original"一词也是有误导的。
再者,我避免使用"innate",以免读者将其理解为笛卡尔式的天赋观念,后者本质上是认识论的,不依赖情感与价值。"excellent knowing"或许是另一个选择,不过它的意义过于模糊。关于对良知观念的细致检验,参见 Yinghua Lu, "Pure Knowing (*Liang Zhi*) as Moral Feeling and Moral Cognition: Wang Yangming's Phenomenology of Approval and Disapproval," *Asian Philosophy* 27, No. 4, 2017, pp. 309 – 323; Yinghua Lu, "Wang Yangming's Theory of the Unity of Knowledge and Action Revisited: An Investigation from the Perspective of Moral Emotion," *Philosophy East & West* 69, No. 1, 2019, pp. 197 – 214。

敬,① 并自发地知道［去行］仁义。严格来说,对**他人**的敬是礼而非义的初始表现。② 同样地,是非之心也被包含进了良知。阳明说:"良知只是个是非之心,是非只是个好恶,只好恶就尽了是非,只是非就尽了万事万变。"(《传习录》288 条)阳明还声称,由于良知的运行,盗贼在被喊作盗贼时,也会感到羞耻(《传习录》207 条)。可见,良知包含了所有的四端之心。

朱熹认为,只有理才能作为道德的根基,四端之心只是单纯经验的情感。与此不同,阳明认为情感本身即理与性。对他来说,因为道德情感与性、理是相交融、相关联的,它们共同在道德上占据了基础位置。如果我们采纳孟子的"端"之比喻,我们可以做出如下宣称。道德情感是认识**性**的基础,因而是种子,性是萌芽。同时,作为性的表现与趋向,道德情感同样预设了普遍之**性**。在此意义上,道德情感是普遍之**性**的萌芽,性是基础,因而是种子。可见,道德情感与普遍之**性**同时是种子和萌芽。将"端"看作"刚开始"和"刚被发现"都是正确的。进一步看,独特之**性**的实现(人格之养成)是道德情感与普遍之**性**的结果。继续这个比喻,此种实现可被看作成熟的大树。

良知是超越的、普遍的,同时又是可经验的、主观的。牟宗三就良知的特征写道:

> 良知是即活动即存有的……良知是天理之自然而明觉处,则天理虽客观而亦主观;天理是良知之必然而不可移处,则良知虽主观而亦客观。此是"心即理"、"心外无理"、"良知之天理"诸

---

① 爱与同情是最首要的,因为它们是仁的初始情感。阳明甚至挑战了朱熹对《大学》的"新民"之采用与解读,而采用了古本,强调"亲民"。
② 这里对义的初始情感的解释与《孟子·公孙丑上 6》《孟子·告子上 6》稍有不同。在那两个段落中,孟子把羞恶看作义的初始情感。敬看起来既是义又是礼的初始情感。这一问题我将在第八章讨论。

语之实义。①

回顾上文可知,阳明解决了朱熹道德学说的第一个和第二个难题。理内在于人们自己先天的道德情感中。因此,在依循理时,人们并没有服从外在的权威。此外,因为良知是行善去恶的超越根据,人们不再有借口行恶去善。当人们选择不去行善,这不是因为他没有此能力:良知动态的力量就像泉水涌出(《孟子·公孙丑上 6》)。作为道德行为者的个人必须为他自己的行动承担责任,他的道德自律是由先天的道德情感所展示出的。

阳明并不认为学习文本与观察自然对于道德是关键性的。虽然他并不忽视经验与文本学习,但他认为这些不是首要的,不能作为道德的基础。尽管朱熹认同智者不同于君子或仁者,但他仍然相信学习对正心与修身至关重要。一个原因是:学习可以变化人们的气质之性。而对阳明来说,朱熹混淆了见闻之知与德性之知。在注解《论语·八佾 15》时,朱熹将孔子的"入太庙,每事问"解释为孔子在展示敬意,尽管他已经知礼。而阳明则认为,"圣人于礼乐名物,不必尽知。然他知得一个天理,便自有许多节文度数出来。不知能问,亦即是天理节文所在。"(《传习录》227 条)

阳明挑战了朱熹对"致知"和"格物"的理解。对于朱熹,致知是积累知识,格物意味着研究事物。王阳明将知理解为良知,将物看作"事"。对他来说,致知意味着致良知,类似于孟子所说的推恩(《孟子·梁惠王上 7》)。阳明常常以"事"来理解"物",因而格物表示"正事","事"乃是意所在。阳明认为意与事、物之间,并没有隔离。他说:"身之主宰便是心,心之所发便是意,意之本体便是知,意之所在便是

---

① 牟宗三:《从陆象山到刘蕺山》(《牟宗三先生全集》第 8 册),台北:联经出版事业公司 2003 年版,第 181 页。

物。"(《传习录》6条)

良知并不是科学知识或对外在伦理规则的了解,而是每个人对道德的清晰觉知。阳明说:"天命之性,粹然至善,其灵昭不昧者,此其至善之发见,是乃明德之本体,而即所谓良知也。"(《大学问》)[1] 良知是至善之发见,而至善要透过爱(亲)表现,"至善,明德、亲民之极则也。"(《大学问》)[2] 良知之觉知不能脱离情感而孤立存在。

如牟宗三所示,致良知有两种含义。首先,它表示将良知从意向落实为行动。其次,它表示将道德行动扩展到人的整个生活与整个世界。对阳明来说,行是知的实现处,知是行的开始处。[3] 知中必然已经包含了行,行中也必然包含了知。二者是同一个事情的不同方面,而不是不同的两件事。因此,人们不需要设置一个抽象和静态的理,将其看作体,并将情看作用;不需要在情用以前冥想理之体。当然,阳明并不反对静坐的工夫,但是对他来说静之状态不应被当作体,而且即便在静中良知也在活动。现在,阳明也解决了朱熹伦理学面临的第三个和第四个难题。

总之,儒家心学所倡导的道德情感是可体验的,但不是感性的。道德情感是先天的精神体验,我们通过它们直观到理。不过,仍然存在一些未解决的问题。心如何在其活动中揭示理?理当然不是在康德式的法则之构成的意义上被给予,即便我们承认对儒家的康德式诠释进路有一定的意义和可信度。[4] 良知究竟如何可以既形而上又可经验,既客观又主观,既超越又内在,既存在又活动?我们如何区分心理的情感与精神及道德的情感?为了回答这些问题,我们将受益于对马克斯·舍勒的现象学思考。李明辉已经初步地讨论了舍勒与儒家对情感和价值的评

---

[1] 《王阳明全集》,第1067页。
[2] 《王阳明全集》,第1067页。
[3] "知是行之始,行是知之成。"见《传习录》第5条。
[4] 参见第一章。

判,但他不确切地透过康德的框架去解释儒家和舍勒。① 本章打算进一步比较舍勒和王阳明的框架。我将论证,在阳明伦理学中,理性不再能作为道德判断和行动的基础。在这个意义上,阳明和舍勒思想之间有着更大的共鸣。

第二节　马克斯·舍勒的先天价值与感受观念

(一) 价值现象学与价值伦理学

作为 20 世纪富有影响力的哲学家,马克斯·舍勒主要致力于构造一门价值现象学。他批判地发展出了不同于胡塞尔的现象学,以及不同于康德的自律伦理学。② 胡塞尔的现象学努力主要集中在感知对象的被给予上,并检验了感知方面的客体化行为。安东尼·施坦因博克将这种类型的被给予称为"展现"(presentation)。③ 胡塞尔也讨论了非客体化行为,如意愿、评价、欣赏。不过,对他来说,它们在本体论上立足于对客

---

① 李明辉遵循康德和牟宗三哲学,提出了元根据的诠释学主张:对舍勒和正统儒家(如谢上蔡)来说,爱是被特定环境所决定的,而觉则是本体论的、精神的。事实上,舍勒很明确地指出了爱是根基性的,而不是特定机缘下的呈现;儒家也不如此理解爱。同时,李氏也错误地声称爱是恻隐。参见李明辉《四端与七情:关于道德情感的比较哲学探讨》,台北:台湾大学出版中心 2005 年版,第 120—121 页、368—369 页。
② 根据肯尼斯·史迪克斯(Kenneth Stikkers)的说法,舍勒创造了与胡塞尔极为不同的现象学方法。他写道:"对胡塞尔来说,现象学是反思行为,它穿过一般的意识之流动去揭示和勾画其本质结构,即意向性本质,将之看作所有思想、所有心灵行为、所有一切,特别是科学之可能的主观条件。对舍勒来说,现象学是一种基于'非阻挡的精神技术'的'态度',它是一种特殊的精神行为,通过悬置阻力中心,一方面揭示生命——冲动的生长、奋斗、转化之倾向,另一方面揭示'世界'的被给予。"参见 Kenneth Stikkers, "Values as Ontological Difference," in *Phenomenology of Value and Valuing*, eds. Lester Embree and James G. Hart (Dordrecht: Kluwer, 1997), p. 143. 因此,史迪克斯认为,舍勒的现象学并不是对胡塞尔思想的发展。此问题将取决于我们在何种意义上理解"发展"一词。
③ 参见 Anthony Steinbock, *Phenomenology and Mysticism: The Verticality of Religious Experience* (Bloomington and Indianapolis: Indiana University Press, 2009), pp. 7-12.

体的感知：当客体已经被给予后，评价才会发生。① 只有当人们感知到某物后，才会喜爱某物。在舍勒看来，胡塞尔错误地忽视了这样的实事：价值与情感领域有着不同类型的合法性与持续的完整性。为了探究价值领域，人们不必先去研究客体化行为。先天的情感不是偶然的，如康德和英国道德情操论者所认为的那样。舍勒指出："确实有可能发现一个质料的价值序列，其秩序**完全**独立于利好（goods）世界及其变化形式，并先于这样的利好世界。"② 借用胡塞尔的口号"回到事情本身"，可以说，"事情本身（实事）"对胡塞尔来说是意识，而对舍勒来说是价值及其相关者（如人格）。

康德哲学是舍勒价值伦理学的另一个重要来源。舍勒认同康德的观点，即伦理学应当建立在与经验上的"利好"无关的先天秩序中。他写道："康德认为，只要我们使一个人的善良或道德堕落、意志、作为等取决于它们与现存利好（或弊害）领域的关系，我们就使意志的善良或堕落取决于此领域利好的特定偶然存在，取决于它的经验可知性。"③ 像康德一样，舍勒也坚持人的道德自律与尊严，尽管他们对其解释不同。然而，康德的形式主义伦理学将每个人化约为一个理性存在者，通过主张每个理性的人必须整齐划一地行事，取消了每个人的独特性，部分原因是他轻视情感在道德中的作用。康德的形式主义伦理学在面临义务的冲突时也变得自相矛盾。此外，舍勒认为，康德将人格的自律化约为了意志的自律："人格的价值由意志的价值决定，而不是意志的价值由人格的价值决定。"④ 由于对康德的形式主义伦理学不满，舍勒拒绝了康德

---

① Anthony Steinbock, *Moral Emotions: Reclaiming the Evidence of the Heart* (Evanston: Northwestern University Press, 2014), pp. 7 – 11.
② Max Scheler. *Formalism in Ethics and Non-Formal Ethics of Values: A New Attempt toward the Foundation of an Ethical Personalism*, trans. Manfred S. Frings and Roger L. Funk (Evanston: Northwestern University Press, 1973), p. 23.
③ Max Scheler, *Formalism in Ethics and Non-Formal Ethics of Values*, p. 9.
④ Max Scheler, *Formalism in Ethics and Non-Formal Ethics of Values*, p. 28.

的一些基本假设。

康德主张,先天的确定性只能建立在思维活动所发现的形式法则中,在直观中被直接给予的只是感觉,是无序的混沌。对舍勒来说,先天不同于形式。先天不是先于经验,而是在经验中被给予。他写道:"我们将这样的所有观念的含义和命题统一称为'先天的':它们通过**直接直观**的内容被自我给予,我们没有对思考他们的主体和那些主体真实本性的任何设定[Setzung],没有对这些含义统一所适用的对象的任何设定。"① 根据舍勒的观点,先天的价值持存于每个经验中,它们通过现象学直观(Anschauung)在我们的经验中直接地被给予。此外,尽管康德正确地拒斥了将利好作为伦理学的基础,但在舍勒看来,他错误地将价值视为利好的表现,进而将价值排除出了伦理学。只有在每一个质料伦理学中,"价值概念都是从利好中抽象出来,或者只能从利好对我们的快乐和不快的状态的实际影响中得出来时"②,康德的这一看法才是正确的。然而,这种潜在的假设并没有根据。对舍勒来说,人格行为是道德价值的载体,善恶是人格价值。善既不能被还原为感性的利好,也不能被还原为形式法则。道德的善恶取决于一个人的行为方向,即他对价值的践履。在对其《伦理学中的形式主义与质料的价值伦理学》一书的引论性说明中,舍勒列举了康德的八个基本错误假设。③ 简而言之,在康德的理性与感性的二分中,他忽视了经验中存在现象学直观的事实。它既不是理性的,也不是感性的。这里我制作了一张表来展示康德、胡塞尔和舍勒的基本特征:

---

① Max Scheler, *Formalism in Ethics and Non-Formal Ethics of Values*, p. 48.
② Max Scheler, *Formalism in Ethics and Non-Formal Ethics of Values*, pp. 11 – 12.
③ Max Scheler, *Formalism in Ethics and Non-Formal Ethics of Values*, pp. 6 – 7.

表 1　康德、胡塞尔与舍勒所展示的心的不同面向的秩序与内容之性质

	无内容的形式	有内容
有序	康德： 知性与实践理性	康德： × 胡塞尔： 作为意识意向性的现象学直观 舍勒： 作为价值偏好与情感的现象学直观
无序	×	单纯感性

（二）价值、偏好与情感

哲学上历来有将感性感受与理性对立的传统，这在舍勒看来是不符合我们的体验的。在近代哲学中，经验主义者与理性主义者都将经验等同于感性。他们的区别是前者接受而后者拒绝将其当作哲学第一原理。帕斯卡声称："心有其理性，而理性对此无知。"[①] 舍勒受其影响，认为将情感等同于感性是毫无根据的。情感与价值既不是理性的也不是感性的，而又同时是可经验的。

尽管具体的价值载体是相对的、受制于环境的，无中介地被给予的价值本身却是先天的。假设这里有一个红色的桌子，颜色红可以在没有这个特定的桌子时也被给予。颜色红的存在并不内在地决定于它的载体。同样地，舍勒指出，先天的、质料的价值也独立于其载体；在人们不知道其载体的情况下，即在人心中载体未被给予的情况下，价值便可被

[①] Blaise Pascal, *Pensées*, trans. Roger Ariew (Indianapolis and Cambridge: Hackett Publishing Company, 2004), p. 216. "心有其理性"这一表述可能会误导读者，以为他们可以根据自己任意的情感而行事，理性对此无能为力。传统上理性被认定为思维，因此在表达情感领域时应避免使用"理性"一词。笔者认为更准确的表达方式当是"心有其自身的秩序"，通于"心有其理"之义。

给予。① 一个水果可以是感官舒适之价值的载体——不同的人对这个水果可能有不同的口味评判,但那是另一回事。作为**感官舒适**的**价值本身**并不决定于这个水果,它同样可以在其他事物中存在。在高于感官舒适的价值领域,价值的独立性可以被更清晰地看到。例如,审美价值并不依赖某些物品和人的在场。通过价值感知(或价值认知),而不是对价值载体的感知,价值被直观地给予。

在说明了价值的先天本质后,舍勒也展示了感受如何可以是先天的。在许多人看来,情感是偶然的、任意的、由环境触发的。我们再次提出了这个问题:感受究竟如何可能既先天又可经验,既客观又主观?

为了回答这个问题,舍勒首先将"感受[活动]"〔Fühlen/feeling (of something)〕或"感受功能"(feeling function)与"感受状态"(Gefühle/feeling state)区分开来。二者的区别可以在这样的经验中被看到:感受一个感受状态。"疼痛自身"是一个感受状态,而它被给予的方式是"对疼痛的感受活动",如忍受、承受、容忍、乃至享受一个疼痛。舍勒写道:

> 当我"忍受""承受""容忍"一个疼痛时,甚至"享受"它时,涉及了变化的事实。在这里,在感受活动的功能性质中发生变更的东西,肯定不是疼痛状态。这种变更也不发生在一般的注意力中,连同其各个层次的"看到""留意""关注""观察"和"理解"。被观察的疼痛与被忍受的疼痛是截然不同的……因此感受状态或感受活动是根本不同的。前者属于内容和显现,后者属于接受它们的功能。②

---

① "就像我可以(例如)在一个纯光谱颜色中使一个红作为单纯延展的性质被给予我,同时并不将它理解为一个物体平面的表层,而是将它理解为平面或一个空间类型的东西,我也可以原则上触及像舒适的、诱人的、可爱的,还有友好的、卓越的、高贵的这样一些价值,同时却并不将它们想象为事物或人的特性。"参见舍勒《伦理学中的形式主义与质料的价值伦理学》,倪梁康译,商务印书馆 2011 年版,第 41 页,略有改动。
② Max Scheler, *Formalism in Ethics and Non-Formal Ethics of Values*, p. 256.

作为内容的疼痛自身是一个感受状态,触及它的能力和方式是感受功能。人们只能在感受到感受状态并进行调查之后,才能掌握感受状态的原因,感受状态本身并不指向对象。感受状态自身只是间接地与对象相关,因此感受状态自身并不是意向性的。在感受活动中,存在着对客观价值的意向性感受。舍勒写道:"感受活动原初地意向它自身的对象,即'价值'。"① 在感受与价值之间存在着意向性的相关联性,或者说相交融性(intentional correlation)。一方面,没有感受的意向活动,价值无法显现,人们没有理由去设定价值的存在,因此感受参与了构造价值之客观性。另一方面,之所以价值感知与价值偏好能够自发地出现,也在于价值的客观维度,价值吸引人们去意向它。

舍勒进一步区分了对价值的意向性感受与情绪(Affekt/affect),如愤怒。情绪或激情也不是意向性的感受,因为愤怒的对象和原因并没有立即、原初地被给予,它经过表象而被给予。此外,价值感知总是先于情绪或激情而被给予。舍勒写道:

> 愤怒与我所为之愤怒的东西的结合并不是意向的结合和原初的结合。表象、思想,或者更确切些,那些我首先"感知""表象"或"思考"的对象"引起了我的愤怒"。而只是在后来——即使一般情况下非常迅速地——我才将这个愤怒与这些对象联系起来,并总是通过这个表象。在这个愤怒中我肯定不会"领会"任何东西。特定的弊害必定已经在感受中先在地被"领会",然后它们才会引发愤怒。②

可见,尽管感受状态和情绪在一定程度上是偶然的,但对价值的原初的意向性感受却是先天的,因为它是指向客观的价值的。

在感受之外,还有其他的行为,如偏好、爱、恨。舍勒指出,从较低层

---

① Max Scheler, *Formalism in Ethics and Non-Formal Ethics of Values*, p. 258.
② Max Scheler, *Formalism in Ethics and Non-Formal Ethics of Values*, p. 258.

次到较高层次存在着一些价值模态。价值的顺序无法为理性所证明,只能通过偏好的体验来展示。他写道:"一个价值'高于'另一个价值之事实,是在一种特殊的价值认知行为中被理解的,即偏好行为。"① 在价值偏好中,人们为了一个价值而牺牲另一个价值,因此前者表现出比后者更有价值。人们会为了健康而戒酒,这说明他们偏好生命的价值胜过快乐的价值。当一个父亲为了救自己的女儿而花钱时,他偏好对女儿的爱胜过实用价值。需要说明的是,偏好不同于"选择"。选择发生在不同的**行为**之间,而偏好发生在不同的**利好**或**价值**之间。对利好的偏好是经验偏好,它取决于对价值的偏好,后者是先天的偏好。在偏好中,人们不需要采取行动。因此,当一个人偏好 A 胜过 B 时,他仍可以选择 B 而不选择 A。这种现象可以解释人们在偏好一个较高价值时,仍可能选择去实现一个较低价值。此外,在选择中,一些选项被提供了出来。而在偏好中,人们也许并不会意识到他们所偏好的价值。譬如,人们对自己目前的工作不满,却未必设想出了他们能做多好。舍勒写道:"'价值的高度'不是'先于'偏好'被给予',而是在偏好'中'被给予。因此,每当我们选择以较低价值为基础的目的时,就必然存在一个'偏好的欺罔'。"② 并不是人们先感到一个价值然后将其安排进价值级序中,而是透过偏好人们感到了一个价值。偏好可以发生在相同层次的价值中,也可以发生在不同层次的价值中。笔者将它们称为横向的偏好与纵向的偏好。

(三) 价值的级序与爱

舍勒通过级序阐发了几种根本的价值类型,不过他的分类看起来不是很一致。第一种从低到高的价值排序是:快乐、生命、精神、神圣。③ 第

---

① Max Scheler, *Formalism in Ethics and Non-Formal Ethics of Values*, p. 87.
② Max Scheler, *Formalism in Ethics and Non-Formal Ethics of*, p. 88.
③ Max Scheler, *Formalism in Ethics and Non-Formal Ethics of Values*, pp. 104–110.

二种排序是：实用、快乐、生命、精神、神圣。① 另一种排序是：快乐、实用、生命、精神、神圣。② 第三种排序比更二种更为成熟。这些细微的不同无损于舍勒哲学的总体。下面，我将按照第一种排序来分析价值的级序，这种排序在《形式主义》中得到了较为明确的阐述。

第一类价值模态是快乐，相关联于感性感受（舒适和不舒适）。这种模态的感受状态是感官感受，它涵盖快乐与痛苦。当偏好发生在这一层次上时，人们总是偏好舒适胜过不舒适。如果某个生命看起来偏好不舒适胜过舒适，那么这是因为这个生命与我们感受不同，从我们感到痛苦的东西中感到快乐，或者这个生命恰好偏好另一个价值模态。

舍勒并没有对这一层次进行详细的现象学分析。我将在这里澄清这一层次的四种感受状态：

（1）煎熬：感到极大疼痛并且在接近死亡。

（2）痛苦（不适）：欲望已经产生，尚未得到满足。

（3）中立状态：没有感到疼痛，没有欲望产生，没有欲望的满足。

（4）快乐：（Ⅰ）欲望得到满足；（Ⅱ）痛苦得到终止。

一方面，对所有生命来说，痛苦会导致[本能的]欲望[去结束这种痛苦]。另一方面，[非本能的]欲望也会导致痛苦。在笔者的分类中，痛苦被看作与不适同质。通过心的操练，人们可以不再产生某些欲望，这样一来一些痛苦可以得到终止并且不再产生。一些宗教便具有此种效果。不过，在生命现世的存在中，一些痛苦是不能一劳永逸地被消灭的。所有的生命都需要靠能量来维持生存，疾病和衰老也带来痛苦。

在人们的感知中，一些人会将（1）（2）乃至（3）感受为痛苦，他们将中立状态感受为难以忍受的无聊。一些人将（3）（4）感受为快乐，他们

---

① Max Scheler, *Formalism in Ethics and Non-Formal Ethics of Values*, p. 94.
② Max Scheler, *Formalism in Ethics and Non-Formal Ethics of Values*, p. 109.

将中立状态感受为令人愉悦的宁静。有些人还会将(2)感受为快乐。幻想本身就有快乐的成分,追求欲望的过程是充实的,或者设法调节欲望也是对自己修身的锻炼。由于不同感受方式的存在,也就会有不同的对快乐的感受和理解。煎熬对于生命是有害的,而痛苦却不一定。当一个欲望产生时,如性欲,人们感到痛苦,却没有感到生命的衰败。

单纯从感官感受层次来看,在这四种感受状态中,人们总是偏好后者胜过前者。不过,极致地追求快乐会导致煎熬,如抽烟、喝酒、安逸往往对身体有害。因此,有时人们想要居于中立状态,乃至痛苦,譬如接受痛苦的治疗、锻炼身体,而不想要享乐。这种偏好秩序隐含了另一个较高的价值模态——生命。

第二种价值模态是生命,相关联于生命感受。这种模态的感受状态包括所有生命感受的模式,如生命的振作、衰退,健康和疾病的感受,衰老和死亡来临的感受,虚弱和强壮的感受。[1] 生命价值是独特的,它们不能被还原为舒适与实用,或精神。不过,作为人,人们在拥有健康和高贵的生活时,仍会不满足。

第三种价值模态是精神,相关联于精神感受之功能与精神偏好、爱、恨之行为。有三种主要的精神价值:(1) 审美价值,涵盖美与丑;(2) 道德价值,涵盖正当与不正当,正当的秩序是法则的基础;(3) 对真理纯粹认知的价值,涵盖真实与虚假。哲学寻求实现这些价值。此价值模态的回应感受状态包含愉快与不愉快、认可与不认可、尊敬与不尊敬、回报的意欲、精神同情等。

需要指出的是,并不是所有的美都在精神层次。例如,身体美的价值可能在快乐的层次上,低于生命的价值。人们不应当为了追求身体美

---

[1] Max Scheler, *Formalism in Ethics and Non-Formal Ethics of Values*, pp. 106–107.

而牺牲身体健康。仍须注意的是,道德价值可以以两种方式被诠释。首先,道德价值属于精神的层次。其次,道德价值在于偏好较高价值胜过较低价值的活动中,不属于任何一个特定的价值层次。

即使人们实现了精神价值,仍会在内心深处感到生命是无意义的。对无限的追求指向了最后的价值模态——神圣。神圣仅仅出现在这样的对象中,它们在意向中作为绝对的对象被给予。神圣价值独立于被认为是神圣的事物,如神圣的物品、权力、人和机构。这些表现不属于先天的价值现象学的领域。此种模态的感受状态涵盖极乐与绝望。此模态的回应包括信仰与不信、敬畏、崇拜等。舍勒认为,神圣的自我价值根本上是一个人格价值,而爱的行为终极地指向神圣。

对舍勒来说,爱是一个运动,先于并打开价值的领域,从较低价值通向较高价值。① 我将在下一章具体地讨论爱的问题。综合上文的讨论,我们可以认识到感受的不同层面:

表2 不同感受与行为的感性与精神性特征

1. 感受状态(感性的)
2. 情绪(感性的)
3. 感受活动,或感受功能
(1) 精神感受的功能
(Ⅰ) 可以看到价值
(Ⅱ) 对价值盲目(如同情)
(2) 感性感受的功能
4. 行为(精神的)
(1) 偏好,价值感受
(2) 爱
(3) 恨

---

① Max Scheler, *The Nature of Sympathy*, trans. Peter Heath (New Brunswick and London: Transaction Publishers, 2008), p. 152.

有两点值得留意。首先,感性感受可以同时表示感性状态和感受功能。其次,功能和行为的区别,并非只是前者是心理的后者是精神的;存在着精神感受的功能,如同情的功能。① 虽然功能和行为都可以是精神的,但是功能不能是行为,行为不能是功能。严格来说,行为是自发的、创造性的,不是对某物的感受。相反,功能是由环境或身心状况所引发的,或者是由偏好、爱、恨所衍生的。当由环境或身心状况所引发时,功能是感性的;而当由行为所衍生时,功能成为精神的。如果人们误将感受功能当作行为,功能将不再是精神的。尽管同情对价值盲目,但它也可以由爱所引发,并成为精神感受。②

每一种价值模态都不能被还原为其他的价值模态。道德的行为是去偏好一个较高价值胜过较低价值。价值的颠倒被舍勒称为"怨嫉"(ressentiment)。③ 怨嫉之术语和观念来自尼采,尼采认为宗教人士鄙视快乐之欲望与强壮高贵之生命的原因是他们没有能力去实现快乐和生命价值。舍勒以自己的价值级序观念为基础,批判了尼采的怨嫉观念。

将美的事物看作丑的,并不是怨嫉;将美的价值本身看作并不高于丑的价值才是怨嫉。有两种形式的价值颠倒。第一种将较低价值看作毫无价值,这种态度将较低的价值还原为较高价值。尽管与较高价值相比,较低价值的价值更少,但它们不是毫无价值,不应由于自身的原因而被全然否定。第二种是去偏好较低价值胜过较高价值,或将二者等同,如否定精神价值的存在,或将金钱看作神圣。这种态度将较高价值还原

---

① "精神同情……是友谊的基础。"参见 Max Scheler, *Formalism in Ethics and Non-Formal Ethics of Values: A New Attempt toward the Foundation of an Ethical Personalism*, p. 108。"精神价值在这样功能与行为中被理解:精神感受的功能与精神偏好、爱和恨的行为。"参见 Max Scheler, *Formalism in Ethics and Non-Formal Ethics of Values: A New Attempt toward the Foundation of an Ethical Personalism*, p. 107。
② 关于对同情和爱的详细分析,参见第三章。
③ 参见 Max Scheler, *Ressentiment*, trans. Lewis B. Coser and William W. Holdheim (Milwaukee, Wisconsin: Marquette University Press, 1998)。

为了较低价值。①

现在我们来问这样一个问题:价值级序的客观性的证据或"标准"是什么？如何区分"正确"的偏好与怨嫉？如果价值的级序是在偏好活动中被给予的，而且我和你偏好不同，那么凭什么说我的价值级序是颠倒的？是价值级序导出某人偏好的正确，还是某人偏好的正确才导出了价值级序？

爱将价值带入存在，②但爱自身并不是价值级序的证据。为了回答上述问题，我们需要说明价值和偏好的关系。价值与偏好是相关联的、或曰相交融的(correlated)，也就是说，其中任何一个都不能被还原为另一个。偏好不能被还原为价值级序，价值级序也不能被还原为偏好。舍勒写道:"价值的有序等级本身是绝对地**不变的**，而原则上'偏好的规则'在历史中是可变的。"③虽然历史上不纯粹的偏好规则是可变的，但是先天的偏好是不变的。价值级序与**原初的**偏好是预设彼此的:现象学洞见预设了本质的存在，而本质的存在也预设了现象学洞见。价值级序相关联于偏好活动，价值级序的客观性相关联于"理想"的偏好活动。客观的价值级序由正当的、纯粹的偏好之结构寻到——此结构通过整个历史得到净化提纯——而不是由任意的不纯粹的感受寻到。后者在严格意义上，并不是真实的偏好活动。

如舍勒所主张的那样，价值等级永远不能靠推理得到，而只能通过直观的偏好明证性展示出。舍勒总结了偏好之秩序的几种特征，以说明客观的价值级序。首先，价值越持久就越高。其次，价值越是不可分，它们就越高。再次，较高价值对其他价值而言是奠基性的，而不是奠基于其他价值。第四，较高价值会产生更深层的满足。最后，越重要的价值

---

① 对关联于价值颠倒的怨嫉观念的跨文化阐发，参见卢盈华《怨嫉与良知的遮蔽——马克斯·舍勒与王阳明论心的失序》，载《中国现象学与哲学评论》第23辑，2018(2)，第181—204页。
② Max Scheler, *The Nature of Sympathy*, p. 154.
③ Max Scheler, *Formalism in Ethics and Non-Formal Ethics of Values*, p. 88.

距离绝对价值越近。①

第三节 儒家思想中的价值与感受现象
——兼及对王阳明四句教的诠释

借鉴舍勒的现象学并重新检验儒家自身的道德范畴,我们发现儒家也肯定了价值级序。孟子说:"鱼,我所欲也;熊掌,亦我所欲也。二者不可得兼,舍鱼而取熊掌者也。"(《孟子·告子上 10》)这个例子说明,在感官感受层次,人们总是偏好更舒适者。当然,孟子的描述并不是对吃熊掌的合理化,因为吃熊掌可能违反实用原则或生命价值,基于熊掌太费钱或对生命有害。如果吃熊掌是不义的,也会违反精神价值。对感官舒适之较低价值的认同,也见于《论语》。孔子说:"富而可求也,虽执鞭之士,吾亦为之。如不可求,从吾所好。"(《论语·述而 12》)这里孔子肯定了实用的价值高于快乐的价值。通过卑微而繁重的工作过上富裕的生活,比在闲散中过着贫穷的生活要更好。另一方面,追求财富的途径可能不符合仁道。也许努力工作在某些社会不会带来财富,例如在歧视知识分子的社会中从事知识工作。在这些情况下,孔子会坚持对道的追寻。

儒家肯定生命的价值高于实用的价值。《中庸》认为,"君子居易以俟命,小人行险以徼幸。"(《中庸·十四章》)除了这句话所具有的其他哲学含义外,它还表明,君子不应为了财富和权位冒生命危险。

最后,对于儒家,精神价值高于生命价值。接着上述引文,孟子继续说:"生,亦我所欲也;义,亦我所欲也,二者不可得兼,舍生而取义者也。"(《孟子·告子上 10》)人们在其心中原初地偏好义胜过生命。对舍勒来说,如果人们的偏好不同于偏好的秩序,这是由于心的失序;价值的颠倒被他称为怨嫉。关于儒家中价值颠倒的问题,孟子说贤者能够保持不失

---

① Max Scheler, *Formalism in Ethics and Non-Formal Ethics of Values*, pp. 90–100.

去他的本心,而没有修为者则会失其本心、放心(《孟子·告子上 10》《孟子·告子上 11》)。对王阳明来说,如果人们偏好快乐胜过仁义,则意味着良知本心被遮蔽了。①

在王阳明看来,人们原初地都偏好天理胜过人欲,从中我们可以看到他的价值级序思想。人们也许会反对说,这是一个错误的看法,因为即便人人都认同"抽烟有害健康",他们可能仍然会抽烟,这表明他们不认同价值级序。然而,这个指责不是很有说服力。这样的现象并不能证伪人们原初地偏好生命胜过快乐,或偏好精神胜过生命。如前所述,价值级序并不能被理性证明,而只能由人们**原初**的纯粹偏好来展示,偏好不等同于选择。当人们选择抽烟时,他们在偏好(严格意义上是选择)其他的价值,或者高于生命(精神,如为了努力工作),或者低于生命(快乐)。在后一种情况下,这是由于心失去了其本原的秩序。王阳明承认,透过良知,人们的原初经验中都有偏好天理胜过人欲的秩序,而且人们应当维持这种偏好.因此他的思想可以被看作支持价值的级序。

反对舍勒和阳明思想存在共鸣的人还会援引另一个事例——"侃去花间草"。在这个事例中,看起来王阳明表达了佛教式的无固定价值系统的观点(《传习录》101 条)。然而,这段话恰恰确认了偏好的秩序。除草的基本原则并不是跟随自己任意的自私的欲望,而是遵循表示了精神价值的天理。当薛侃问道:"'如好好色,如恶恶臭',则如何?"阳明答曰:"此正是一循于理。是天理合如此,本无私意作好作恶。"此外,不执着于特定的意图是修身的工夫,这与偏好秩序的观点并不冲突。在本体论上,本心和天理是存在的;而在实践上,人们应当遵循其本心和天理,却无须为意图反复纠结、担心,为其所折磨,乃至焦虑抑郁。因此阳明说:"有心俱是实,无心俱是幻;无心俱是实,有心俱是幻。"(《传习录》339 条)

---

① 关于良知的遮蔽,参见卢盈华《良知是如何被遮蔽的?——基于阳明心学的阐明》,载《中国哲学史》2017 年第 4 期。

前者是就本体而说,后者是就工夫而说。"无善无恶之心体"的表达也没有否定天理的绝对与存有,后文会述及此。①

通过现代哲学概念与阳明的术语的跨文化诠释,可以发现,阳明也肯认天理所表示的精神价值,以及天理与心所造就的德性。他说:

> 心即理也。此心无私欲之蔽,即是天理,不须外面添一分。以此纯乎天理之心,发之事父便是孝,发之事君便是忠,发之交友治民便是信与仁。只在此心去人欲、存天理上用功便是。(《传习录》3条)

在理的维度上,仁义礼智信是精神价值;在性的维度上,它们是德性。舍勒意义上的真、善、美之精神价值通于宋明儒学的理的观念,它高于生命、实用与快乐。

在广义上,精神价值同时包含精神价值与神圣价值。在儒家传统中,是否神圣高于精神,是否天具有个体人格,看起来是未解决的问题,将留待将来讨论。这里只需指出神圣是儒家的重要维度。孔子在《论语》中多次说起"天"。兹引数条如下:

> 子曰:"五十而知天命"。(《论语·为政4》)
>
> 子曰:"天生德于予,桓魋其如予何?"(《论语·述而24》)
>
> 子畏于匡。曰:"文王既没,文不在兹乎？天之将丧斯文也,后死者不得与于斯文也;天之未丧斯文也,匡人其如予何?"(《论语·子罕5》)

可见,儒家语境中清晰地表述了敬畏、祥和、使命、安命等精神感受。

经过阐发儒家特别是阳明思想中的价值级序观念,我们可以澄清一些核心概念。分解地说,天表示神圣价值,理表示精神价值。综合地说,天理表示了精神与神圣价值,如仁、义、礼、智、信、命。直观这些价值的

---

① 关于四句教的详细讨论,参见卢盈华《王阳明四句教的"实存与机能说"之新诠释》,载《浙江学刊》2018年第2期。

是心。从天理来看,性是精神价值落实在人之中,如"天命之谓性"(《中庸》第一章)所示。从心来看,性是精神感受和行为的普遍特性。此外,从人来看,性,即精神价值和人之个体的融合,意味着人的超越:人既内在又超越。从精神价值来说,这种融合意味着天理的具体与表现:天理既超越又内在。

如前所述,感受状态与感官感受不是意向性的,它们对应于儒家在生理心理意义上的"气"(广义的"气"表示所有可经验者,不只是感性者)。一般来说,感性的气与理的配合促进了理的实现,但感性的气自身与理在质上是不同的。

作为感受状态与感官感受的气不是精神的、先天的,因为它不能原初地交融于天理。对朱熹来说,情感只是感性的气,因而不能作为道德的基础。对于阳明,尽管生理心理的感受是气——如生理的感受状态疼痛、心理的感性感受愤怒,但是也存在作为气的纯粹部分的精神感受,如四端之心、"元气"(《传习录》142条),它们交融于理。道德情感所代表的良知与天理相互预设与依存,也就是说,二者的关系是有此必有彼,无此必无彼;有彼必有此,无彼必无此。二者并不是人们容易想当然的化约式一元关系,而是关联式一元关系。它们同时通过本原的勾连活动得到彼此确立。①

在《传习录》中,阳明认为,理并不由偶然感受(感受状态与感性感受)与自然性情所确认,更不会由自然欲望所确认——欲望恰恰是要通过修身调节的(《传习录》165、180、290条)。偶然感受即没有先天秩序的自然感受,在很大程度上由环境和本能所决定。总体上看,道德情感是自主的,而自然情感则不全然由自己所支配。人们即便在艰难的

---

① 参见 Yinghua Lu, "Pure Knowing (Liang Zhi) as Moral Feeling and Moral Cognition: Wang Yangming's Phenomenology of Approval and Disapproval", *Asian Philosophy* 27, No. 4, 2017, pp. 309 – 323;关于化约式一元论与关联式一元论,参见卢盈华《杨简的心一元论辨析——从一元论与二元论的诸种含义说起》,载《道德与文明》2020年第4期。

环境中,也能够维持其本心之仁。孔子说:"君子无终食之间违仁,造次必于是,颠沛必于是。"(《论语·里仁5》)。而当一个人在极端悲惨的境遇中感到生理心理的痛苦时,他无法满心快乐。这就是为何自然情感无法作为道德的基础,为何先天的道德情感具有优先性。道德情感也有助于调节自然情感。《传习录》记载了阳明的弟子陆澄的一个故事:

> 澄在鸿胪寺仓居,忽家信至,言儿病危。澄心甚忧闷不能堪。先生曰:"此时正宜用功。若此时放过,闲时讲学何用?人正要在此等时磨炼。父之爱子,自是至情。然天理亦自有个中和处,过即是私意。人于此处多认做天理当忧,则一向忧苦,不知已是'有所忧患,不得其正。'大抵七情所感,多只是过,少不及者。才过便非心之本体,必须调停适中始得。就如父母之丧,人子岂不欲一哭便死,方快于心。然却曰'毁不灭性',非圣人强制之也,天理本体自有分限,不可过也。人但要识得心体,自然增减分毫不得。"(《传习录》44条)

阳明告诫陆澄在忧苦时也要修身,因为过度的忧愁是被私意驱使的,而不是出于理与本心,即精神价值与感受。先天的道德情感所表现的本心,通过知与意向,发现和确立了天理——当然这不是孤立意义上单方面的产生,因为天理也协助确立了本心。进一步地,先天的道德情感还要求和推动人们的道德行动,去实现天理。

在阳明的术语中,"身之主宰便是心。"(《传习录》6条)生理身体牵系于较低的价值,与此相对,心决定了我们是否应当去看、听、说、行某事。从实然的事实来看,心作为决定的**能力**,本身不应首先被描述为善或恶,而应被肯定是一个事实。阳明说:"无善无恶是心之体。"(《传习录》315条)这句话可以被转述为"实然存在心之体。"① 与之相对,此能力的运用

---

① 参见卢盈华《王阳明四句教的"实存与扎能说"之新诠释》,第51—60页。

则是可善可恶的。在《大学》中,修身在于正心,而事实上,心的本然状态（本体）是无须更正的。"正心"意味着更正心的误用。

"心之所发便是意。"（《传习录》6条）对于不同的价值,有着各式各样的意图,因而,正心在于诚意。换句话说,在价值冲突时,人们应当保持偏好较高价值胜过较低价值。阳明说:"有善有恶是意之动。"（《传习录》315条）诚意意味着不去欺骗自己,如好善恶恶。这种经验预设了人区分善恶的先天能力。

"意之本体便是知。"（《传习录》6条）意的完整、纯粹、成熟形态是知。阳明更明确的表达是"意之灵明处谓之知"。（《传习录》201条）意图的聪灵、明见、精神部分便是良知。良知类似于舍勒式的对价值的现象学直观,它绝非感受状态或感性感受。良知包含舍勒意义上的爱、偏好、对价值的意向性感受。正如价值级序在于爱与偏好活动,天理对感性快乐的优先性在于良知之活动。良知包含了所有的道德情感,特别是是非之心。阳明说:"知善知恶的是良知。"（《传习录》315条）本心是就心的本来状态的存在本质（体）来说的,而良知就其活动（用）来说的。而事实上,体用不二,表示的是同一个样态,此样态即存有即活动。在阳明思想中,体与用是同一的,不是分离的两种事物,而是用来描述同一事物的不同层面的词汇。表示精神价值与价值观的天理,与表示精神行为和感受的良知,预设彼此。因而,致良知是诚意的基础。

"意之所在便是物。"（《传习录》6条）物即广义的事。没有什么事是不被人的主体性所意向的。良知不是一个空洞的概念,致良知必须在具体的实践中被实现。因而,致知在于格物。阳明说:"为善去恶是格物。"（《传习录》315条）在阳明语境下,格物即正事。人们也许会问:没有事先领会良知,人们怎么更正行为？为何正事是修身的第一步？因为,良知只能在具体的感受与回应中表现自身,只能在具体行动中被推致。阳明说:"心无体,以天地万物感应之是非为体。"（《传习录》277条）良知初步地在道德情感中表现自身；良知有着推动行动的力量，同时行动也深化良知。① 良知与行动存在相互性，但这种相互性并不构成逻辑上的循环论证。在意向性结构中，现象学直观预设了本质，而本质也预设了现象学直观。正如良知参与确立了天理，正当的行动也参与实现了良知。良知总是直接地给予，但并不是穷尽地被给予。长远来看，行动的践履有助于深化与推致良知。当然，得到深化与推致的良知能够更有力地去推动正当的行动。阳明说：

> 我辈致知，只是各随分限所及。今日良知见在如此，只随今日所知扩充到底；明日良知又有开悟，便从明日所知扩充到底。如此方是精一功夫。与人论学，亦须随人分限所及。如树有这些萌芽，只把这些水去灌溉。萌芽再长，便又加水。自拱把以至合抱，灌溉之功皆是随其分限所及。若些小萌芽，有一桶水在，尽要倾上，便浸坏他了。(《传习录》225条)

在这个比喻中，树和其萌芽可以被看作良知，浇水象征行动。恰当的行动有助于致良知，正如浇水有助于萌芽和树的生长。同时，良知也可以推动道德行动。在这种情况下，萌芽和树犹如行动，而浇水犹如良知。与朱熹的"先涵养后察识"工夫不同，阳明主张"边察识边涵养"。静坐是不足的：即便一个人可以在静坐中涵养其意识，他的心仍然会在具体的事务中受到搅扰。对阳明来说，真正的工夫不是返回到抽象的本体，而是前进到良知得以实现的细微处。

与舍勒思想类似，儒家心学肯定了这样的意向性结构：一方面是与天理对应的价值观（级序）与精神价值，一方面是与本心良知对应的爱、偏好、价值感受。我通过以下图表来结束本章，此图表展示了天理、良知

---

① 关于知与行的详细关系，参见 Yinghua Lu, "Wang Yangming's Theory of the Unity of Knowledge and Action Revisited: An Investigation from the Perspective of Moral Emotion," *Philosophy East & West* 69, No. 1, 2019, pp. 197–214.

本心与性的三者相即。

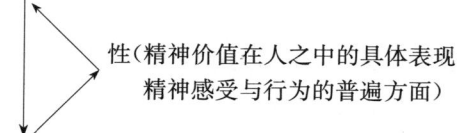

图 1　天理、良知本心与性的三者相即

第三章 同情与爱的现象学

本章透过舍勒与儒家的描述，阐明同情与爱的现象学。在马克斯·舍勒看来，同情是被动的、对价值盲目的。相反，爱是一个主动行为，为我们打开了价值领域，使我们看到更高更新的价值。爱的终极目标是参与上帝对世界之爱。在存在论的层次上，爱建构了同情与共感。然而，从认知和实践来看，同情更易于被体验和认识到；同情与共感奠基了爱。本章分析了同情与爱的众多形式与特征。此外，为了对舍勒思想以及爱的复杂性做出客观评价，笔者检视了全面的爱的体验，探讨了不纯粹的爱的表现。爱、同情与儒家仁的观念之具体关联，将留待下一章讨论。

引言

现代社会中爱的缺失与对爱的错误理解和体验越来越值得关注，这引发了人们对爱的呼唤。然而，仅仅提倡爱对于解决当下的问题是不够的。对爱的感受进行现象学的描述是必要的；在这项描述中，不仅仅爱之体验的盲点被指出，在可经验范围内的理想的爱之体验也得到阐发。这种分析不仅是一种经验的描述，它更是对实然与应然、经验和先天之领域的贯通。它既不赞成经验主义者否定先天和本质的主张，也不同于预设一个超验本体的柏拉图式趋向。马克斯·舍勒在《同情的本质与形式》(Wesen und Formen der Sympathie，英译为 The Nature of Sympathy)一书中出色地履行了这项工作。

不同于胡塞尔对于意识、海德格尔对于存在的关注，舍勒现象学的中心议题是价值和感受。如果说胡塞尔思想中最重要的是意向活动与意向对象的意向性，海尔格尔思想的特征是人在境遇中的存在之时间性，那么舍勒思想的特色便是伦理性和宗教性。在价值现象学的框架下，舍勒对一些道德情感进行了深入的分析。在《同情的本质与形式》一书中，舍勒处理的主要问题是爱与同情。

第一节　同情与共感现象学

舍勒现象学研究的一个方法是"以其所不是来澄清其所是"，即先探讨最容易与议题相混淆和相关联的议题，在此基础上再分析中心议题，这样一来对现象的描述与区分便清晰而容易理解。在此思路之下，为了澄清爱的体验，舍勒先探讨什么不是爱，而是与爱相关的体验，即共感（fellow-feeling）的体验（真实的同情形式）。[①] 进一步地，为了澄清共感的体验，舍勒首先讨论什么不是共感，却容易被误认为、误体验为共感的

[①] 中文日常语境中的"同感"，并不像 empathy 那样表示不同主体感受之融合与直接代入，而更接近对另一个异己主体之感受的理解与参与。当甲表达对乙有同感，其含义更接近 sympathy，而非 empathy。但由于目前学界已经倾向于使用"同感"来翻译 empathy，因此笔者不再像以前所做的那样，以同感来翻译"Mitgefühl/fellow-feeling"，以免混淆。而中文中的"同情"，仅仅针对不幸遭遇，不包括对喜悦的分享，故笔者曾经不以同情，而以"共通感受"来翻译舍勒所谈论的 Sympathie。但考虑到学术语言与日常语言可以有一定距离，笔者这里仍旧以同情译之。综上，笔者将 Sympathie/ sympathy 译为同情，Mitgefühl/follow-feeling 译为共感，Einsfühlung/identification 译为同一感，Einfühlung/empathy 译为共情。在中文语境中，同感与同情是同质的，只是范围不同。譬如，相对于同情是两个主体之间的感受，同感可被理解为两个主体对第三方的相同感受、态度与评价。由于中文语境下同感的含义较为丰富，笔者在这里仍未将 empathy 译为同感。对照陈立胜《恻隐之心："同感"、"同情"与在世基调》，载《中国哲学》2011 年第 12 期，第 20 页；郁欣《利普斯、舍勒和施泰因论同感和同一感》，载《中山大学学报·社科版》2014 年第 3 期，第 106—114 页。

体验。这些体验与共感同属于共通感受(shared feeling),但不是真正意义上的共感。

在《同情的形式与本质》一书中,舍勒论证了建立在同情之上的伦理学不符合我们道德生活之事实,因为同情对于价值是盲目的,而且出于同情的伦理判断可能是错误的。举例来说,如果我看到另一人高兴,那么也为他感到高兴,这一举止便可能是不当的,因为他可能是为做坏事而感到高兴。相较于爱是一个主动的、创造性的行为,同情本质上是一个回应,因此它不能作为偏好的自明法则。这也是为什么舍勒对休谟的同情伦理学大加批判。为了阐释这一观点,舍勒区分了不同种类的共通感受。

第一种是共同感受(Miteinanderfühlen/community of feeling)。在这种情形下,在两个或两个以上的人中,每个人都直接地、原初地、一起地感受着**相同**的情感。这并不是 A 感受到了一个悲伤,B 在 A 不知情的情况下也感受到它。这也不是 A 首先感受到一个悲伤,然后 B 参与此悲伤。舍勒给出了一个例子用以说明此种共通感受:父母失去子女时,他们感受到相同的痛苦。① 他们在感受到此痛苦时,也意识到对方在感受相同的痛苦。"丧子之痛"仅仅对他们二人是相同的,第三个怜悯他们的人并不确切地、直接地感受到相同的痛苦。

第二种是共感(Mitgefühl/fellow-feeling),此即真实意义上的同情。舍勒写道:"所有的共感都包含喜悦与悲伤之感受的意向指涉,指向他人的体验。"② 在这种情形下,一个人分担另一人的感受,为另一人感到喜悦或悲伤。但是,不同于共同感受,此种共通感受并不是全然相同的。在指明其他的共通感受之后,笔者会进一步分析此种感受。

舍勒在讨论共感时,将其与另一种共通感受做出区分:追复感受

---

① Max Scheler, *The Nature of Sympathy*, trans. Peter Heath (New Brunswick and London: Transaction Publishers, 2008), p. 13.
② Max Scheler, *The Nature of Sympathy*, p. 13.

(Nachfühlen/vicarious feeling)。在追复感受中，一个人可以理解、设想另一人的痛苦，但并不真正地为另一人感到痛苦。在一些体验中，人们甚至为别人的痛苦感到快乐。由于在追复感受中，没有真实的感受之分担，舍勒将其排除出了他所划分的四种类型的共通感受。

第三种是情感感染（Gefühlsansteckung/emotional infection）。在此体验中，人们被一个情感氛围所淹没。例如，人们在葬礼上感到悲伤，而在酒吧里感到欢快。有时人们也为了寻求快乐，而特意前往一个喜悦的环境。情感感染是感受状态（feeling states）的传递，在其中人们并不知晓此种感受的原因，即便一个悲伤的原因可以在事后被追踪出来。[①] 情感感染并不是意向性的。它不是真实的同情，因为在其中某人并不是为另一人而感到痛苦，他并不将此痛苦看作**他人**的痛苦。此外，情感感染也可以是危险的、失控的，如群众运动中的兴奋。

第四种是同一感（Einsfühlung/emotional identification），在其中一个人依附于他人到如此程度，以至于他丧失了自己的个体性，而依照另一人或群体而生活。同一感是情感感染的极致，它也不是真实的同情。在同一感中，有两种对立种类的体验：原发异常的（idiopathic）和反应异常的（heteropathic）。[②] 在前一种情形下，一个人剥夺了另一人（或一个群体）的自我意识，使其同化于他自己。在后一种情形下，一个人被催眠、上枷锁，使其自己同化于另一人或一个群体。在偏差的爱之体验中，同一感很常见。当人们从这种反常的爱之中解脱出来后，人们可能连带着也对爱本身不再信任，封闭其心，这则构成了另一个反常的体验模式。

舍勒随后指出了形而上的同化。形上一元论（metaphysical monism）将所有的人还原为一个基本的单位或本质，比如性驱动（弗洛伊德）、意志（叔本华和尼采等）。尽管这些理论在打破隔绝个体的狭隘

[①] 关于感受状态与感受功能的区分，参见 Max Scheler, *Formalism in Ethics and Non-Formal Ethics and Values*, p. 256。

[②] Max Scheler, *The Nature of Sympathy*, pp. 18 – 19.

边界方面,具有其积极意义,但是个体的独特性和尊严也被形上一元论消解了,因为它忽视了每个个体之间不可化约的区别。

在对共通感受做出分类后,舍勒接着描述了共感是如何被给予。他的方法依旧是先描述不恰当的体验模式。第一,存在着通过**比较**的自我欺罔之行为。当一个人看到他人正在受苦时,他想象如果此事发生在他身上,将会是如何。在这种自我欺罔的形式中,一个人实际上关心他自己的幸福,而不是他人的。一些不幸的事情可以对另一个人是灾难性的,而若发生在我身上,对我却是无所谓的。一些价值对他人意义重大,对我却没有多大影响。如某人失去了某机会,我反而可能会说:这有什么! 我没有这种追求,不也活得很好! 第二,**复制**是另一种形式的自我欺罔。一个人看到另一个人受苦,激发了他自己过去的经验,或相似的经验。然而,即使一个人从未有过相同或相似的经验,他仍然可以为另一个受苦的人感到悲伤。① 第三,另一种形式的自我欺罔是一个人**经受不住**看到恐怖的受苦情景而难受,而不是参与他人的悲伤。在这种情形下,如果一个人的承受能力非常强大,那么他将会冷漠对待他人的痛苦。一个人甚至可以厌恶、感到恶心或憎恨面对他人的受苦。当一个人讨厌这种由受苦之丑陋所引发的不舒适感觉时,他将会试图避免见到这种受苦,而不是面对受苦并帮助缓解此人的痛苦。总之,这些类型的自我欺罔都预设了利己主义。根据这种理论,一个人最终关注他自己的幸福。这种对人的理解仅仅集中于"我自己",却忽略了其他的个体,以及人格的总体维度。

在舍勒对人的理解中,一方面,在精神的层次上,每个人都是绝对的、不可还原的、独特的个体。一个人不可被还原为另一个人或一个普

---

① 例如,男人永远没有生孩子的经验,但却可以同情生孩子的女人。

遍的本质。一个个体的独特性在于他的不同本质行为的具体统一。① 就不可还原性而说，个体具有真实的边界。另一方面，在人们生活在共同的存在境遇的意义上，人们在一起；在团结一致、共担责任的意义上，人格是总体的；为了解释在生命进程中的非机械之物可被客观地研究，我们必须将生命层次的意识的力量设定为真实的，在此意义上，生命具有共通性。② 就生命的相通和责任的承担来说，人与人之间并不存在绝对的界限。然而，一个人永远不能完全代表另一个人，人与人之间的区别仍然存在。所以舍勒既反对形上一元论，也反对个人主义。

在真实的共感中，一个人参与（participate）另一个人的感受。参与不是同化，它没有将个体还原为另一个人、一个群体或一个普遍的本质。参与也不是自我欺罔，它并不将自我的幸福预设为终极的关注。相反，一个人感受到他人的喜悦与悲伤，作为真正的他人的，而不是自己的。

为了清楚地阐释舍勒关于不同层次的共通感受之经验的思想，我们需要方便地区分"奠基"与"建构"。当我们说"A 奠基 B"时，这意味着了解 A 是了解 B 的引导线索，对 A 的体验是培养对 B 的体验的途径。而当我们说"B 建构 A"时，这意味着 A 的存在依赖于 B 的存在。若没有 B 的存在，真实的 A 的存在是不可能的。因此"A 奠基 B"与"B 建构 A"这两个陈述之间并不存在矛盾。如果不做出这种区分，我们则可说二者乃是在不同的层面上互相奠基。

在认识论的意义上，舍勒认可同一感是共感的引导线索。同一感发生在任何活的有机体中。当一个人体验同一感时，他或许将其错误地看作共感。通过仔细地反思此体验，他能够认识到同一感与共感之间存在着区别。因此，同一感奠基了共感。

---

① 另参见 A. R. Luther, *Person in Love：A Study of Max Scheler's Wesen und Fomen dey Sympathie* (Hague：Martinus Nijhoff, 1972), Chapter two, Section A："Person as Intrinsic Coherence of Dynamic Orientation"。
② 参见 Max Scheler, *The Nature of Sympathy*, pp. 75－76。

在存在论的意义上,一旦我们认识到共感的含义——它预设了他者的被给予性,那么我们便认识到共感建构了同一感。在同一感的体验中,人们没有认识到他者的被给予,而事实上他者已经被给予,并且正是如此,同一感才得以作为初级模式的共感发生。舍勒写道:"我们应当看到最简单的追复情感,最初级的共感,以及心之间的理解能力,是如何建立在原初的'他者'的被给予性的基础之上的。在那时,对于特殊的另一生物的生命河流的动态模式,与之同化的专门能力将会看起来完全更不独特。"① 对文明人而言,同一感(同化)能力的衰退并超越其上进入共感的领域,是一个进步。然而,失去此本能导致了另一个危险:人们不再能够看到他们祖先所看到的。② 简而言之,共感建构了同一感。没有同一感的共感是可能的,但没有共感的同一感是不可能的——共感至少在微弱意义上存在。

为了理解舍勒的情感现象学,我们必须区分广义感受领域的不同语词:感受状态、感受功能、作为价值感受的行为,以及作为爱和恨的行为。爱和恨是在积极或消极的价值被给予之前而先在地被给予的,这在下文将谈到。价值感受具有意向性指涉,指向其对象价值。感受状态和感受功能的区别可以在如下陈述中被看到:"感受"一个"感受状态",例如忍受一个痛苦。痛苦自身作为内容,是一个感受状态;而忍受的能力是感受功能。舍勒写道:"真正的共感完全地是功能的;这里没有对一个人自己感受状态的指涉。"③ 由于共感完全是功能的,在共感中,一个人可以在不感受另一个人的感受状态的情形下,为另一个人感到喜悦或悲伤。

以上是对同情及其真实表现形式,即共感的大致分析。然而,真实的同情是如何发生的? 共感与爱的相互关系是怎样的? 为了澄清这些问题,这就要求我们以共感作为引导线索,进入爱的现象学的领域。

---

① Max Scheler, *The Nature of Sympathy*, p. 31.
② 参见 Max Scheler, *The Nature of Sympathy*, p. 32。
③ Max Scheler, *The Nature of Sympathy*, p. 41.

51

第二节　爱的现象学

在舍勒看来，价值总是在一个价值级序中被给予。而价值在价值感受中得到确立，价值级序在偏好中得到确立。也就是说，价值感受总是在偏好中被给予。比如，当一个人偏好健康胜过享乐时，他确证了生命的价值高于快乐的价值。实际上，价值并不是单独地被给予，然后我将它们安排进一个级序中，而是我们在偏好这一行为中感受到价值。那么，爱与偏好的关系是如何的呢？

舍勒认为，爱为我们打开了价值领域，使我们看到更高更新的价值，而不只是已经存在的价值。它从一个低级价值向一个高级价值前行。①舍勒写道：

> 对对象或价值载体的爱仅仅始于这个活动的开端，这个活动潜在地朝向一个在被爱对象中的更高价值。然而，这个更高价值是否已经存在（比如，仅仅没有被感知或发现），或者它是否尚未存在并且仅仅"应当"存在（在理想的、个体的意义上，而不是一般的责任），这个活动完全与这些无关。②

这里有几点需要得到澄清。第一，爱并非仅仅定向于经验的存在。没有什么活动，仿佛经过爱，一切还是原来的样子。否则便没有"转化"（become）之进展。这就是说，爱打开了价值增进的可能性。"改变"是包含在爱之行为中的。

第二，爱并不是偏好。尽管根据自身的法则，爱事实上打开了被爱者增进价值的领域，但爱者并不刻意地期望这种增进，甚至以此作为爱的条件。由于爱的鼓舞，被爱者会朝向更高价值而努力。然而，将这种努力作为爱的条件是不当的。比如，一个父亲如果对儿子说，努力学习，

---

① 参见 Max Scheler, *The Nature of Sympathy*, p. 152.
② Max Scheler, *The Nature of Sympathy*, p. 156.

我才会爱你。那么,他其实将期望混杂在了爱本身中。父母对子女的期望和要求也是合情合理的,但这本质上是另一种体验模式,这种期望并不是爱本身。在对舍勒爱的观念的诠释中,路德写道:"爱不应被认为是教育意义上的'制造'或'生产',或'改变'他人。一个人如其所是地爱另一个人。并且,这种'如此所是'正意味着并非他人的'应该是'。"①

此外,偏好一个已然存在的较高价值的行为并不是爱,比如,对财富、权力、美貌之拥有者的偏好,并不是真实的爱。在舍勒看来,在"相对"的迷恋中,"人依据他特有的爱的实际结构和方式,并依据他进行价值取舍的方式,事实上违反了值得爱之物的客观等级秩序。"② 真实的爱,无分贫穷与富有、丑陋与美丽。但不纯粹的爱表现形式之一就是对价值的偏好,如快乐之价值。这也是为什么爱情可以是危险的,情欲可以是残酷的,如兰陵笑笑生在《金瓶梅》里所展示的那样。触发爱的本能冲动也并不是爱本身。舍勒在《爱的秩序》中写道:"在同样的乃至渐衰的本能冲动中,纯粹的好色之徒在其宠爱对象上的享乐满足日益迅速地衰减,这就驱使他从一个对象到另一个对象,而且变换越来越频繁。"③偏好对价值具有意向性的指涉,而爱则是一个创造性的行为,不要求任何条件(如价值或某些方面的改进)。相反,爱建构了偏好。"在爱中,价值闪现出来并因此而可被偏好。"④ 与此相对,恨也是一个主动的行为,它打开了一个领域,在此领域中价值的降低被给予。⑤ 正如人们常看到的,仇恨往往招致破坏。

第三,"我们永远不爱价值,而是爱拥有价值者。"⑥ 在爱中,有时人

---

① A. R. Luther, *Person in Love*, p. 119.
② Scheler, *Selected Philosophical Essays*, trans. David Lachterman (Evanston: Northwestern University Press, 1973), p. 115. 中译本参见《舍勒选集》,刘小枫编,上海三联书店1999年版,第755页。
③ Max Scheler, *Selected Philosophical Essays*, p. 113. 中译本参见《舍勒选集》,第753页。
④ Max Scheler, *The Nature of Sympathy*, p. 153.
⑤ Max Scheler, *The Nature of Sympathy*, p. 152.
⑥ Max Scheler, *The Nature of Sympathy*, p. 148.

们幻想对方拥有较高的价值,而偏好那个价值,而不是爱对方本身。当意识到对方没有自己想象的那般美好,便产生幻灭感,甚至有被欺骗之感。这便是由于在一开始,爱者并不是爱价值的拥有者,而是偏好一个完美的价值。

在爱与共感的奠基与建构关系方面,爱建构了共感。舍勒写道:"共感是建构在某些爱之上的。当爱不在场时,共感也便消失了。但反过来却不成立。"① 有爱而无共感是可能的,有共感而无爱却是不可能的。当然,这并不意味着,当我们同情他人时,我们之前已经在爱我们同情的对象;我们常常同情我们之前不爱的人。但是,即便这里,共感也是建构在爱之上的。这种爱可以是人本爱,即对所有人的爱,或者对所有生灵之爱、对国家之爱,等等。② 正是由于这样,我们对陌生人的心态也是开放的,也是爱的。

这里所阐释的是真实的爱与共感(love and fellow-feeling as such)。而在有所偏差的体验中,共感的意义便发生改变。如果共感是由爱所建构的,共感已经预设了爱,那么共感也是精神性的,如舍勒所称的"精神共感的功能"。③ 但在偏差的理解中,如在将爱还原为同情的理解中,在将同情看作"自身为基础"的趋向中,共感便不再是精神性的。这也是为什么舍勒在书的一开始便明确反对将共感自身当作伦理学的基础。

在舍勒思想中,功能和行为的区别,并不是简单地认为前者是心理的,后者是精神的。同样存在着精神感受的功能,比如共感的功能。④ 尽

---

① Max Scheler, *The Nature of Sympathy*, p. 142.
② 参见 Max Scheler, *The Nature of Sympathy*, p. 142。
③ Max Scheler, *Formalism in Ethics and Non-Formal Ethics and Values*, p. 107.
④ 施坦因博克教授以心理的和精神的来区分功能和行为,这一做法更多地加入了自己的创造,舍勒本人则没有明确表达这种区分。参见 Anthony Steinbock, "Interpersonal Attention through Exemplar," in *Between Ourselves: Second-person Issues in the Study of Consciousness* (*Journal of Consciousness Studies* 8, No. 5-7), ed. Evan Thompson (Imprint Academic: 2001), pp. 179-196. 中译本见安东尼·施坦因博克《通过榜样性的人格间的注意》,张任之译,载《中国现象学与哲学评论》第 7 辑,2005 年,第 315—348 页。

管功能和行为都可以是精神的,但功能并不是行为。严格地讲,行为是自发的、创造的,但是它并不是对某物的感受。相反,功能是由环境或身体所引发的,或是由偏好、爱、恨这些行为所衍生的。在被环境或身体所引发的情形下,它是感性的。在由行为所衍生的情形下,它则是精神的。如果人们误认为功能是行为,功能则不再是精神的。尽管共感是对价值盲目的,是被环境所制约的,它同样也可以由爱所引发,那么它也是精神的感受。如果人们认为共感自身可以作为爱和伦理学的基础,那么(并非真正意义上的)共感将会仅仅是感性感受的功能,而不是精神感受的功能。

一个犯罪的人如果感受到被爱,本人受到感动,便会得到激发而改过自新。而如果他感受到的只是唾弃和恨,世界上所有的美好和幸福都与自己无缘,那么他的心将受到无情现实的摧毁,从而更加无可自拔地堕入沉沦之途。别人不爱我,我也不爱别人。生命没有意义,又何须奋斗。总而言之,能够有被爱的体验,人便会倾向免于沉沦堕落,而奋发向上。然而,世俗的爱往往是有限的,得到他人的爱并没有无条件的保障。虽然说,即便没有被任何人所爱,我仍然可以通过自爱,发现我自己的存在和自己的价值,但是,自爱的体验和被爱毕竟不能够等同。有限的自我的力量并不能强大到为道德践履、救赎解脱提供稳固的支撑。找寻无条件的绝对的爱,以给人们提抻精神,就成为有意义的追求。在舍勒看来,绝对的爱栖息于上帝中。从这一点上看,舍勒对于爱之体验的现象学描述是在亚伯拉罕一神论的传统之内进行的。由此我们进入第四点。

第四,在舍勒看来,"神圣"价值领域中的自我价值本质上是一个人格价值,爱的行为终极地指向神圣。① 爱指向一个具体的、不可还原的、个体的人格,在这个意义上,"爱上帝"的体验指示了上帝是一个绝对的

---

① Max Scheler, *Formalism in Ethics and Non-Formal Ethics of Values*, p. 109.

人格。① 同时，上帝也是爱之活动。舍勒写道："事实上，上帝的爱的最高级形式不是拥有'对'上帝的爱，对一个全悲悯者的概念的爱；而是参与进他对世界的爱，参与进对他自身的爱……我们只能遵循圣约翰和圣奥古斯丁，将爱看作上帝自身核心的本质，并将他认作无限的爱。"② 在爱者参与上帝对世界的爱中，爱的无条件性、绝对性、神圣性得到保障，人们也超越了偏私的小范围的爱。此外，如果上帝只是爱的行为，那么"爱上帝"和"上帝的爱"之表达便成为"对爱的爱/来自爱的爱"，成为无意义的。在舍勒看来，上帝既是爱之行为本身，也是爱的对象和爱者。由于爱的创造性，也即上帝的创造性，爱的本质被定义为"在世界之中和世界之上的启迪与建造行为"。③

在存在论的层次上，共感建构了同一感，爱建构了共感。然而，从认知和实践来看，同一感和共感更易于被体验和认识到。因此，培养共感不失为通向培养爱的途径。一开始便要求人们进入到深度的爱之领域，不免好高骛远。虽然同情不能以自身作为基础，但是在略显残酷的世间，保住底线的同情，而不是追求高尚的爱，是所有大众都易于实行的。回归爱的共同体有待于心灵的转变，而难以作为道德修养的起始点。④ 但只有经历心灵的转变，爱之体验才是真实无偏的。

爱推动了人格的发展。在爱中，人对他人深深地开放。因此，爱揭示和构造了一个人的存在。路德写道：

> 对舍勒来说，存在是一个人格。由于人格只在于具体行为的执行，其最深层的是爱，因此是爱发现了存在。爱的在场即存在的弥

---

① 可资对照的是，儒家传统中有对天的"敬畏"体验，而没有"爱天"的体验和表达。这也说明了天并不具有强烈的人格性。
② Max Scheler, *The Nature of Sympathy*, p. 164.
③ Max Scheler, *Selected Philosophical Essays*, trans. David Lachterman (Evanston: Northwestern University Press, 1973), p. 109. 中译本参见《舍勒选集》，第 750 页。
④ 参见张任之《爱与同情感——舍勒思想中的奠基关系》，载《浙江学刊》2003 年第 3 期，第 33—34 页。

漫,存在通过诸人格的爱显露自身。没有诸人格就没有爱,没有爱就没有诸人格。爱是一个创造性的活动,使人根本地存在。具体而言,这个发现是从人的角度做出的。这个发现是彻底地关于人类的,但是就发现是在爱中进行的程度而言,作为"爱着"(LOVING)的"是着"(BE-ING,或"存在着")与人格是同时被发现的,无论是人类的还是神性的人格。①

第三节　爱的再探讨

以上是对舍勒爱与共感现象学的基本阐释。然而,有一些问题必须重新加以探讨。舍勒对爱的理解,是具有一定理想主义色彩的。理想的爱易说而难行。如前所述,舍勒反对享乐主义者的不忠以及频繁地更换所爱对象。② 在他看来,爱不是随意的、不一致的,仿佛今天我爱你,明天便可以不爱你而去爱别人。我们体验的爱的行为之价值中隐含了持续现象。③ 可惜,这种理想的爱在舍勒本人的感情生活中也没有得到印证。

舍勒论证的核心是,从理性的视角来看,爱与恨是盲目的、随意的;但是通过现象学来理解,爱与恨自身有其有序的被给予性模式。由于伦理学离不开实践,我们必须重新反思,为何现实的不纯粹的爱往往难以升进到理想的、崇高的爱?不纯粹的爱是如何运行的?如何对治世俗的,甚至是有危害的爱?爱在何种意义上可以作为伦理学的基础?

(一) 爱与偏好

爱是否没有任何原因或动机?如果爱完全是无条件的,为何人们不爱危险之物(毒药)、肮脏之物(粪便)、无用之物(垃圾)等无价值或少价

---

① Luther, *Person in Love*, p. 13.
② Max Scheler, *Selected Philosophical Essays*, p. 113.
③ Max Scheler, *Formalism in Ethics and Non-Formal Ethics of Value*, p. 91.

值之物？舍勒对爱的描述并不完全清晰，本章之前所述是其中一种解读。①另一种对舍勒爱的现象学的解读是：虽然爱不是偏好，爱是自发的、主动的、创造的，但爱以看到所爱对象的潜在价值之增进为前提。如果对象没有任何价值增进的可能，在现实中，爱便无法被触发。每个人都拥有在道德和知识等方面向上的可能，因此对人的爱便可以是无条件的。但对拥有负面价值、并不能被看到价值增进的事物，爱就无法被触发。即便是爱，也是另一种意义上的爱，如惊异、好奇，虽然也是心的敞开，但并不是心的主动关怀和激励。

如果事实上爱总以看到对象的潜在价值为前提，那么便存在这种可能：人在经历了一些负面的体验和伤害后，将对方的人格"看透"，体会为有问题的，而看不到任何价值增进的可能，那么便可能停止对对方的爱。开放的心由封闭的心所刺激，而转为封闭。这在爱过、付出过，但经历了挫折的人身上常会看到。要求爱之无私、无条件付出、纯粹，而不管被爱者反应如何，这种崇高的呼吁对爱者是不公平的。作为一个理想，无私的爱值得称颂，但要求他人无条件付出、指责从无条件付出的爱中退出的人却是不道德的。爱在起初可以是无私、无条件付出、纯粹的，但要求长久地维持这种纯粹，尤其在被爱者滥用爱的情形下，其实是将爱者去权力化、甚至去人格化了。爱者选择退出，仍然可以以其他形式来爱被爱者，如人本爱，但已经不是主动关怀。这里突出地显现了人的实存困境：爱体现为心的开放，而权力体现为强硬与自主。

此外，尽管爱并不是偏好，但在世态炎凉、人情冷暖的俗世生活中，已经拥有较高价值的人往往得到更多青睐，而贫寒、丑陋、无权、无名的人往往鲜有人理会。"十年寒窗无人问，一举成名天下知。"这种青睐与爱掺杂在一起，尽管它不是理想的、纯粹的爱，也使人们不得不质疑将爱

---

① Anthony Steinbock 即以这种方式解读爱，参见 Anthony Steinbock，*Moral Emotions* (Evanston: Northwestern University Press, 2014), pp. 227-231。

作为伦理学基础的合理性。伟大的人格是不区分被爱对象的现有价值的,然而,并非每个人都具有伟大人格,它是努力的方向,却不是已然的存在。将理想的状态作为伦理学的基础,是值得商榷的。尽管喜欢不同于爱,价值吸引引发喜欢这一现象仍然挑战了将爱作为伦理学基础这一做法,因为大多数人都混淆了两者。舍勒也承认有些类型的爱确实是喜欢、价值偏好,或"选择",譬如性爱。①

(二) 回爱与爱的滥用

在正当的情况下,爱会引发一个回爱,尽管爱者未必有主观上的期望。② 虽然爱的程度可以是不同的(比较程度和大小也是不必要的),但被爱者的心之开放便已经是一种回爱。不过,有时被爱者并不开放其心,而是滥用爱。这体现在被爱者的骄傲、无礼,甚至是对爱者的轻蔑和利用上。得到爱的激励,如果被爱者被感动,会朝向更高价值而努力,但如果并不被感动,而是生活在习以为常中,那么爱反而助长了被爱者的骄纵和道德败坏。父母对子女的溺爱、情人对伴侣的无节制迁就,这些爱中的盲目都加剧了被爱者的自我中心观念,进而忽略他人的需求,而变得"目中无人"。所以,片面强调爱的付出的无条件性,如果缺乏对"无条件"的正确理解,甚至可以是有危险的。孔子曾经指出,小人会滥用他人的亲近,变得更加骄横;如果得不到爱,他们又会怨恨他人。(《论语·阳货25》)孔子承认与其难以相处。因此,解决爱的滥用问题,关涉恰当地处理坚守原则与爱的付出之间的关系。

(三) 爱与人格的独立性

在深爱中,如果处理不当,常常会出现同一感的现象。爱者丧失人

---

① Max Scheler, *Personal and Self-Value: Three Essays*, ed. Manfred S. (Frings Dordrecht: M. Nijhoff, 1987), p. 57.
② Max Scheler, *Formalism in Ethics and Non-Formal Ethics and Values*, pp. 535-537.

格的独立性与完整性,完全依照被爱者而生存,而甘愿奉献一切,甚至不顾及社会公义。这种无法自拔对于爱者是一种折磨,对被爱者则是纵容;被爱者掌控了爱者。在保持自我独立性的前提下去爱对方,方是免于枷锁的爱。

在舍勒看来,丧失人格独立性的爱并不是真实的爱。当引用泰戈尔的诗作《园丁》时,他对其表示认同:

> 让我从你的甜蜜束缚中解脱
> 爱!不要再有亲吻之酒
> 献媚的重重雾霾窒息了我的心房
> 打开门,让出位置给晨曦
> 我迷失于你,被囚禁在你的温柔怀抱中
> 让我从你的魔力中解脱,给我勇气
> 　为你献上我自由的心①

(四) 爱与预期、希望

根据施坦因博克的解读,在感知的领域,预期(anticipation)可以被实现或失望,②但爱既不可以被实现,也不可以被失望,因为爱本没有预期。③ 这与施坦因博克对爱无动机、无条件的解读是一致的。但是,爱中虽没有预期,却也存在着某种希望(hope)。这在某些类型的爱,比如情爱中,更加明显。爱者希望占有被爱者的爱。当爱者的希望总是遭到挫败时,失望和幻灭的情愫便占据人心。情爱的火焰熄灭之后,人生的无意义就呈现出来。情爱可以给人生以动力,但对情爱的执著也足以毁掉

---

① 如同本章他处的引文,这里是笔者自己的翻译。
② 参见 Edmund Husserl, *Analyses Concerning Passive and Active Synthesis: Lecture on Transcendental Logic*, trans. Anthony J. Steinbock (Dordrecht: Kluwer Academic Publishers, 2001), p. 64.
③ 参见 Anthony Steinbock, *Moral Emotions*, p. 231。

人生的积极意义。在曹雪芹的《红楼梦》中,爱的无常被描绘得淋漓尽致。贾宝玉所具有的浪漫性格,使他对情爱求而不得后,走上另一个完全相反的道路(当然他的具体情况是复杂的)。这也可以解释为什么能够作为伦理学基础的爱,必须是神圣的、无限的爱,而不能完全是世俗的、有限的爱。

(五) 爱与差等、偏私

在深度上,爱总是有差等的。孟子曾批判墨家的兼爱是无父也。(《孟子·滕文公下 9》)平等地爱所有的人,是违背人性的。在这种情形下,爱者甚至可以不爱任何人,因为并没有什么人在其心灵中占据一个重要位置。他所爱的只是一个集团或抽象的"人"的概念。儒家并不必然反对博爱;爱更多的人,固然值得追求,然而若舍近求远,置家庭之爱的优先性于不顾,在儒家看来,则是对爱之根苗的摧毁。与之相反,墨子提倡:"视人之家若视其家。"(《墨子·兼爱中》)根据字面的理解,墨家爱无差等观念下的兼爱(impartial love)与基督教通过爱神来爱人的博爱(universal love)并不相同。前者更多地主张平等地爱,而博爱总是指向具体的个人。①

在我们的情感生活中,爱的扩展是由近及远的。所以儒家肯定差等之爱。爱的表现始于家庭,推至朋友,而后至社会,以及整个世界。爱的修养要求人们首先去爱和关怀自己身边的人。孟子说:"君子之于物也,爱之而弗仁;于民也,仁之而不亲。亲亲而仁民,仁民而爱物。"(《尽心上

---

① 如何理解墨家的兼爱关涉如何对其做出评价,这里笔者不拟卷入此争论。如果将兼爱理解为博爱(universal love)、包容的爱(inclusive love),则是无问题的。如果将兼爱理解为平等的爱(equal love)、公正的爱(impartial love),墨家的立场则是有问题的。参见 Weixiang Ding, "Mengzi's Inheritance, Criticism and Overcoming of Moist Thought," *Journal of Chinese Philosophy* 35, No. 3, 2003, pp. 403 - 419; David Wong, "Universalism Versus Love with Distinctions: An Ancient Debate Revived," *Journal of Chinese Philosophy* 16, 1989, pp. 251 - 272; Dan Robins, "The Moists and the Gentlemen of the World," *Journal of Chinese Philosophy* 35, No. 3, 2008, pp. 385 - 402。

45》)在这里,"爱"是爱惜的意思,"亲"才是"爱"的意思。君子对于万物,爱惜而不仁爱;对于人民,仁爱而不深爱;对于亲人,才有深爱。

这样便产生了一个问题:由于爱的差等性,爱也就是偏私的。在告子与孟子的争辩中,告子指出,"吾弟则爱之,秦人之弟则不爱也。"(《孟子·告子上 4》)爱的偏私性对正义构成严重威胁。爱中盲目的人,以一己喜好来处理公共领域与私人领域的事务,践踏社会公正。孔子描述这种偏差的爱说:"爱之欲其生,恶之欲其死。"(《论语·颜渊 10》)在位者对情人的偏爱,以至妨碍其履行职责,会造成对国民的罪。这种无法则性的、偶然和纯经验的爱,在舍勒看来,并不是真实的爱。但这种爱被许多人所体验,并造成诸多不义。现实中,被偏私的爱所驱使的人往往只关心他的同学、亲友、师生、同乡,其他的人便不理会。圈外的人不理会自己,这更促使自己更加紧密地亲近自己圈内的人。一个人若与掌控权力的人无亲近关系,便难以办理许多手续。即便法则规定了人们所应承担的责任,一些人并不履行他们的责任。于是,江湖和帮派就形成了。这不得不说,人性的腐败是爱的错误体验所酿成的悲剧。出于对偏狭的、有限的爱的警醒,舍勒写道:"上帝并且只有上帝可以作为在值得爱之物的领域中,处于等级金字塔的顶端,同时是其整体的来源和目标。只要作为个体或群体的人以为在某一有限的善上绝对最终地实现并满足了他的爱的冲动,那就是虚妄,那就是他的精神——德行的开展限于阻滞,那就是爱受到本能冲动的束缚,或者确切地说,那就是将本能冲动触发爱和确定爱之对象的作用颠倒为一种束缚和阻滞的作用。我们想用'迷恋'这个古老的词语来表现破坏并扰乱爱的秩序的这种最普遍的形式——其他较为特殊的迷乱形式在某种意义上均可归之于它。"① 与纯世俗的迷恋的爱相比,上帝代表了无束缚的、广博的爱。

---

① Max Scheler, *Selected Philosophical Essays*, p. 114. 参见《舍勒选集》,第 755 页,有改动。

(六) 与偏私的爱对立的另一极端——抽象的爱

爱既需要一个具体的起始之处,也要求确保一个可以无限推广的空间。这两方面缺一不可。如前所述,在差等之爱中,对周围人的开放导致对陌生人的封闭。另一种形式的偏差则由出于对私爱的对治而走向了抽象的爱。公爱、大爱、对人民的爱可以指向一个集体或理念,而不是指向具体的人。在高谈对人的爱时,人们却对身边鲜活的人视而不见。这种根除人性腐败的企图,要求人们克服小爱的严苛态度,往往导致极权专制,一如在一些法家式独裁者那里所看到的。墨家的式微,是与其兼爱主张断绝人情的严苛和组织戒律的严密不可分离的。抽象的爱推至极端,甚至形成周围的人都是潜在敌人的局面,使人为了保住自己便需要先伤害周围的人,造成亲人互相揭发,父母子女互相残害的情形。可见,抽象的爱造成了对人性的摧残。

在与叶公对话时,孔子强烈反对利用亲人之间的互相斗争来控制人们:

> 叶公语孔子曰:"吾党有直躬者,其父攘羊,而子证之。"孔子曰:"吾党之直者异于是。父为子隐,子为父隐,直在其中矣。"(《论语·子罕18》)

这里所表达的"亲亲相隐"思想引起了极大争议,很大程度上归因于它被广泛地误读了。儒家常被批评为鼓吹家族的感情与忠诚而漠视法律,因此被视为中国社会腐败的根源。[①] 事实上,孔子这里并不是在批评法律本身,而是反对将法律和惩罚当作最主要的应对社会问题的方式。这种做法强迫人们向国家交出自己的父母或丈夫、妻子,仅仅因为他们被看

---

① 参见 See Qingping Liu, "Confucianism and Corruption: An Analysis of Shun's Two Actions Described by *Mencius*," *Dao: A Journal of Comparative Philosophy* 6, No. 1, 2007, pp. 1-19. 透过孟子的事例,刘清平对儒家整体发起了腐败的指控,儒家的精神被他标识为"血亲感情"(consanguineous affection)。

作对国家、社会、革命有害。政府对个人之有罪或反革命的宣判可能是错的、自利的。此外，在儒家看来，破坏对家庭最具体的感情与忠诚，便是在破坏整个社会，因为对社会的关爱不过是对家庭关爱的自然延伸。在比较儒家与印度教的责任观念时，道格拉斯·伯格清楚地说明了儒家的立场，即爱的实践是从家庭学到的。① 他认为，从儒家经常使用的"根/枝"的比喻来说，如果人们铲除了家庭感情这一根茎，作为枝叶的社会忠诚便不能保持健康与活力，社会也就无法运转。② 退一步说，即使一个人的家人真的有罪，他也拥有不去揭发检举自己家人的权利，可以不去作证。

此外，制度的爱成为现代社会的一个特征。近代人本主义的兴起，便以"自由、平等、博爱"作为标榜。制度的完善，职责的分配，为在现实上关怀每一个人确立了强有力的保障。这当然是一个进步。然而，人本主义的爱，与基督教的人格爱之博爱有显著的不同。参与上帝对世界的爱，以爱来塑造人格和确立人的存在，不再为人本主义所重视。现代社会关怀现实的福祉胜过关怀精神的体验。为了有效地践履博爱，制度的爱其实将爱转化为了责任。然而，在履行职责时，人们无须持有爱意、向另一个人格开放，反而可能机械地应对，在工作中感到痛苦。这造成了现代社会精神贫乏的困境。③ 再者，由于每个人的基本生存在制度上得到保障，人们反而不需要更多地互动。人们可以在他人急需帮助的时候伸出援手，却没有意愿进行主动的关怀。这种心态形成了现代社会的冷漠。无可置疑，这种制度的爱是人类在道德上的进步，但人们不应将其看作终极和完美的爱的形式。

---

① 参见 Douglas Berger, "Relational and Intrinsic Moral Roots: A Brief Contrast of Confucian and Hindu Concepts of Duty," *Dao: A Journal of Comparative Philosophy* 7, No. 2, 2008, p. 162。
② Douglas Berger, "Relational and Intrinsic Moral Roots," p. 158。
③ 肯尼斯·史迪克斯批判了机械的社会观念下精神的贫乏。参见 Kenneth Stikkers, "Introduction to Scheler's Thought," in *Problems of a Sociology of Knowledge* (London: Routledge & Kegan Paul Ltd, 1980), pp. 1-7。

结语

简言之,在存在论层次上,共感(真实的同情)建构了同一感,爱建构了共感。然而,就认识和实践而言,同一感和共感易于体验和被认识。因此,培养同情可以被看作培养爱的路径。一开始便要求人们实现深度的纯粹的爱,是过高的要求。尽管同情不能作为伦理学的基础,但在残酷冷漠的世界中,人们对无限的爱已经忘却,却更容易去感受未经反思的、表面的同情。因此,同情更适合作为通向爱的引导线索。返回爱的共同体要求心的转化,人们需要努力和反思去实现纯粹的爱,并克服不纯粹的爱。所以,纯粹的爱是一个目标,却不适合作为道德实践的出发点。不过,只有经过心的转化,人们的爱才是理想的,道德生活才是有序的。

由于世俗的爱的种种不足,一些哲学家否定爱可以担当其道德基础,转而提倡理性、原则,如康德;或者将世俗的爱转化为对超越的美的理智之爱,如柏拉图。舍勒的道路则是,在亚伯拉罕传统中,依靠上帝来确保爱的绝对性、神圣性、理想性、超越偏私的普遍性。然而在非亚伯拉罕传统中,没有对上帝的爱的体验,也没有参与上帝对世界的爱的活动,因此,爱难以取得像在基督教传统中那样核心的地位。舍勒的爱的现象学是建立在对同情的负面理解之上的,然而,另一种趋向也并非全然违背道德体验:依据对爱的负面理解,发展一种关于慈悲的情感现象学。舍勒曾论证,本质不同于普遍。① 不同的文化可以有不同的被给予性模式。比如,对佛教来说,爱是一种强烈的执著,是需要被破掉的迷执,只有空智下的慈悲才可以担当起道德实践的动力。② 在慈悲中,对象与自

---

① 参见 Max Scheler, *Formalism in Ethics and Non-Formal Ethics and Values*, p. 76。
② 参见吴汝钧《"爱"的讨论》,载氏著《佛教的概念与方法》,世界图书出版公司 2015 年版,第 233—257 页。

我都是缘起性空,双方乃是"不一亦不异"。① 由于没有一个不可还原的、绝对的个体作为慈悲的对象,也就没有对对象的执著。如此便可以对治世俗的爱的缺陷。而在儒家传统中,仁的体验则成为首出的。下一章笔者便将致力于澄清仁的体验。

---

① 龙树:《中论·观因缘品第一》。

第四章 同情、爱与儒家"仁"的观念

本章运用比较的方法考察儒家传统中仁的体验与意义。尽管仁初步表现为恻隐与同情，但它根本上是爱的体验。仁这种体验模式是儒家传统内具体的博爱。从存在论来看，一体之仁建构了差等之爱。从认识论和道德实践来看，差等之爱是认知和培养一体之仁的线索与途径。王阳明的洞见进一步展示了良知不仅通过建构一体之仁确保了爱的普遍性，也有助于爱的正确运用。

引言

本章是上一章的延伸。上一章借助舍勒与儒家，阐明了同情与爱的一般经验。基于基督教精神和体验模式，舍勒的进路是依靠作为无限的爱的上帝，确保爱的绝对性、神圣性、理想性和普遍性，以超越偏私的爱。然而，基督教的神圣之爱并不是解决有问题的爱之危险的惟一途径。本章将讨论儒家的解决方案。

在儒家传统中，由于缺乏爱天和被天所爱的体验，爱（在其狭隘意义上，即私爱）不能作为核心的道德动力。作为一个伟大的人文传统，儒家发展了"仁"这一道德动力来超越世俗的爱。宋明儒者，如程颢和王阳

明,指出了一个方向:从"差等之爱"进至"一体之仁"。尽管仁最初地表现为恻隐和同情,但它本质上是一种爱的体验。不过,直接将仁等同于一般的爱却是不准确的,因为它是一种特殊的爱,同时也具有同情的因素。在下文中,我将分析先秦与宋明儒者所叙述的同情、爱与仁的体验。

第一节　孟子对仁的描述中的同情与爱

孟子以见孺子将入于井而产生的怵惕恻隐之心,来阐述恻隐之心是仁之发端。孟子曰:

> 人皆有不忍人之心。先王有不忍人之心,斯有不忍人之政。以不忍人之心,行不忍人之政,治天下可运之掌上。所以谓人皆有不忍人之心者,今人乍见孺子将入于井,皆有怵惕恻隐之心;非所以内交于孺子之父母也,非所以要誉于乡党朋友也,非恶其声而然也。由是观之,无恻隐之心,非人也;无羞恶之心,非人也;无辞让之心,非人也。无是非之心,非人也。恻隐之心,仁之端也;羞恶之心,义之端也;辞让之心,礼之端也;是非之心,智之端也。人之有是四端也,犹其有四体也。有是四端而自谓不能者,自贼者也;谓其君不能者,贼其君也。凡有四端于我者,知皆扩而充之矣,若火之始然,泉之始达。苟能充之,足以保四海;苟不充之,不足以事父母。(《孟子·公孙丑上6》)

孟子的这个例子否定了几种对同情的错误认识。恻隐之心不是由其他动机所引发,"非所以要誉于乡党朋友也"。恻隐之心这种情感不是作为复制的自我欺罔,因为此人或许并不与那位将要入于井的孩子拥有相似或相同的入井体验。恻隐之心也不是由于此人不能够经受孺子坠入井中场景之恐怖与丑陋,如孟子所说,"非恶其声而然也。"恻隐之心并非由于厌恶小孩子的哭声而生。① 如果一个人仅仅厌恶其声音,直接的意图

---

① 在另一种解释中,"声"是"声誉"的意思。

将是逃离而不是试图营救孩子。根据这个事例,孟子宣称"人皆有不忍人之心"。表面上,"不忍心"似乎将同情理解为一个人不能够经受住受苦的场景。孟子是否是错误的?

忍心的实质含义则是忍受心灵的某种活动。看到他人的受苦使一个人的心灵受到扰乱,感到怵惕恻隐,即害怕、惊骇、伤痛。① 然而,这种扰乱是怜悯的表现。它并不意味着人们厌恶受苦的场景,乃至感到恶心。忍心,是指忍受和拒绝心灵的"结束受苦者之痛苦"的意向。由于人都有一种结束他人痛苦的意向,孟子据此宣称人都有"不忍人之心",即不能抵御"结束他人痛苦之意向"的号召。不忍心就在于无法抑制此意向,或者说,就在于马上付诸实施此行为之冲动。故而,不忍心是对"结束他人痛苦的行为"之意向,而不是结束"看到"他人受苦的意图。如果一个人不能忍受看到他人受苦带来的心的不适,并因而选择不看,或假装看不到,他不是在体验真实的同情。仅仅闭上眼并不能够平静心灵的扰乱。由此可见,孟子并没有将不忍人之心理解为不能经受住受苦场景之丑陋可怕,尽管在日常体验和理解中,"不忍心"确实也有此一方面的维度。

共感包含了为他人感到的悲伤和喜悦。孟子鲜明地将为他人感到的伤痛之感作为仁之发端。然而,他也认识到共同感到喜悦的重要。他肯定一个人享受音乐的快乐,不如与他人一起享受音乐的快乐;少数人享受音乐的快乐,不如多数人一起享受音乐的快乐。孟子据此提倡与民同乐(《孟子·梁惠王下 1》)。但是,只有为他人感到的伤痛才可以作为仁的发端。痛苦比快乐更具有伦理上的优先意义,这可以避免出现"将快乐建立在他人痛苦之上"的功利主义的困境。这与舍勒的下述观点是不同的:为他人感受的快乐比为他人感到的悲伤更有价值,因为人们往

---

① 参见陈立胜《恻隐之心:"同感"、"同情"与在世基调》,载《哲学研究》2011 年第 12 期,第 20 页。

往倾向于嫉妒幸福的人,却乐于在别人悲惨的时候提供援助。①

尽管同情并非是逃避看到受苦场景,而是为受苦者感到伤痛并试图结束其痛苦,但同情的发生却总是以"看到"为条件的;同情总是被动的、对价值盲目的、被周围环境所局限的。在这个意义上,若将不忍心作为道德标准的尺度,或道德的基础,也不是不能令人满意的。那么,孟子是否将同情作为道德的基础呢?表面上看来,将同情作为仁之发端,似乎肯定了这一论断。然而,进一步地分析,我们可看出,在孟子看来,作为仁之发端的恻隐之心只是实践的初始处,而不是其伦理思想的基础。孟子主张的"扩充"恻隐之心,不仅包含将此心扩充到具体实践中得以实现,扩充到更广大的范围,也包含将被动的恻隐之心扩充为主动的爱,对于父母的深爱和对于四海之人的博爱。孟子的另一处陈述更好地支持了这一论断:

> [齐宣王]曰:"若寡人者,可以保民乎哉?"曰:"可。"曰:"何由知吾可也?"曰:"臣闻之胡龁曰,王坐于堂上,有牵牛而过堂下者,王见之,曰:'牛何之?'对曰:'将以衅钟。'王曰:'舍之!吾不忍其觳觫,若无罪而就死地。'对曰:'然则废衅钟与?'曰:'何可废也?以羊易之!'不识有诸?"曰:"有之。"曰:"是心足以王矣。百姓皆以王为爱也,臣固知王之不忍也。"王曰:"然。诚有百姓者。齐国虽褊小,吾何爱一牛?即不忍其觳觫,若无罪而就死地,故以羊易之也。"曰:"王无异于百姓之以王为爱也。以小易大,彼恶知之?王若隐其无罪而就死地,则牛羊何择焉?"王笑曰:"是诚何心哉?我非爱其财。而易之以羊也,宜乎百姓之谓我爱也。"曰:"无伤也,是乃仁术也,见牛未见羊也。君子之于禽兽也,见其生,不忍见其死;闻其声,不忍食其肉。是以君子远庖厨也。"王说曰:《诗》云:'他人有心,予忖度

---

① 参见 Max Scheler, *The Nature of Sympathy*, trans. Peter Heath (New Brunswick and London: Transaction Publishers, 2008), pp. 135 – 137.

之。'夫子之谓也。夫我乃行之,反而求之,不得吾心。夫子言之,于我心有戚戚焉。此心之所以合于王者,何也?"曰:"有复于王者曰:'吾力足以举百钧',而不足以举一羽;'明足以察秋毫之末',而不见舆薪,则王许之乎?"曰:"否。""今恩足以及禽兽,而功不至于百姓者,独何与?然则一羽之不举,为不用力焉;舆薪之不见,为不用明焉,百姓之不见保,为不用恩焉。故王之不王,不为也,非不能也。"(《孟子·梁惠王上7》)

一方面,孟子充分肯定了仁术的发生是从恻隐之心开始的,即以同情为线索而展开的。君子可以食肉,但是不忍心食用和自己发生过接触的动物之肉,因为个人和此动物发生了情感的互动,某种共通感受作为纽带将人和动物联系起来。君子不能抵御这种情感互动所引发的号召,即拒绝食用与自己拥有共通感受的动物之肉的号召。君子之心,不能强硬到毫无扰乱地食用此动物之肉。由于齐宣王不能抵御此种号召,孟子肯定他具有保民的潜力。

另一方面,孟子并不以同情为最根本的道德情感与动力。在同情中,人们"见牛未见羊也"。人们总是倾向于同情自己所能看到的受苦者,而对自己不能看到的,则不予关心。齐宣王以羊来替换牛,遵循不忍心之号召而结束了牛的痛苦,却可以毫不顾及羊的感受。同样地,由于未见人民,他不能主动地对人民有所关怀,尽管假如看到某些人受苦的场景,他会对他们抱有同情而结束其痛苦。就像梁惠王一样,在人民受苦时,他会通过移民和赈灾来救助他们(《孟子·梁惠王上3》),却没有认识到人们的苦难可能恰恰是由他不良的治理造成的。仁政远非只是事后的被动救助,更重要的是事先的主动关怀。

所以,在道德实践中,同情必须推进、上升为爱。实质上,在同情中,已经有爱的存在;对人的爱建构了对动物之同情。承认对动物的同情却否定对人的爱之存在,就等于说自身的力量可以举起千钧之物,却不能举起一根羽毛一样荒谬。只有理解了爱人是同情生灵之体验的基础,道德生活才是有序的。儒家道德修养的重要任务便是将同情转化为主动的仁爱。

黄玉顺主张恻隐不是舍勒意义上的"同情",而是爱。① 然而,将恻隐看作爱这一解读是值得商榷的。第一,恻隐的感受是由于面对受苦之场景而触发的,它表达了人心不愿他人受苦的趋向;恻隐特别地相关于受苦。当孟子表达与民同乐时,他并没有使用"恻隐"一词。相较之下,爱不是由见到痛苦场景所触发的,也不仅仅表达一个不愿人受苦的趋向。尽管爱可以引发这些感受,但这些感受并不是爱本身。第二,当谈起"仁民"(《孟子·尽心上 45》),他所表达的是对人们的爱。然而,当说起对人的"恻隐",他们主要表示的是对他人不幸的同情。孟子主张恻隐之心是仁之开端,不过他并没有将恻隐看作仁本身。也就是说,作为同情的初始形式,恻隐需要推致和深化至作为爱的仁。笔者认为,恻隐的地位不应被过于高估。如我们所见,在不感到害怕与痛苦时(恻隐的表现),人们仍然可以对他人感到爱与同情。简而言之,恻隐不一定等同于舍勒意义上的同情,但是相较于爱,它更多地分享了同情的特征。恻隐是同情的强烈而生动的表现。

孟子"君子远庖厨"的说法,只是对仁的初步描述,并没有穷尽仁的全部表现。恻隐之心常常需要受到抑制,这时恻隐要么缺席,要么非常微弱。第一种抑制是以冷静来克制痛感、不安等恻隐的表现。如果一个人对他人的痛苦过于敏感,乃至崩溃、晕倒、焦灼,他就无法成为一个好的医生和警察。这些职业要求人们保持某种不为所动的镇定。第二种抑制更为直接和强烈,是要主动地、"狠心"地造成痛苦。猎人需要猎杀动物,屠夫或普通人需要宰杀牲畜(无法远离庖厨),行刑者需要施加惩罚;由于对购买肉类的品质不放心,人们在菜市场还往往亲自挑选活鱼、活鸡等;训练者还会迫使受训者接受艰苦的训练。与此表面相似但性质

---

① 黄玉顺:《论"恻隐"与"同情"》,载《中国社会科学院研究生院学报》2007 年第 3 期,第 33—40 页。

不同的是,暴徒、杀手也表现出对恻隐的抑制。残忍虐待他人和动物显然是不正当的,尤其是当出于快感和恶意时。抑制恻隐的做法正当与否,恰恰取决于深层的爱是否在活动。当然,人们也可以说所谓深层的爱也是恻隐的另一种形式。不过这种解读会造成不必要的概念混淆,因而并非最佳方案。

当回答樊迟问仁时,孔子说:"爱人。"(《论语·颜渊22》)孟子并不反对爱是仁的核心。他也说道:"仁者爱人。"(《孟子·离娄下28》)孟子强调同情的重要性,与舍勒强调共感奠基了爱是相通的,乃是由于同情易于在实践中被体验并可作为修身之出发点的缘故。

在儒家传统中,爱的不同形式参与构造了不同的德性。比如,对父母的爱表达了孝,对子女的爱表达了慈,对兄长的爱表达了悌,对朋友之爱表达了信,对同胞和工作的爱表达了忠。这些德性当然也包含了其他的情感,但不可否认爱在其中具有的推动力。相较之下,仁这种德性,则是最广博的爱。

第二节 一体之仁与爱

作为仁的爱,并不是差等之爱,而是在一体观下的博爱。如孟子所言,"亲亲而仁民。"(《孟子·尽心上45》)这一点在宋明儒学中得到了更明确的表述。程明道说:

> 医书言手足痿痹为不仁,此言最善名状。仁者以天地万物为一体,莫非己也。认得为己,何所不至?若不有诸己,自不与己相干。如手足不仁,气已不贯,皆不属己。故博施济众乃圣人之功用。仁至难言,故止曰"己欲立而立人,己欲达而达人,能近取譬,可谓仁之方也。"欲令如是观仁,可以得仁之体。(《遗书》卷二上)[①]

[①] 程颢、程颐:《二程集》,王孝鱼点校,中华书局2004年版,第15页。

学者须先识仁,仁者浑然与物同体,义礼知信皆仁也。(同上)①

仁爱的发生,乃是由于仁者与天地万物发生感通。我们要讨论的问题是:宋明儒者所阐发的"一体之仁",究竟是同情,还是爱?是被动的、对价值盲目的,还是主动的、创造性的?儒家的仁是否如基督教的博爱和佛教的慈悲那样,能够克服世俗私爱的有限性?

王阳明说:"见孺子之入井,而必有怵惕恻隐之心焉,是其仁之与孺子而为一体也……"(《大学问》)② 一体之仁虽然以恻隐、伤痛所展示的同情初始地表现出端倪,但并非仅仅止于此。一体之仁乃是以深度的爱和是非之心最终得以实现。王阳明说:

> 明明德者,立其天地万物一体之体也,**亲民者,达其天地万物一体之用也**。故明明德必在于亲民,而亲民乃所以明其明德也。**是故亲吾之父,以及人之父,以及天下人之父,而后吾之仁实与吾之父、人之父与天下人之父而为一体矣**。实与之为一体,而后孝之明德始明矣。亲吾之兄,以及人之兄,以及天下人之兄,而后吾之仁实与吾之兄、人之兄与天下人之兄而为一体矣。实与之为一体,而后弟之明德始明矣。君臣也,夫妇也,朋友也,以至于山川鬼神鸟兽草木也,莫不实有以亲之,以达吾一体之仁,然后吾之明德始无不明,而真能以天地万物为一体矣。夫是之谓明明德于天下,是之谓家齐国治而天下平,是之谓尽性。(《大学问》)③

王阳明明确地指出一体之仁的深层实质是爱。分别来说,由恻隐引导立万物一体之体,由爱以达万物一体之用。建立在爱之上的恻隐(及其克制)是真实无偏的恻隐(及其克制)。终极来讲,体用不二,深层的爱与其所建构的恻隐共同构成了万物一体的感通模式。事实上,朱熹也将

---

① 程颢、程颐:《二程集》,第 16 页。
② 《王阳明全集》,吴光等编校,上海古籍出版社 2011 年版,第 1066 页。
③ 《王阳明全集》,第 1067 页。

爱与仁联系在一起。不过阳明的主张与朱熹的二元论不同。朱熹将爱看作"用",它是从作为"体"的理中衍生而来。① 朱熹和程颐担心人们会将爱认作理本身,主张仁只是爱之理。(《仁说》)② 而对于阳明来说,将爱的行为看作理本身的活动表现,并无不妥。我们需要区分爱的活动之有序模式和无序模式,而无须设定一个与用本质上分离的体。

王阳明之所以反对朱熹认定"新民"才是《大学》中的原有文字,与他反对以知识、学问作为道德实践之基础,而主张从既先天又可经验的道德情感来阐明我们的理想道德体验是相关的。《说文解字》写道:"亲,至也。"虽然词源的含义与王阳明思想中的含义不尽相同,"亲民"中原初的"至"的主动含义得到了保留。"亲民"不仅仅是被动地感到同情,更是主动地亲近、关爱。孟子"亲亲而仁民"的表述指出,对人民的仁虽然不只是被动的同情,但这种爱不及爱父母之程度之深。而在王阳明"亲民"的解释中,主动爱的范围扩展到了所有人民的领域。这两种表述并不存在根本矛盾,在功夫次第上"亲民"开始于"亲亲"。而即便亲民中的爱,在具体深爱之程度上,也是不及亲亲之爱的。从这个角度也可以说"仁民"。《传习录》卷三记载了一则对话:

> 问:"大人与物同体,如何《大学》又说个厚薄?"
> 先生曰:"惟是道理,自有厚薄。比如身是一体,把手足捍头目,岂是偏要薄手足,其道理合如此。禽兽与草木同是爱的,把草木去养禽兽,又忍得。人与禽兽同是爱的,宰禽兽以养亲,与供祭祀,燕宾客,心又忍得。至亲与路人同是爱的,如箪食豆羹,得则生,不得则死,不能两全,宁救至亲,不救路人,心又忍得。这是道理合该如此。及至吾身与至亲,更不得分别彼此厚薄。盖以仁民爱物,皆从

---

① 朱熹的性(理)情(气)不离不杂说,虽然也反对将二者分离,但在本质上二者却是异质的,且理在气先。而阳明则认为理与心的有序活动本身是相互确立的关系。
② 参见朱熹《晦庵先生朱文公文集》第 67 卷(《朱子全书》第二十三册),上海古籍出版社 2010 年版,第 3280 页。

此出；此处可忍，更无所不忍矣。《大学》所谓厚薄，是良知上自然的条理，不可逾越，此便谓之义；顺这个条理，便谓之礼；知此条理，便谓之智；始终是这条理，便谓之信。"（《传习录》276条）

可见，对于阳明来说，一体之仁与差等之爱，并不冲突。如果只关注差等之爱而不理会一体之仁，那么爱过于偏私，无法施于陌生人，甚至造成腐败。如果只关注一体之仁而不承认差等之爱，那么爱过于抽象，无法真正地关怀身边的人。阳明强烈批评佛家、道家、墨家不分别自然与人、不分别家人与他人的做法。就优先性而言，对家人、他人、动物、植物、非生物的爱之间存在着重要的次序差别。

孟子更多地从爱的深度方面来理解"亲"，故而谈"亲亲""仁民"。而王阳明更多地从爱的主动方面来理解"亲"，故而谈"亲民"。尽管他们使用不同的词汇，所表达的却没有多大分别。

此外，这段话也印证了万物一体的实质在于爱。正是由于爱的存在以及爱的差异，人们有时要克制恻隐之心，如为了父母生命健康，舍得供养肉类。万物之间有"厚薄"，要"舍得"，这说明爱比恻隐更为根本。

以爱来解释仁的进路，遭到了牟宗三先生的反对。他主张以"仁慈"来解释"仁"。在评论康德道德哲学时，他写道：

> 仁慈与爱不同，爱是感性的情，而仁慈则从理。孔子所说的"仁"是从理者，故曰："克己复礼为仁"。即使从仁说爱，这爱也是从理说的爱，不是从感性之情说的爱，此亦如耶稣所说的"爱仇敌、爱邻人"之爱。康德说："这种爱是实践的爱，不是感性的爱，是一种位于意志中的爱，不是位于感性嗜好中的爱——位于行动底原则中的并不属于柔性的同情的爱；单只是这种爱始可被命令。"（《道德底形上学之基本原则》第一节语）。感性之情的爱是不能被命令的，正如喜欢吃咖啡，这"喜欢吃"是不能被命令的，因此，它亦不是一义务。慈善——仁慈之行是一义务。依儒家，从本心仁体而发的仁爱之行

是一义务,但本心仁体自身既被肯定为性体,则此性体不能被获得,亦不能说去获得此性体是一义务,此与上说良心同。①

牟宗三反对以爱训仁,乃是因为他将爱看作感性而非精神的。但是,在舍勒思想和儒家的情感体验中,神圣的爱和仁爱并非是感性的,并非不合"理"的;人的心灵具有其自身的秩序。牟宗三也承认从非感性的爱解释仁的可能性,只是顺康德理路认为这种爱是理性的爱,而严格意义上的爱则是感性的。我们可以说,牟宗三反对的乃是以世俗的爱来解释仁的做法,这也是我们所认同的。牟宗三将四端之心代表的道德情感称为"本体论的觉情",视之为儒家对康德的超越。他将其看作既超越又内在,自发地合理的,但却单单将"爱"看作感性的,需要以义务来笼罩,并将"仁爱"收摄于"仁慈"之下。关于对偏差的爱的纠正,我们可以在舍勒和王阳明那里看到相似的做法:对舍勒而言,爱之真切以绝对者来确保;对王阳明来说,爱以关联于天理的良知来确保。他们都认可精神的爱自发涌现的可能性。相较之下,将仁收摄于仁慈、义务之下却是不恰当的。如此一来,爱的创造性、自发性、积极性就被掩盖了;同时,义务的强制性意味也被取消了。两种不同的道德进路无须拉在一起。并且,精神的爱究竟是先于朝向义务的意志被体验到,还是在意志之中被体验到,也是值得探讨的。

由于"仁"在本质上是"仁爱",而非"仁慈",因而将"仁"译为benevolence 可能会引起误解,尽管 benevolence 已是在英文中所能找到的较佳的翻译。舍勒批评将爱还原为仁慈的做法时写道:

> 几乎所有的英国道德学家的一个最严重错误在于,他们偏离了希腊和基督教伦理,而寻求在共感中衍生出**爱和恨**的事实。这常常以如此方式出现:将同情置于前景,并将爱替换为**仁慈**(常常被称为

---

① 牟宗三:《康德的道德哲学》(《牟宗三先生全集》第 15 册),台北:联经出版事业股份有限公司 2003 年版,第 507—508 页。

"无私心的仁慈")。这个"仁慈"的转滑概念,常常在实践中基于怜悯(尽管极少地基于喜悦);可以说,它提供了一个对爱的表面上的趋向,如同恶意对恨那样。可是"仁慈"并不与爱相同。首先,对爱来说,为其对象寻求(物质)"利益"是不必要的,也非本质的。爱完全地关注**人格性**的积极价值,仅仅当福利推动人格价值的时候,它才关注福利。我们也爱事物,比如美、艺术与知识,对它们感到"仁慈"是无意义的。我们爱"上帝",而"怀有对他的仁慈"则是荒谬的。对他人的爱可以导致"祝福他们好",但这是一个爱的结果。现象学地讲,"祝福他们好"也不同于"仁慈"。"仁慈"包含着在祝福者方面的**遥远**(remoteness)和优越的因素,包含一定的"俯就"(condescension),它轻易地排除了爱的可能性。此外,"仁慈"感受也包含了为他人的福利做出努力;恰当地说,它不是一个意愿,而是对自我尽力的冲动趋势(如我们所说的,"仁慈"的"种子""萌动")。但是在爱中,并没有真正的努力意义,尽管它确实具有活动的特征,这些特征我们可以在努力中发现。在爱的行为中并没有比在恨的行为中的反尽力具有更多的"尽力"。爱当然是一个朝向积极价值的活动,但是当谈到爱的**本质**时,不论这个价值已经存在与否,都没有分别。①

"仁慈"传达了一种长辈对晚辈、上级对下级、强者对弱者的俯就、乃至"心慈手软"的意味。② 此外,爱与仁慈的不同在于:爱是自发行为,无须刻意。由于仁慈与爱具有诸如此类的差异,笔者主张以 humaneness 来翻译"仁",以 humane love 来翻译"仁爱"。相较于 benevolence 的过于狭

---

① Max Scheler, *The Nature of Sympathy*, pp. 140–141.
② 尽管在政治语境中仁常常指涉统治者对普通人的仁慈,但这并非仁的本质。参见 Kwong-loi Shun, *Mencius and Early Chinese Thought* (Stanford: Stanford University Press, 1997), pp. 49–52。

窄和特定,以及 humanity 的过于广义和抽象,humaneness 恰到好处的具体性和丰富性正好可以表达仁的意味。

第三节　仁爱的普遍性与良知

相较于基督教传统内的参与上帝对世界的爱,儒家的仁爱之绝对性和普遍性(并非平等普遍地爱,而是对个体的具体的爱之普遍可能性)是如何得到保障的？王阳明表示,万物和人一样具有良知:

> 朱本思问:"人有虚灵,方有良知。若草木瓦石之类,亦有良知否?"先生曰:"人的良知,就是草木瓦石的良知。若草木瓦石无人的良知,不可以为草木瓦石矣。岂惟草木瓦石为然,天地无人的良知,亦不可为天地矣。盖天地万物与人原是一体,其发窍之最精处,是人心一点灵明。风、雨、露、雷,日、月、星、辰,禽、兽、草、木,山、川、土、石,与人原只一体……"(《传习录》274 条)

由此可见,万物一体可以有两种解释方式。第一种是通过爱理解,通过恻隐引导;第二种则是此段所展示的,通过气之相通来说明。联系"南镇观花"的例子(《传习录》275 条),我们可以澄清如下两点。

第一,王阳明展示了其现象学态度。人之良知不仅仅包含在道德价值意义上对天理的明觉(而非朱熹所论的宇宙模式意义上的天理),也包含了在认识论领域中对对象意义的构造能力。前者相通于舍勒,后者则通于胡塞尔。自然态度相信万物独立于人的干预而客观地存在着。与此相对,现象学态度认为人的意识之结构和活动参与了对象的构造。

第二,由于天之所赋(天命之性,天作超越义),天地万物(天作自然义)皆具有良知。万物的良知(感觉、生命力)是意向对象(noema)的一面,相关联于(correlated)作为意向活动(noesis)一面的人类良知(意识)。这并不是"主观唯心主义"意义下的主体通过意识活动凭空地创造对象,而是万物之良知(感觉素材等)也在吸引主体的意向。① 此外,除了在认识论意义上的生命力和意识的含义外,良知也是对万物之普遍仁爱的保障。王阳明的"一体之仁"甚至突破了孟子主张的仁爱只能施于人,对待万物则爱惜而无仁爱的思想。简言之,良知的觉润具备双层的含义。通过意向的互动,良知赋予万物以意义,在此意义上良知负责万物的存在。同时,良知也通过仁爱赋予他人以尊严、他物以尊重,在此意义上良知具有道德的含义。统合来说,通过意识活动,以及相关于价值的道德情感,良知的实践激活了人与万物,使之富有生命力。

一方面,在气的层面人们与万物共为一体。另一方面,事物之间仍旧存在价值的级序差别。万物和人之间存在"厚薄"。良知的最精微之处是人的灵明,含有清晰的意识、对天理的明觉。

相较于基督教可以通过上帝的爱这个纽带来实现"对陌生人的爱",虽然传统儒家也强调突破差等之爱的局限,进入仁爱的领域,但并未阐明必要的联系纽带;现实中人们往往只能通过有限的联结纽带,而只爱其亲友、同学、师生、同乡。"一体之仁"的提出,以良知作为统摄万物的纽带,为"对陌生人的爱"提供了依据。

王阳明更进一步地谈到良知仁爱的创造性:

> 良知是造化的精灵。这些精灵,生天生地,成鬼成帝,皆从此出,真是与物无对。人若复得他完完全全,无少亏欠,自不觉手舞足蹈,不知天地间更有何乐可代。(《传习录》261条)②

> 仁是造化生生不息之理。(《传习录》93条)③

---

① 参见 Edmund Husserl, *Analyses Concerning Passive and Active Synthesis: Lecture on Transcendental Logic*, trans. Anthony J. Steinbock (Dordrecht: Kluwer Academic Publishers, 2001), p.41。
② 《王阳明全集》,第104页。
③ 《王阳明全集》,第26页。

如果简单地将心看作天地万物的本源,是非常危险的。我们可通过与舍勒的对照做出说明。在舍勒看来,人通过爱而参与世界的创造活动。"爱的秩序是神圣秩序,即世界秩序的核心。人也作为上帝最称职和最自由的仆人,置身于这个世界秩序之中。只有以这种能力,人才可以被称作创造之主。"① 上帝是爱的来源和目标,上帝内在于爱之活动。上帝的创造,即爱的创造。相应地,在阳明思想中,天是良知的来源,良知是对天理的明觉;天(理)内在于良知仁爱。天之创造,即良知仁爱的创造。良知仁爱是对天理的确认与贯彻;天之肃穆庄严,正体现于良知仁爱的活动中。王阳明说:"'先天而天弗违',天即良知也;'后天而奉天时',良知即天也。"(《传习录》237页)② 值得注意的是,"良知即天"并非意味着良知的僭妄,将良知本身与天等同,取得天那样的崇高地位。在天理与良知的相互关联中,良知不可脱离天理而单独存在,天理更不可被还原为良知。③

良知不仅是与人仁爱的纽带,也是其准则和规范。王阳明说:"至善者,明德、亲民之极则也。天命之性,粹然至善,其灵昭不昧者,此其至善之发见,是乃明德之本体,而即所谓良知也。至善之发见,是而为是,非而为非,轻重厚薄,随感随应,变动不居,而亦莫不自有天然之中,是乃民彝物则之极,而不容少有议拟增损于其间也。"(《大学问》)④ 良知即至善之发见,即清楚的、纯粹的、不容蒙昧的心灵活动。阳明写道:"良知只是一个天理自然明觉发见处,只是一个真诚恻怛,便是他本体。"(《传习录》189条)牟宗三对"天理之自然明觉"解释说:"天理之自然地而非造作地,

---

① Max Scheler, *Selected Philosophical Essays*, trans. David Lachterman (Evanston: Northwestern University Press, 1973), p. 110.
② 《王阳明全集》,第111页。
③ 参见第二章。另参见 Yinghua Lu, "Wang Yangming's Theory of the Unity of Knowledge and Action Revisited: An Investigation from the Perspective of Moral Emotion," *Philosophy East & West* 69, No. 1, 2019, pp. 197–214.
④ 《王阳明全集》,第1067页。

昭昭明明而即在本心灵觉中之具体地而非抽象地呈现。"① 换言之,良知即对精神价值（主要为道德价值）的直观与引入,即对天理的现象学明察。

王阳明阐释良知体验时又说：

> 良知者,孟子所谓"是非之心,人皆有之"者也。是非之心,不待虑而知,不待学而能,是故谓之良知。是乃天命之性,吾心之本体,自然良知明觉者也。凡意念之发,吾心之良知无有不自知者。其善欤,惟吾心之良知自知之,其不善欤,亦惟吾心之良知自知之。是皆无所与于他人者也。(《大学问》)②

> 知是心之本体,心自然会知：见父自然知孝,见兄自然知弟,见孺子入井自然知恻隐。此便是良知不假外求。若良知之发,更无私意障碍,即所谓"充其恻隐之心,而仁不可胜用矣"。(《传习录》8条)

良知的体验包含了四端之心,③ 其中最主要的是是非之心,以及作为恻隐之心基础的仁爱之心。是非之心并非认知意义上的知是知非,而首要地是道德判断中的知善知恶,以及道德感受中的赞许(approval)与不赞许(disapproval)。阳明此处强调是非之心,并不表示仁爱是由是非之心所衍生的。恰恰相反,良知是建立在初始的道德情感之上的(如恻隐与爱)。④ 毋宁说,王阳明此处认为是非之心在具体的、可操作的道德实践中更具备规范性。相对于仁爱的自发性,对是否违背是非之心的体认更具有痛切性与强制性。前者侧重实现追求的潜能,后者侧重制约。

---

① 牟宗三:《从陆象山到刘蕺山》(《牟宗三先生全集》第 8 册),台北:联经出版事业股份有限公司 2003 年版,第 180 页。
② 《王阳明全集》,第 1070 页。
③ 参见牟宗三《从陆象山到刘蕺山》,第 178—180 页。
④ 参见 Yinghua Lu, "Pure Knowing (*Liang Zhi*) as Moral Feeling and Moral Cognition: Wang Yangming's Phenomenology of Approval and Disapproval," *Asian Philosophy* 27, No. 4, 2017, pp. 309–323。

王阳明说：

> 固有欲亲其民者矣，而惟不知止于至善，而溺其私心于卑琐，生意失之权谋智术，而无有乎仁爱恻坦之诚，则五伯功利之徒是矣。是皆不知止于至善之过也。故止至善之于明德、亲民也，犹之规矩之于方圆也，尺度之于长短也，权衡之于轻重也。(《大学问》)①

是非之心所代表的，是对于是否合于天理的直观。而仁爱是天理被给予到人的意识中所不可缺少的前提。无是非之心的规范，仁爱的发用可能出现偏颇。无仁爱的心灵、无亲民的感受，是非之心则会被遮蔽，而看不到天理之所在。二者缺一不可，不相分离。良知的首要活动，即是是非之心与仁爱的相互配合。

对于阳明来说，具有认知、判断意味的是非之心，并不能脱离恻隐、羞恶、恭敬等其他初始情感而独立存在。② 是非之心的规范，是有序的情感运行模式本身对其无序运行的规范，如理想的爱对偏私的爱、溺爱、丧失人格的爱的匡正，而不是理性对情感的约束。后者是理性主义的观点，却不是阳明心学的立场。

第四节 同一感、一体感与个体性

(一)"一体"是否意味着"无己"？

如上一章所述，在认识论的意义上，舍勒认可同一感是共感（真实的同情）的引导线索。同一感发生在任何活的有机体中。因此，同一感奠基了共感。在存在论的意义上，一旦我们认识到共感的含义——它预设了他者的被给予性，那么我们更认识到共感在存在上建构了同一感。在

---

① 《王阳明全集》，第 1068 页。
② 参见 Yinghua Lu, "Pure Knowing (*Liang Zhi*) as Moral Feeling and Moral Cognition,".

同一感的体验中，人们没有认识到他者的被给予，而事实上他者已经被给予，并且正是如此，同一感才得以作为初级模式的共感发生。

简而言之，相较于同情与爱，同一感是共通感受的初级模式。爱预设了不可还原的绝对的个体，而同一感中个体性和人格性的含义则非常微弱。从易于体验与有助于培养同情和爱而言，同一感是有益的；而从操控和盲目的意义来讲，它又是危险的。唤醒同一感有重要意义，它是进至人格爱的前提，然而止步于同一感却是不足的。① 那么，儒家心学，尤其是阳明心学中的万物一体模式，是否就是舍勒意义上的同一感呢？

一体之仁的发生，乃是由于仁者与天地万物可以感通。我们所要探讨的问题是：仁者与万物的感通是否将他者还原为自我？抑或是将自我还原为他者？还是自我与他者之间不存在绝对的界限，可以被共同还原为某种存在？如果是前一种情况，这种学说将是一种自我中心主义，或利己主义。如果是第二种情况，自我便陷入丧失了自我意识的同一感中。如果是第三种情况，它将是舍勒所批判的形上的一元论。程颢字面上表述出"莫非己也"，似乎具有还原他者为自我的倾向。然而，"一体""同体"的表述已然既否认了将此"体"认作他者的，也否认了认作自我的。区分此体究竟是谁的，是不可能的；对于持一体观的论者来说，也是不应当的。由于不属于任何一个具体之物，此"体"也可被看作"无体"。正是根据这种诠释，黄玉顺说：

> 舍勒所说的具有"爱的秩序"的"爱的共同体"，作为人格的共同体，乃至上帝秩序，本质上是主体性存在者的世界；而儒学所说的"一体之仁"尽管也有这层意思，却具有一种更为本源的观念层级。儒学所说的"一体之仁"，固然具有伦理学的观念层级，例如原创时代孔孟儒学之后的那种"性→情"观念，此"情"即是伦理意义上的主

---

① 参见张任之《舍勒与宋明儒论一体感——一项现象学的与比较宗教学的探究》，载《世界宗教研究》2017年第4期，第30页。

体性的道德情感;并且具有本体论的观念层级,例如本文所述的阳明心学的"大人之学",仁爱被理解为作为本体的良知;然而在儒学,尤其是孔子和孟子的儒学中,"一体之仁"首先乃是一种前伦理学、前本体论的事情,乃是一种前哲学、前形而上学的事情,这是更为本源的"情→性"观念。这里,"一体之仁"是说的在本源情境中的共同存在、共同生活的情感显现;在这种本源情境中,主体性、对象性都还没有生成,乃至任何物、任何存在者都还没有显现出来。这样的"一体"恰恰正是"无体":这是真正本源的"形而上"——"神无方而易无体"。①

在原始儒学和所有的宋明儒学之间是否存在"情→性"与"性→情"之间的对立,是值得商榷的。事实上,程颢和王阳明并非先抽象地预设一个本体,建立一个形而上学的架构,而后将道德情感看作依循此本体而生,如同朱熹的进路那样。情与理的关系,恰如感受与价值的关系。情与性的关系,正如感受与理想(合"理")人格性的关系,而人格性既在于理在人行为中的具体化,也在于情的普遍化与扩充。"性即理",表达了真性在于体现和践履较高的精神价值。② 情与性(或理)两者之间相互关联,并非其中之一在存在论上居先,而另外一物由它而生。在现象学的明察中,本质预设了现象学直观,而现象学直观也预设了本质的存在。无感受则无以指明与确证价值的客观性,而无客观的价值则无以衡量感受的有序性。王阳明写道:

> "生之谓性","生"字即是"气"字,犹言气即是性也。气即是性,人生而静以上不容说,才说气即是性,即已落在一边,不是性之本原矣。孟子性善,是从本原上说。然性善之端须在气上始见得,若无气亦无可见矣。恻隐、羞恶、辞让、是非即是气,程子谓"论性不论气

---

① 黄玉顺:《论"一体之仁"与"爱的共同体"》,载《社会科学研究》2007 年第 6 期,第 132 页。
② 参见第二章。

不备,论气不论性不明。"亦是为学者各认一边,只得如此说。若见得自性明白时,气即是性,性即是气,原无性、气之可分也。(《传习录》150条)

人的超越性与情所属的气所代表的经验性本不相分离,性、理即体现于有序之气的活动(纯气、元气)。在情与性的相互关联上,程颢、王阳明与孔孟是一致的,他们至多在侧重上有所不同。在澄清此点之后,我们可以将"一体之仁"视为儒家心学整体的一种体验模式来处理,而不是看作某个哲学家独一的理论。黄玉顺认为,在"一体之仁"中,主体性和对象性尚未生成,因而并无自我与他人之间的分界。陈立胜也持类似的观点:

> 在上述对"恻隐之心"的生命体验的描述之中,儒者着力强调的是吾人之身与他人之身、天地万物之身的一体相通性。在这种一体相通性之中,"我"对他者的痛苦的体验全然是切己、切身的体验,其中并未凸显人我之分别、利他与利己之辨析的旨趣。①

这种解释有其文本和哲学上的理据。然而,我们不能排除其他合理的诠释,据此认定儒家拒斥个体性。打破人我、主客对立,确实是中国哲学的特色,牟宗三称中国哲学的特色是"圆而神",以区别于西方的"方以知"。② 不过,这种解释是否陷入了舍勒所批判的形上的一元论?儒家的这种存在论模式,与道家的"万物与我为一"如何区分?③ 不同于佛教对于主体和客体之固化同一性(自性)的打破,也不同于道家对主体和客体的浑化融释,儒家虽然不将人看作原子的存在,亦不将主客对立起来,却也在特定意义上确保了主体性与个体人格的完整。

孔子曰:"我欲仁,斯仁至矣。"(《论语・述而30》)又说:"为仁由己,

---

① 陈立胜:《恻隐之心:"同感"、"同情"与在世基调》,载《中国哲学》,2011年第12期,第22页。
② "我们的感性与知性所搅扰而扭曲的人生与宇宙不是人生与宇宙之本来面目。这是人生与宇宙之僵滞。"牟宗三:《现象与物自身》(《牟宗三先生全集》第21册),台北:联经出版事业股份有限公司2003年版,第30页。
③ 参见《庄子・齐物论》。

而由人乎哉?"(《论语·颜渊1》)孔子此处肯定了个人的道德自主能力。孟子更谈到本心对于义的偏好甚于生命(《孟子·告子上10》),而偏好是一种个体的合意感受。他也描述了良知良能中包含的有序的道德情感(《孟子·尽心上15》),以及对个体人格的尊重(《孟子·公孙丑上2》)。由于人性的完成在于对四端之心的扩充,人格可以被理解为仁义礼智的行为之统一。这些都表达了个体性与主体性的确立,及其所具有的自主能力。《中庸》写道:"是故君子戒慎乎其所不睹,恐惧乎其所不闻。莫见乎隐,莫显乎微。故君子慎其独也。"(《中庸·第一章》)对人所不知不察而己所独知察觉之迹象保持警惕谨慎,预设了个体道德意识的明察和自我纠正能力。① 《大学》将修身作为齐家和平天下的根据,对自我德性的培养优先于对社会的治理。总之,在原始儒家,个体的独一性与主体性得到了肯定。牟宗三将"挺立道德主体"归为儒家的特质,并以康德诠释儒家,也正可以在原始儒家中找到依据。

(二) 王阳明对自我个体人格的肯定

王阳明是否取消了个体的意志、品格、爱恨等行为? 王阳明在《大学问》中论一体之仁道:

> 大人者,以天地万物为一体者也。其视天下犹一家,中国犹一人焉。若夫间形骸而分尔我者,小人矣。大人之能以天地万物为一体也,非意之也,其心之仁本若是,其与天地万物而为一也。岂惟大人,虽小人之心亦莫不然,彼顾自小之耳。是故见孺子之入井,而必有怵惕恻隐之心焉,是其仁之与孺子而为一体也。孺子犹同类者也,见鸟兽之哀鸣觳觫,而必有不忍之心,是其仁之与鸟兽而为一体也。鸟兽犹有知觉者也,见草木之摧折而必有悯恤之心焉,是其仁之与草木而为一体也。草木犹有生意者也,见瓦石之毁坏而必有顾

---

① 当然,慎独功夫并不是完全依靠自力,《中庸》中的慎独体验也显示了鬼神的作用。

惜之心焉，是其仁之与瓦石而为一体也。是其一体之仁也，虽小人之心亦必有之。**是乃根于天命之性**，而自然灵昭不昧者也，是故谓之"明德"。小人之心既已分隔隘陋矣，而其一体之仁犹能不昧若此者，是其未动于欲，而未蔽于私之时也。及其动于欲，蔽于私，而利害相攻，忿怒相激，则将戕物圮类，无所不为，其甚至有骨肉相残者，而一体之仁亡矣。是故苟无私欲之蔽，则虽小人之心，而其一体之仁犹大人也；一有私欲之蔽，则虽大人之心，而其分隔隘陋犹小人矣。故夫为大人之学者，亦惟去其私欲之蔽，以自明其明德，复其天地万物一体之本然而已耳。非能于本体之外，而有所增益之也。①

王阳明这里所说的一体，是就身体、生命的层次而言的。"形骸"无分"尔我"。身体和生命具有广泛的意义：不仅仅所有现实生命的存在可与我相通，瓦石等物也被赋予了生命。一块石、一泓水、一粒沙也可体现精神的价值，② 与人发生情感的互动，而不只是被作为客体来掌控，故而说，它们也是"活的"。人与万物感通的依据，不只在同类的人、不只在动物之具有知觉、不只在有草木之具有现实生命，乃根于"天命之性"。物的本性共同地源于天之所赋，共同地具有良知并相感通。就万物同源、生命相通、克去私欲的视角而言，确实不存在个体间的界限。此外，就爱的开放性之无限而言，就恻隐作为引导而言，我们也可以阐明万物一体。

然而，在对价值的践履之动态过程来看，王阳明并未否定个体间的区别。大人与小人的区别，恰恰在于是否能体认一体之仁。通过如何实现精神、道德价值，譬如通过如何践履心的主宰能力、如何致良知，每个人展示出其独一的人格性。

王阳明多处谈到良知本心之存有和发用在于"自家"：

---

① 《王阳明全集》，第 1066—1067 页。
② 参见 Anthony Steinbock, *Phenomenology and Mysticism*: *The Verticality of Religious experience* (Bloomington and Indianapolis: Indiana University Press, 2009), introduction. 斯坦因博克认为自然环境的存在可以体现神圣。

> 人只要成就自家心体，则用在其中。(《传习录》67条)

此处王阳明肯定了个体自身的心体之存在和自我成就心体的能力。

> 大抵吾人为学紧要大头脑，只是立志，所谓困忘之病，亦只是志欠真切。今好色之人未尝病于困忘，只是一真切耳。自家痛痒，自家须会知得。自家须会搔摩得。既自知得痛痒，自家须不能不搔摩得；佛家谓之方便法门，须是自家调停斟酌，他人总难与力，亦更无别法可设也。(《传习录》144条)

这里阳明肯定了自我的"知"道德不足的能力与意志力，立志与道德践履亦主要依靠自身的努力。具体地说，是对天理良知的实现。

> 尔那一点良知，是尔自家底准则。尔意念着处，他是便知是，非便知非，更瞒他一些不得。尔只不要欺他，实实落落依着他做去，善便存，恶便去。他这里何等稳当快乐。此便是格物的真诀，致知的实功。若不靠着这些真几，如何去格物？(《传习录》206条)①

作为对精神价值的明察，良知是主体方面的道德准则和道德实践的动力，对应于客观方面的天理所代表的精神价值。良知包含了爱、偏好、价值感受、四端之心等先于价值的行为和对价值的意向。②

> 心者身之主宰，目虽视而所以视者心也，耳虽听而所以听者心也，口与四肢虽言动而所以言动者心也，故欲修身在于体当自家心体，常令廓然大公，无有些子不正处。主宰一正，则发窍于目，自无非礼之视；发窍于耳，自无非礼之听；发窍于口与四肢，自无非礼之言动；此便是修身在正其心。然至善者，心之本体也，心之本体那有不善？如今要正心，本体上何处用得功？必就心之发动处才可着力也。心之发动

---

① 《王阳明全集》，第 92 页。
② 参见第二章；Yinghua Lu, "Pure Knowing (*Liang Zhi*) as Moral Feeling and Moral Cognition,"; Yinghua Lu, "Wang Yangming's Theory of the Unity of Knowledge and Action Revisited,".

不能无不善,故须就此处着力,便是在诚意。(《传习录》318条)

心体是自家之心体;修身、正心、诚意,乃至于致知、格物,主要是个体自家之事。个人对超越之性(真性)和天理的践履,塑造了他自身的个体之性。个体的人格性是动态地形成的,而不是一成不变的。王阳明说:"盖不睹不闻是良知本体。戒慎恐惧是致良知的功夫。学者时时刻刻常睹其所不睹,常闻其所不闻,功夫方有个实落处。久久成熟后,则不须着力,不待防检,而真性自不息矣。"(《传习录》330条)[①] 个体之性(即个体的践履之过程的统一)就在修身、正心、诚意、致知、格物等具体行为的统一中展示出来。在对这些行为的践履中,个体的人格性的伟大与卑劣之分便显示出来(大人与小人),个体间的分际也在这些行为中显示出来。

(三) 一体之仁与儒家的自我观念

儒家个体性的标志在于对价值的实现之践履,而不在于欲望,亦不在于生命之相通。舍勒亦肯定生命的相通、"一体":"另一方面,存在着这样的行为者,它支配形式与生命的反应之发展,比如自发的运动,表达的言语和活动。我们仅仅在意识的生命层次部分地和不充分地觉知到这种力量(比如,在所感到的生命和死亡的力量中,在对各自的特定冲动中)。但是,这种力量我们必须设定为真实的,以便解释在生命进程中确切地非机械的事物,它们可以被客观地研究。现在我们认为这是一个单独的、自身相同的现实,不过我们当前的论点是,在本质、存在和运行上,就人格结构来说,它与精神是相当不同的。"[②] 就对个体精神人格的坚持而论,王阳明的一体之仁,与舍勒所论的取消了自我意识的同一感有着显著的不同。

同一感是被剥夺了个体人格的同化于他人,在其中人们很直接地感

---

① 《王阳明全集》,第123页。
② Max Scheler, *The Nature of Sympathy*, pp. 75-76.

到"他者"的感受,属于生物之本能;而一体之仁的恻隐中,人们则在坚持个体人格时,直接去切身地体会他人的痛苦。此时,人们又吊诡地清楚知道这是他人的痛苦,进而为他人而痛苦。我不是利己地将他人还原成我的处境与感受,而是设身处地地考虑对方的实际处境与感受。从最真切的体验来说,人们将他人的痛苦全然体验为自己的,是不可能的。对自己的疼痛只有自己的意识是最真实可靠的,同理,他人的疼痛意识我也不能完全直接感受到。无论说辞如何高妙虚玄,人我疼痛之区别在生物学上也是不能被抹杀的。即便是无自我意识的同一感,也是在意识上近似地代入他者,仿佛是同一个身体,而毕竟是两个身体。比同一感更高意识层次的一体之仁,更不可能将他者与自己的躯体相等同,在本源上直接完全地感到他人的痛苦。

既然一体之仁容易招致误解,为何宋明儒学大力提倡它?这乃是源于它可以避免一些道德误导。如果只提倡爱,人们容易陷入爱的偏私性中。如果只提倡同情,人们容易仅仅将痛苦看作他人的,没有任何切己的感受。而如果提倡同一感,则人们又丧失了人格的独立性。一体之仁的模式包含了如下的面向。(1)人们先自发地去体会他人的痛苦,真切地感到痛感与不安,是为**恻隐**。在此感受中,人们的痛感不能完全取代他人的疼痛。虽然自己的痛感也是真切的,但不如疼痛者自身的感受那般真切。(2)同时不止步于此,而将此痛苦归还到他人的具体遭遇中,为他人解决困难,这避免了利己主义的误区。是为**同情**。恻隐是同情的初步强烈表现,而同情是恻隐的本质与归宿。① (3)这些得以发生的根源动力则在于**爱**。相比于从无己亦无他,或人我消弭于同体的角度来诠释

---

① 论者多将恻隐看作共情,这取决于如何理解共情的复杂问题。如果像许多人所做的那样,将共情理解为全然不分人我之感,那么恻隐并不是共情。这种意义上的共情,反倒类似于舍勒所说的同一感。它虽被看作高妙的体验,实则只是一种本能。在笔者看来,无论如何诠释共情,共情本质上是相关于他心的。在共情体验中,我可以感受到别人所感受的,我可以想到别人所想的。共情不局限于对他人痛苦和快乐的分担,还包括诸多情感,如惊奇、渴望等。共情敏锐的人甚至能体会到他人的想法和谋划。与之相对,恻隐主要是针对他人的痛苦。从这点上也可看到,恻隐不能代表共情,而更能代表同情。

一体之仁,笔者侧重从"有己亦有他","先重己后重他"的交互角度去诠释,以更好地保全人格性与个体性。此外,若说人们乃是有意识地将他人的痛苦体会为"非己"亦"非他"的同体之痛,仍可商榷。由于此同体之痛在一定意义上仍是自己切身地感受到的,不如说体会为自己的更平实。

一体之仁同时传达了爱模式下的个体性与同一感所包含的一体性,却避免了同一感的盲目性以及偏私的爱所蕴含的负面含义。感通不只是痛苦之感通,一体之仁的本质是具体的博爱,它是真实同情的基础。之所以痛苦之感通被重点描述,是因为表层的恻隐同情是道德践履的起点,易于实践。在真实同情也缺失的时候,才需要唤醒同一感。而同一感仍需进至同情与爱,道德实践才是理想有序的。

对儒家自我、主体的诠释,有着不同的进路:社会性的关系自我(淹没于关系网的无我),普遍性的义务自我(与康德接近),消融于一体中的无个体大我(与道家接近),主客具无自性的无我(与佛家接近)等。笔者认为,儒家(尤其就心学而言)的自我观念保持了个体人格的不可化约为他者外物的独特性,万物一体并有没有消弭个体人格。不过,这种个体并不是原子式的孤立自我,也不是普遍的理性存在者。儒家的自我本身便是活动性的,本心良知自身就具备外发的趋向,如爱、恻隐等总是指向他者。在广义上,这种活动也可以被看作关系性的。不过这种关系不是世俗关系学意义上的人际关系、社会关系,而是更为本质的人格间的活动。初始的自我人格的根基在于心的初始道德活动,这些具有普遍性;而自我现实人格的独特性就体现在行为者对价值进行践履的动态统一中。换言之,自我人格或个体同一性(identity)是在实践的过程中不断生成的。

结语

综上所述,在一体之仁的体验中,由于万物的生命相通,我们可以为他人(在人格意义上界定的他人)感到同情。由于万物中良知的天赋存在,我们的爱可以施及无限广阔的领域。既然舍勒所论的理想之爱与世俗之爱大不相同,人们有理由质疑仍旧保留"爱"这一词汇的合理性。况且,虽然同情不能达到理想的爱之主动与开放,但也不会造成偏差的爱所导致的破坏。儒家采用同时包含了同情与博爱的"仁"这个词,不仅表达了爱和同情的积极含义,也避免了传达"爱"字所引发的偏私性等负面含义,同时也避免了单纯同情所蕴含的被动性。

从存在论来看,一体之仁建构了差等之爱。而从认知和实践来看,差等之爱是认知和培养一体之仁的线索与途径。即便在最初始的差等之爱的表现中,也已经有深层的一体之仁的端倪运作;没有一体之仁便没有差等之爱。尽管差等之爱是具体的起始处,一体之仁才是道德来源和道德动力的根本。"虽有周亲,不如仁人。"(《论语·尧曰1》)在差等之爱的体验中,人们未必能够体会到一体之仁,这就是儒家为什么坚持在工夫论的角度,一定要先由差等之爱出发。但只有在体验到一体之仁时,人们的心灵才打开了一个全新的视域,道德的实践才更为有序。

第五章　羞耻现象学

本章通过马克斯·舍勒和儒家传统的描述，探讨羞耻的现象学体验。第一节讨论羞耻经验中的精神、生命与快乐的冲突。羞耻表明了价值存在等级关系，它发生在不同的价值之间存在冲突，并且行为者试图在他的意图或行动中为较低价值的满足而牺牲较高价值时也存在这种冲突。当一个人被他者当作普遍的客体，或仅仅是一种感性的存在，而不是一个具有人格尊严的精神存在时，羞耻也会发生。第二节阐明了破坏性羞耻和羞辱的问题。虽然真实的羞耻对理想人格的养成是不可缺少的，但被错误地感受的羞耻对德性的培养却具有破坏作用。此外，这部分也重新审视了羞耻和羞辱的差异以及应该如何对待羞辱。

引言

在某些文化，如传统东亚文化中，羞耻是一种重要的道德情感。孟子说："羞恶之心，义之端也。"(《孟子·公孙丑上 6》《孟子·告子上 6》)然而，在现代社会中，羞耻正在逐渐丧失其作为道德引导的可敬地位，甚至被当作一种消极情绪和需要突破的束缚。① 这种关于羞耻的文化价值观的转变促使我们提出一些基本的哲学问题：羞耻的情感现象如何出现？我们应该如何评价这种现象？为何那些崇尚个人自由的人如此敌视羞耻？为了回答这些问题，笔者将依照儒家传统对羞耻的描述，以及借鉴马克斯·舍勒对羞耻的洞见，来阐明羞耻体验。

与其简单地支持争论中的一方，不如在评价之前先了解羞耻本身。评价羞耻，究竟来说并没有简单的非此即彼式的非善即恶模式。关键不是宣称我们需要多一些或少一些羞耻，而是在无偏颇的精神下领会它。在现象学地描述羞耻的表现之后，我们可以逻辑地得出结论。譬如，哪一种类型的羞耻应当被保持与培养，哪一种类型的羞耻应当在具体的情境中仔细检验，因为它可以是有序的、有价值的，但也可以损害人的道德自律。此外，有一些破坏型羞耻与羞辱在本质上便是有害的。②

第一节 羞耻体验中精神、生命与快乐的冲突

在对羞耻进行详细澄清之前，通过参照我们自身的体验以及检验关于羞耻的各种定义，我想首先对羞耻下一个粗略的定义：羞耻是一种不愉快的感受，在这种感受中，我们体验到自我否定或被他者否定，认为自己不贤、一文不值。值得注意的是，认为自己不贤、没有价值、堕落构成了羞耻感区别于负罪感的特征；后者关注的是行为而不是人本身。

---

① 参见 Simone de Beauvoir, *The Second Sex*, trans. Constance Borde and Sheila Malovany-Chevallier (New York: Alfred A. Knopf), 2010。
② 在进行描述之前，我想提醒读者，作为儒家学派的主要人物，本章所提到的孔子、孟子和荀子并没有给出关于羞耻的明确定义。然而，总体上对儒家来说，羞耻对于成为道德高尚的人（君子）而言，是非常重要且必不可少的道德情感。在孔子和孟子的思想中，仁和义是核心的德性；在荀子的思想中，礼的地位则非常突出。因此，在他们的讨论中，前两者强调内在意识，而后者则强调外在的伦理规训。我将从孔子、孟子、荀子非体系性的讨论中得到启示，来分析羞耻这一情感。

舍勒指出羞耻是一种人类的独特经验，它在上帝或动物那里无法出现。羞耻在人的精神与生命的张力中发生，而上帝是神圣的，动物则只具有生命的力量和感性的本能。他写道：

> 羞耻感产生的根源，在于人的精神人格的意义和要求与人的身体需求之间的不平衡和**不和谐**。正因为身体属于人的本质，人才会处于必须感到羞耻的境地；正因为人将精神人格体验为本质上独立于身体，并且独立于出自身体的一切，人处于**能够**感到羞耻的境地才是可能的。①

在这种不和谐中存在两类对立。第一类是内在于人类的精神价值和生命、感性价值的冲突，这表现为灵魂的羞耻；第二类是生命价值和感性价值的冲突，这表现为身体的羞耻。②

（一）返回自我

具体而言，羞耻发生在一个人返回他/她的个体自我时。舍勒对这种"返回"的解释有些模糊。笔者认为舍勒思想中这种"返回"有两种类型。在第一种类型中，如果某人把自己看作客体，看作群体的一般数目，而其他人也把他/她看作群体中的一个数目，那么他/她就不会感到羞耻；但是，如果某人认为他/她自己是一个特殊的个体，而其他人把他/她当作一个群体（的数目），这时羞耻就会发生。譬如，一个绘画的人体模特把自己体验为艺术中的一般客体，因此，当她被画家注视着进行绘画时，她不会感到羞耻。舍勒还举了另一个例子，当一个女人的男仆服侍

---

① Max Scheler, *Person and Self-Value: Three Essays*, ed. Manfred S. Frings (Dordrecht: M. Nijhoff, 1987), p. 5.

② 男人和女人在体验羞耻上存在差异。舍勒认为，女人基本上展现生命对感官愉悦的抵制，而精神与生命的二元对立通常可以发生在男性身上。因此，他称女人为"生命的天才"，具体表现身体的羞耻；男人则为"精神的天才"，表现精神的羞耻。参见 Max Scheler, *Person and Self-Value: Three Essays*, p. 85。

她沐浴时,她不会为她的裸体感到羞耻。① 这两类假设中的人都不拒绝把自己以及被他者看作是一般群体中的数目。然而,如果例子中的女人一开始并不将自己当作是一般、抽象的人中的一员,羞耻感就可能会发生。当一个爱情中的女人被她的男友仅仅视为一般的"美女"的代表,而不具有个体人格时,她可能会感觉到羞耻。这种类型的羞耻会在如下契机下发生:一个人认可自己的人格独特性,同时却感到他/她并没有被他者视为一个精神的个体,而只是一个一般的客体。

在第二种"返回"的类型中,羞耻发生在当一个人一开始被视为一般群体的数目,但后来转而被视为(感性的)个体。为了达成"转变",这两个条件都是必要的。正如我们所见,处在爱情中的人在被他的情人凝视并被视为一个个体的时候,她并未感到羞耻。相反地,在上述例子中提到的模特,如果画家的意图从艺术的转变成了色情的,那么该模特便会感到羞耻。这种羞耻感源于这样一个事实:尽管一个人被视为个体,但她的人格尊严并未被认可和尊重,而是仅仅被视为一个感性的个体,乃至是欲望的客体。

从以上的阐释中我们可以得出,当一个人被当作一个普遍的客体或仅仅是一个感性的存在而不是具有人格尊严的精神存在,同时自我拒绝此种认同时,羞耻就会发生。因此可以说,羞耻心也是自尊心的一种表现。

(二) 原初型羞耻和显明型羞耻

根据这一阐释,"他者"的在场似乎是羞耻产生的必要前提,而他者的存在看起来也构成羞耻感和负罪感在发生方面的差异。芬格莱特

---

① 参见 Max Scheler, *Person and Self-Value: Three Essay*, pp. 15 - 16。关于这个事例,中国和德国或许存在一些文化差异。在中国,女性通常由女仆服侍,而不是男仆。如果女性被男性服侍沐浴,她亦会感到羞耻。这可能是由于中国女性倾向于拒绝将自己作为一般群体的一员。

(Fingarette)说：

> 假如我们不知道视角的关键差异，这些有关"耻"的文本，会轻易将儒家的"耻"与西方的"罪"同质化，但对于我们在这里关注的问题来说，差异是至关重要的方面。虽然"耻"肯定是一个道德观念，并会表明道德状况和回应，"耻"关联的道德关系对应人的由礼决定的地位和角色。因而耻"向外"看而不是"向内"。它涉及夸夸其谈、不道德地取得物质财产、过分的外表和过度的行为。它不像负罪感那样是一种内在的状态，是一种对内部败坏的厌恶、是一种自我谴责，以及这样的感受：人乃是一个人格的存在，独立于其公共地位和名声，卑下的或受谴责的。①

柯雄文认为芬格莱特的解释很有问题，其中一个原因在于羞耻跟"仁""义"的关联比跟"礼"更加密切。他主张："'礼'作为恰当行为的形式规则，若没有诉诸于'仁'和'义'，便不能提供实质性的伦理内容。"② 笔者认为，羞耻也不仅仅是"外向的"。舍勒也不会接受对羞耻的这种诠释。为了公正地对待我们的道德经验，笔者区分出原初羞耻（original shame）和显明羞耻（apparent shame）。③ 这个区分类似于狄奥那（Deonna）和泰洛尼（Teroni）的关于"深层羞耻"（deep shame）和"表面羞耻"（superficial shame）的区分，④ 其中前者需要实际的或想象的观众的存在，后者则不关注他者的评价，而仅仅由个人失败而引发。然而，"表面"和"深层"这种表述看起来更像一个价值判断而不是一个描述，它不表示

---

① Herbert Fingarette, *Confucius: The Secular as Sacred* (New York: Harper & Row Publishers, 1972), p. 30.
② Antonio S. Cua, "The Ethical Significance of Shame: Insights of Aristotle and Xunzi," *Philosophy East and West*, Vol. 53, No. 2, 2003, p. 159.
③ 这是笔者自己的区分。不过，笔者认为舍勒会赞同这一观点，因为他认为羞耻不仅仅是一个社会之事，还具有先天根据。
④ Julien Deonna and Fabrice Teroni, "Is Shame a Social Emotion?" in A. Konzelman-Ziv, K. Lehrer, and H. B Schmid eds., *Self-Evulation: Affective and Social Grounds of Intentionality* (Dordrecht: Springer, 2011), p. 201.

羞耻的根源和显明的含义。

就体验到显明羞耻而言,被他者不尊重地对待,或者秘密的不光彩行为被他者发现是必要的。相比之下,原初羞耻不预设他者的存在。在一个人内在的欲望或情感爆发的瞬间,羞耻就会产生。显明羞耻是由他者的判断所造成的,而原初羞耻则是一个人自己感受到的,无关于本人的行为被他者发现与否,无关于行动发生之前或之后——人们可以为自己的意念而感到羞耻。一般来说,当自我试图顺从生命的或感性的本能时,精神便会以羞耻抑制这些本能。一个不受约束的放肆的人通常羞耻感较弱。在这个意义上说,原初羞耻会对一个人的狂放行为产生约束。单单的显明羞耻更多与"耻"相关,而原初羞耻更多与"羞"相关。与显明羞耻相比,原初羞耻揭示了灵魂更深的层次。

当然,显明羞耻有助于人们追求德性。多佛(Dover)说:"对赞美的希望是对德性的重要激励,对责备的畏惧是对做错事的重要遏制。"① 然而,过分强调人格互动不仅蒙蔽了人们对羞耻之本质的理解,也使人在没有被他者注视之时不感到羞耻。显明羞耻和荣誉依赖于他者的知晓与判断。假设一件伟大的事没有被公之于众,人们就不会有强烈的荣誉感。假如一个人做的一件卑劣的事情没有被发现,他也不会感到强烈的羞耻。然而,即使在这些情况下,一种微弱和原初的羞耻感或荣誉感仍然存在。对原初羞耻的忽略会带来一种自我欺罔的体验,在这种体验中,人们在作恶时不会感到羞耻,而只是在邪恶的行为被揭露后才会感到羞耻。这种只考虑显明羞耻的体验模式导致羞耻在道德行为发生之前失去了其指导意义,使人不能自律。

萨特主张,对于羞耻的发生,他者总是在起作用。他著名的偷窥者的例子表明,从根本上来说羞耻不是个人的,而是在他者面前为自我感

---

① K. J. Dover, *Greek Popular Morality in the Time of Plato and Aristotle* (Berkeley: University of California Press, 1974), pp. 226 - 228.

到羞耻。① "羞耻是一种瞬间的从头到脚的颤栗,没有任何推理的准备。"② 然而,他的描述不太符合我们的生活经验。譬如,一个人自学某种知识,由于懒惰他并没有获得多大的提升,在没有他者(教师或学生)评判的情况下他仍然会感到羞耻。他评判自己:自己本可以做得更好,但是却失败了。③ 与萨特相反,舍勒认为羞耻本质上不是人际间的,而是个人的体验。舍勒的进路考虑到了这个关于羞耻的重要区分。

希腊文化通常被看作是一个"羞耻文化",其焦点便在于显明羞耻。亚里士多德写道:"我们尊敬明智的人的观点,将其看作真实,比如我们的长辈以及那些受过良好教育的人的观点。如果在所有人眼前公开地做了某事,我们为此事更感到羞耻。因此谚语说,羞耻栖身在眼睛里。"④ 万百安(Van Norden)争论说,相比之下,中国文化才是一个更加真实的"羞耻文化",因为希腊的羞耻集中于邪恶行为的受害者而不是道德行为者,它关注习俗羞耻。与之相对,他声称:"我们看到早期儒家传统强调'伦理羞耻'(ethical shame)超过'习俗羞耻'(conventional shame)。"⑤ 换句话说,即便是一个高度重视显明荣誉和羞耻的文化,不一定是一个彻底的羞耻文化,因为在其中荣誉和羞耻不必然富有道德含义。

(三) 先天羞耻和社会羞耻

舍勒的价值现象学有助于澄清羞耻体验。舍勒区分了价值模态的

---

① Jean-Paul Sartre, *Being and Nothingness: An Essay in Phenomenological Ontology*, trans. H. E. Barnes (London: Routledge, 2003), p. 301.
② Jean-Paul Sartre, *Being and Nothingness: An Essay in Phenomenological Ontology*, p. 246.
③ 当人们认为自己没有做正当的/好的事情时,人们可以同时感受到羞耻与罪疚(guilt)。羞耻指向整个自我的无价值,而罪疚揭示了建立在错误行为之上的自我指控。参见 Yinghua Lu, "The Phenomenology of Guilt: A Clarification with Confucian Discourse," *Sophia: International Journal of Philosophy and Traditions*, forthcoming。
④ Aristotle, *The Basic Works of Aristotle*, ed. Richard Mcjeon, Intro. C. D. C. Reeve (New York: Modern Library, 2001), p. 1393.
⑤ Bryan W. Van Norden, "The Emotion of Shame and the Virtue of Righteousness in Mencius," *Dao: A Journal of Comparative Philosophy* 2, No. 1, 2002, p. 69.

五种类型,从低层次到高层次分别是:快乐、效用、生命、精神和神圣。① 在讨论舍勒关于羞耻的描述时,施坦因博克写道:"它(羞耻)是被体验的一种张力,这种张力介于较高或较深价值的导向与较低的相关于驱动力的奋求之间。"② 从价值的纵贯性来看,即通过不同等级的价值模态来看,羞耻表现为以高价值抑制低价值的能力,如以精神约束生命和欲望的本能。举例来说,当一个人为了较低价值而牺牲较高价值,比如为了享受感官快乐或财富而违背正义,羞耻就会发生;从价值观的横列性方面来看,即通过同一等级的价值模态来看,羞耻代表的是较大价值对较小价值的优先性。当一个人在与他人为实现某种价值(如力量、智慧或事业)的竞争中失败时,他就会感到羞耻。某人甚至会为自己的身体缺陷感到羞耻,特别是当他对之过分关注时。简而言之,羞耻感是人内心中对客观价值级序的重建。

正如我们前面所了解的,万百安对"习俗羞耻"和"伦理羞耻"进行了区分,他写道:

> 习俗羞耻是一种不愉快的感受,在我们认为其观点对我们很重要的那些人,基于我们共享的外在标准而看不起我们(或那些我们认同的人)时,我们会有这种感受……相反,伦理羞耻则是另一种不愉快的感受,在我们认为我们(或那些我们认同的人)有重大的品格缺陷时,我们会有这种感受。③

---

① Max Scheler, *Formalism in Ethics and Non-Formal Ethics and Values: A New Attempt toward the Foundation of an Ethical Personalism*, trans. Manfred S. Frings and Roger L. Funk (Evanston: Northwestern University Press, 1973), p. 109. 舍勒在一套等级结构中阐明了几种基本价值类型,但他的分类似乎并不一致。从低价值到高价值的第二种排序如下:快乐、生命、精神和神圣(第 102—104 页)。第三种排序是:效用、快乐、生命、精神和神圣(第 94 页)。
② Anthony Steinbock, *Moral Emotions: Reclaiming the Evidence of the Heart* (Evanston, IL: Northwestern University Press, 2014), p. 69.
③ Bryan W. Van Norden, "The Emotion of Shame and the Virtue of Righteousness in Mencius," pp. 60 – 61.

万百安的阐释对我们的羞耻之道德体验很有启发。但是,笔者认为他的区分可能还不够清楚。对于伦理来源有不同的理解,这就意味着,伦理羞耻可能也是习俗的,而不是先天的,特别是对那些认为道德是源于社会习俗而不是价值的先天秩序的保守主义者来说。笔者更偏向于"显明羞耻"和"原初羞耻"这一区分,以及"社会羞耻"和"先天羞耻"这一区分。万百安的"习俗羞耻"与笔者所说的"社会羞耻"相似,而笔者将"伦理羞耻"界定为先天的,此界定基于一种现象学理解,即道德体验既是可经验的又是有序的。此外,万百安用一个例子来阐明习俗羞耻,"在上班路上,苏珊的头发被风吹起,因此在早上上课时她的头发一直保持竖起。课后当苏珊看到镜子里的自己,她体验到了习俗羞耻。"① 然而,更确切地来说,笔者认为应该称这种体验为"尴尬"(embarrassment),在其中没有不同价值的冲突或比较。在尴尬时,我们并没有违反"义",只是我们的行为不适合某些情景,因此会有些手足无措。尴尬表示一个人的行为不符合**非道德**意义上的"礼"。并非所有的礼仪、社会习惯或风俗都与伦理有关。羞耻多少都具有价值含义,或与性相关,相较之下,尴尬本身并不具备伦理与价值意义。

社会塑造的羞耻可能与先天羞耻不一致。显明羞耻和原初羞耻是从羞耻的**运行表现**的角度来说的,涉及羞耻发生时是他人触发还是自我触发,谁是道德主体,个人还是人格间,众人皆知还是自知,等等。而社会羞耻(social shame)和先天羞耻(*a prior* shame)是从羞耻的**来源**或**依据**来说的。由于价值观的文化表征之间的差异,一个人为了什么而感到羞耻有赖于不同的社会导向。如果整个社会看重金钱或权力,那么贫穷或无权之人往往会感到羞耻。对被主流文化视为可耻的事,如果一个人并不觉得其羞耻,那么他就会被他人评判为无耻。因此,不同的文化似乎对羞耻和无耻有多样的标准和表达。如果一个男人未实现较低的价

---

① Bryan W. Van Norden, "The Emotion of Shame and the Virtue of Righteousness in Mencius," p. 61.

值,如性快乐,原因可能是他追求的是精神或神圣价值,而不屑于享受性快乐;或者他是性无能;或者他无法吸引异性;或有多方面的原因在起作用。在消费社会的世俗观点中,这样的人可能会被认为是没有能力满足其欲望。不能在这种文化框架下实现性欲的人可能会体验到巨大的羞耻。相比之下,在一个保守的社会,恰恰是那些不断寻求满足自己欲望的人可能会感到羞耻,因为他们无法实现较高层次的价值。从羞耻的角度,我们可以看到舍勒反对消费主义社会的原因。在世俗文化中,主流价值观鼓励人们寻求感官快乐。那些不停追逐满足感性欲望的人,不仅不会感到羞耻,而且还会有荣誉感。这种现象源于消费文化中价值的颠倒。然而,对那些牺牲感官快乐而追求真理、善、救赎等价值的人来说,这些享乐之徒恰恰是无耻的。

无耻之人为自己的行为辩解,声称他们才是真正面对人类的愿望和欲望的人,而其他人都是虚伪之徒,回避具体生活的种种需求、压抑人性。然而,在舍勒看来,事实是他们忽略了人类更高的追求。[1]

一些学者否认先天羞耻与原初羞耻的独立性,认为我们的羞耻感必然为他人所激发,如我们讨论过的萨特。另一些学者虽然承认自我单独感到羞耻的可能性,却强调他人对自我的羞耻感起决定性作用。扎哈维认为,他者可能不会影响我们自己的评价从而使我们感到羞耻,一个人可以独自感到羞耻,但他者在塑造羞耻这种情感自身的发展中起着重要作用。换句话说,表面上的独自感受背后,还是为他者所触发的。他写道:"我认为这样阐释羞耻更加可信——羞耻本质的特点是它影响、改变我们与他者之间关系与联系的方式,而非仅仅涉及自尊和自信的大幅下降。此外,正如我们即将看到的,他者可能会在情感发展中发挥关键作用。"[2] 随后,扎哈维检验了婴儿如何从在与他者互动中养成一种羞耻

---

[1] 参见 Max Scheler, *Person and Self-Value: Three Essays*, p.54。

[2] Dan Zahavi, *Self and Other: Exploring Subjectivity, Empathy and Shame* (Oxford: Oxford University Press, 2014), p.223.

感,这种互动是"联合注意"(joint attention)。他者和社会在塑造自我以及羞耻的形成方面确实起着决定性的作用,这一点毋庸置疑。在一个人的成长中,我们发现了特里沃森(Trevarthen)所说的"初始主体间性"(primary intersubjectivity)和"次级主体间性"(seccndary intersubjectivity)。① 没有人能只凭自己发展各种能力,如果在早期生活中没有与他者互动,那么她/他甚至可能会得精神疾病。

然而,学习和训练的过程是教育学领域的问题。对于羞耻的发展来说,教育是必不可少的,但在成人生活中,羞耻的表现并不总是与儿童在学习过程中不成熟的表现相一致。也就是说,在人们已经培养出羞耻感之后,人们并不总是需要感觉到别人的存在。羞耻是每个人心中与生俱来的一种潜能。当然,这种潜能需要得到发展而不是被破坏。这种发展有其必要条件,这些必要条件里包括他者的因素。然而,一旦这种感受(或能力)得以发展,人们便可用不同的形式来表达它,其中包含独立的、自发的方式。当一个人的理智和情感变得成熟时,他就可以形成自己的评价系统,而不再以他者的判断为导向。他可以不同意他者的评价内容,也可以不在乎他者是否作出评价。当不在乎他者是否做出评价时,他者就不再处于这个人所思所感之中。(当然,论者可以说人"应该"注意他者的感受和判断,但是这种"应该"并不能否认独自感到羞耻的可能性。)正如我们通过经验学到所有的知识,但并不能据此否认先天知识的存在,其本身并不仅仅只是教育的结果。②

另一种拒斥"原初羞耻"和"先天羞耻"的说法是扩大"他者"范围和缩小自我范围。笔者并不反对,自我的生成,在根源上就难以脱离人格间的互动。从这个角度可以说他者总是在场的,但是在具体行为和感受

---

① Dan Zahavi, *Self and Other*: *Exploring Subjectivity*, *Empathy and Shame*, p. 231.
② 在他关于羞耻章节的最后部分,扎哈维使用自闭症的例子表明,如果人们不能与他者互动,那么便不能养成标准意义上的羞耻感。然而,一个不成熟的心灵不能感到羞耻(表面的羞耻)的现象,并不能否认一个成熟的心灵会感到原初羞耻(深层的羞愧)的可能性。在未成熟的心灵中,羞耻的表现不能定义羞耻的本质特征,后者表现在成熟的心灵中。

的施行中，总是存在着特殊的他者是否施加影响的问题。个人羞耻的反对者认为，当一个人感到羞耻时，还有其他形式的"他者"存在：上帝、理想、责任、过去、良心等等。认为上帝是一个人格的"他者"，这一点可以理解，但是，如何让理想的我、过去的我、我的良心、我的责任、我的德性相异于我？扎哈维所主张的"疏远的自我"① 究竟是他者，还是依旧是自我？如果与自己有关的一切都变成了非自我之物，那么恐怕留给自我、自我意识和自我感受的空间就所剩无几了。在笔者看来，必须是另外一个人格（如他人、上帝），或者可以具有人格的、人格化的生灵事物（天地万物），才可以被看作一个他者。不然，如果自我的价值、义务、理想、德性、行为统统都被看作他者，那么自我就成了没有任何内容的空架子。事实上，自我就在于对不同价值和感受的动态统一的过程中。离开这些，便没有自我。如果将我的任何特征都看作他者，"我的 XX"这种表述便是不可能的，因为这已经成为非我、他者，而不是我的。此外，他者的在场，其意义便是另外一个人格可以对我观看和评判，没有施加这些行为的，便不应该被称为他者。故而，我们并不能通过"疏远的自我"或"无人格的他者"这样难以成立的概念来否定独自感到羞耻的体验。

在中文语境中，也有**惭愧**、**愧疚**和**羞愧**这样的表达。"愧"主要是指愧对他人，其含义与负罪感（guilt 或译为内疚）较为接近。不像负罪感那样建立在对他人的伤害之上，"愧对"可以只表示对他人不够好、没有尽到对他人的义务等。惭愧的重点在于"惭"而非"愧"，它表示与他人的价值比较中感到自身的渺小，属于羞耻的一种。而愧疚的重点则在"疚"，它表示愧对以及负罪感的含义。羞愧则同时包含了羞耻与愧对的含义，

---

① 扎哈维认为羞耻得以发生，在没有明显的他者在场的情形下，也必须有一个"疏远的自我"。他写道："在某些情况下，疏离的力量是另一个主体，萨特对我们前反思的羞耻感的描述就是一个这方面的例子，在他的描述中羞耻面临着他者的评价的注视。在其他情况下，当我们对自己进行判断时，就会产生羞耻感。但在这种情况下，也有一种暴露和自我异化，一种自我观察和自我疏远。"参见 Dan Zahavi, *Self and Other: Exploring Subjectivity, Empathy and Shame*, pp. 238-239。

侧重点要视具体的语境来确定。

(四)性羞耻

虽然舍勒认为性羞耻是羞耻的本质这一传统观点是片面化的,但他仍然通过大量的笔墨讨论性羞耻,并赋予其重要意义,这大概是因为性羞耻仍是羞耻的重要组成部分和表现。在亚伯拉罕传统中,当人类第一次感到羞耻,第一反应就是遮掩他们的私处。① 虽然过度享受饮食和其他快乐也会引发羞耻,但性快乐是一种强烈的感性快乐形式,而且他者是性快感的必要条件,因为这种享受是通过另一个人的身体获得的。因此,性快乐显著地反映了精神或生命和感性冲动之间的冲突。性羞耻将性快乐的获得限制在尊重他者人格和尊严的前提下。舍勒强调了性羞耻(身体羞耻的基本形式)在调节性活动中的三个基本成就。这不是本章的重点,这里笔者不详细展开。②

第二节 破坏性羞耻和羞辱

尽管真实的羞耻对成为一个道德的人来说是不可缺少的,但被错误地感受的羞耻则会破坏德性的培养。除了对可耻的事不感到羞耻外,对不可耻的事感到羞耻也是道德上的伤害。除此之外,以避免羞耻来行动不但不必然会驱使人去追求较高价值,还可能导致其失去坚定的信念和勇气。正是由于破坏性羞耻的存在,一些心理学、成功学、厚黑学教导人们:要脸皮厚,不要有太过强烈的羞耻心。如果要避免从一个极端走向另一个极端,我们就要了解关于羞耻的各个面向。

---

① 另参见张任之《舍勒的羞耻现象学》,载《南京大学学报》2007年第3期,第124—125页。
② 在舍勒看来,性羞耻的第一种成就如下,"身体羞耻对变化的感觉和驱动冲动的作用在于,这种羞耻使对它们的注意力转向,从而抑制它们的表露。"第二种成就是,"它在于这样的抑制效果,使人在没有先在的坚决的爱和爱的涌出的情况下,不服从于性驱动或生殖驱动的膨胀。"性羞耻的第三种功能是"在性交进行中的成就,它后于性驱动呈现(初始功能),也后于在爱中已经被确定的对配偶的选择(第二功能)。"

(一) 破坏性羞耻

第一种破坏性羞耻是作为虚荣的羞耻。尽管虚荣三要是一种虚假的荣誉感,它也会导致**虚荣型羞耻**。虚荣型羞耻是指为没有实现或消费一种较低价值而感到羞耻。施坦因博克称类似羞耻为"削弱型羞耻"(debilitating shame)。① 例如,如果一个人对自己的身体缺陷感到羞耻,对穿着过时或不能享用奢侈的食物而羞耻,这便是虚荣型羞耻。若被虚荣型羞耻占据内心,说明此人并没有致力于他的伟大理想,比如去实现他信奉的"道"或他的天职,否则他不会一直担忧这种小小的不足,也不会过度追求去实现这些较低价值。孔子说:"士志于道,而耻恶衣恶食者,未足与议也。"(《论语·里仁 9》)他称赞子路道:"衣敝缊袍,与衣狐貉者立,而不耻者,其由也与?'不忮不求,何用不臧?'"(《论语·子罕 27》)前者被批评而子路被称赞的原因在于,一个人不应该被困在社会错误地塑造的虚荣型羞耻中,而使自己无法保持本心与个体自主性。某些社会习俗所形成的羞耻可能是一种虚荣型羞耻。

关于虚荣型羞耻的问题,荀子在他的文章《正论》[2],对义荣和势荣、义辱和势辱做了区分。他写道:

> 志意修,德行厚,知虑明,是荣之由中出者也,夫是之谓义荣。爵列尊,贡禄厚,形势(埶)胜,上为天子诸侯,下为卿相士大夫,是荣之从外至者也,夫是之谓势荣。流淫污僈,犯分乱理,骄暴贪利,是辱之由中出者也,夫是之谓义辱。詈侮捽搏,捶笞膑脚,斩断枯磔,藉靡舌举,是辱之由外至者也,夫是之谓势辱。是荣辱之两端也。故君子可以有势辱,而不可以有义辱;小人可以有势荣,而不可以有义荣。(《荀子·正论》)③

---

① Anthony Steinbock, *Moral Emotions*, pp. 78-83.
② 王先谦:《荀子集解》,中华书局 2016 年版,第 404 页。

现代汉语中的词比在文言文中常用的单字更能准确地传达我们体验的内容。在现代汉语中，"辱"字意味着**侮辱**（insult）、**耻辱**（disgrace）和**羞辱**（humiliation）。然而在古文中，特别是反对宋子"见侮不辱"看法的荀子的文章中，侮辱通常用"侮"来表示而不是"辱"。此外，羞辱是一种非常强烈和独特的体验，这两个思想家主要不是在阐述羞辱，虽然广义上的侮辱可以包含羞辱。因此，"耻辱"是对荀子文中"辱"的一个适当解读。需要注意的是，耻辱处在中间过渡位置，连接和分享了羞耻、羞辱的含义。与主要来自外部的侮辱和羞辱相比，真实的羞耻主要来自道德行为者的内在。耻辱的含义则更为宽泛，既可以从内部也可以从外部产生。故而，我们可以看到如下体验的强度渐进的演变：羞涩—羞耻—耻辱—侮辱—羞辱。在这个逐渐过渡中，中间的三个词，每个词都与左右相邻两个词的含义有所重合。

宋子认为，如果一个人不把侮辱（或羞辱）体验为一种耻辱，那么他就不会使用暴力［去报复］。这种态度把耻辱看作是一种没有任何客观证据的主观感受，从而剥夺了耻在修身方面的道德意义。更糟糕的是，它在伦理上以某种方式默许了侮辱和羞辱的行为。相比之下，对荀子来说，耻辱感是不可缺少的。首先，他指出，打斗和耻辱感之间没有必然联系，正如那些未感到耻辱而打斗的人和感到耻辱而不打斗的人所表现的那样。荀子进一步论证，避免来自外力的耻辱（势辱）是不能被确保的，而正义的人却可以确保避免义辱。"势辱"与"虚荣型羞耻"相似，而义辱与"先天羞耻"类似。

然而，与孟子不同，由于荀子对待人性和情感的经验主义立场，他不会接受羞耻是先天的这一观点。在回答伦理学的基本问题，即什么是道德上正确的行为时，荀子的答案是服从礼而不是顺从人心中先天的道德趋向。荀子认为义辱的主要标准是礼，或者是法，这在他的文章《荣辱》中显而易见。在这篇文章中，尽管他同时提到了礼和义，他仍把耻辱和伦理准则而不是和相关于道德原则的内在意识联系在一起。我们可以说在"尴尬"中人们违背了无关道德的礼,与之相比,根据荀子的理论,在羞耻中人们违背了关乎道德的礼。荀子的解答不能特别令人满意,因为礼本身也是一个根植于仁和义的外在规则。柯雄文认为,在儒家中,羞耻的发生,总是要将重要的他者、道德负责之人或君子预设为想象的观察者。① 这种观点只适用于荀子的思想,而非孟子。在荀子看来,人的心中不会存在原初羞耻。

与荀子注重外部礼和法的义荣不同,对孟子来说,道德荣誉源于内在的道德意识。孟子对天之荣誉(或天爵)和人之荣誉(或人爵)做了一个区分。他说:

> 有天爵者,有人爵者。仁义忠信,乐善不倦,此天爵也;公卿大夫,此人爵也。古之人修其天爵,而人爵从之。今之人修其天爵,以要人爵,既得人爵,而弃其天爵,则惑之甚者也,终亦必亡而已矣。(《孟子·告子上16》)

"天爵"指的是通过实现精神价值而获得的荣誉,而"人爵"则意味着通过实现较低价值而获得的荣誉,如权力、财富、快乐等。前者是不可被化约为后者的,这些美德初步地通过先天的道德情感表现出来。天爵比人爵更可贵,就像精神价值比较低价值更为可取一样。②

尽管荀子与孟子有着不同之处,但以如下方式来解读荀子对耻辱的区分仍然无可非议:势辱朝向较低层次的价值,义辱则朝向较高层次的价值。他写道:

> 先义而后利者荣,先利而后义者辱;荣者常通,辱者常穷;通者常制人,穷者常制于人;是荣辱之大分也。(《荀子·荣辱》)③

---

① Antonio S. Cua, "The Ethical Significance of Shame: Insights of Aristotle and Xunzi," p. 166.
② 本段也证明孟子的伦理学不是建立在幸福的基础上,其道德情感思想不同于休谟的经验主义的进路。
③ 王先谦:《荀子集解》,中华书局2016年版,第66页。

对荀子来说，义与礼虽然不相关于先天的道德情感，但仍比财富和权力更有价值。

第二种破坏性羞耻是**怯懦**。为了变得勇敢，人们常常需要冒风险，包括失败和面临羞耻、甚至被羞辱的风险。不可否认的是，原初羞耻能够培养勇气。惧怕死亡、受伤或其他损失而违反义务是可耻的，为对抗不义而斗争至死是光荣的，就如《中庸》里提到的："知耻近乎勇。"

然而，另一方面，羞耻感也会使人气馁，不敢做一些可能招致羞耻或羞辱的事。在很多情况下，失败带来的不是一些普通的惩罚或损失，也不是光荣的死亡，而是羞辱。轻则出丑、丢人现眼，重则被操控耍弄。即便人们没有被敌人羞辱，失败本身就可以招致他人的嘲笑："他是自取其辱。"羞耻在这方面是有价值的：当一个人没有准备好获得成功时，它可以防止那些招致耻辱的鲁莽行为。但同时，躲避羞耻使人怯于承担一定的风险，从而成为懦夫。有着强烈的怯懦型羞耻感的人会害怕面对他人的拒绝和无视。

破坏性羞耻的第三种形式是**优柔寡断**。优柔寡断的人养成了一个反复重温他人责备的习惯，过度考虑他人的指责，或在日常行为中想象来自他人的潜在的和未来的责备。他们通常有一颗柔弱的心，极度关注别人的意见和感受。优柔寡断型羞耻是无耻的对立面。他人的感受当然要照顾到，但执着于来自于他人强加的外在约束，时时为他人的不同意见所左右，则意味着没有了人格的自主性和独立性的空间，不能凭自我的力量去践行正义的事情。

(二) 羞辱

我们需要重新审视儒家语境中的羞辱问题。羞耻和羞辱有着本质的区别。这种区别不仅仅体现在：羞耻是自我的渺小感，而羞辱是给他人带来羞耻，使其感到自身的无价值。当我对一个人说"你应该为你自己感到羞耻"时，我指向此人可以完善自我这一意义。而在羞辱中，人不被当作人来对待。也就是说,受羞辱者被去人格化了,而他的完整性仍然被预设。施坦因博克写道:"吊诡的是,为了羞辱别人,为了实施或持续对他的去人格化,我要先把他预设为'人'。"① 一棵植物不能被羞辱;要羞辱一个人,只有首先承认他/她是一个人,然后才能做到将其去人格化。羞辱也预设了对自我决定之意志的侵犯。如果一个人愿意剪阴阳头,并且要求别人为他剪,就不存在羞辱。然而,如果他人强迫他剪阴阳头,即使他平时喜欢此发型,他仍然会感到被羞辱。被羞辱的人会感受到**屈辱**,也就是说,屈辱感是遭受到羞辱时的一种屈服外力压迫和贬损的痛苦感受。被羞辱的人处于这样的境地:在违背他的意志的情形下被任意地操纵,或者通过语言或行为被呈现出完全的无力、无价值姿态。羞辱的境况难以描述,因为实施羞辱的人经常试图将丑陋和肮脏强加给被羞辱的人,比如给那些被阉割、被强奸(鸡奸)、被毁容之人。这种在一般意义上的羞辱,笔者称之为"强加的羞辱"(imposed humiliation)。

也存在着一些被误解的羞辱,这会发生在那些过于敏感的人身上。如果一个人有很强的自尊心或荣誉感,他可能在觉得被忽视或拒绝的时候感到被羞辱(屈辱)。对这样的人来说,在任何情况下,如果没有足够的尊敬,便意味着羞辱。尊敬他人是一种德性,而在一定程度上容忍别人的不尊敬也是一种德性。化解这种无意的不敬所造成的羞辱感,需要充满爱和谦卑的心灵,它使得人们不将一件小事中展现的不敬体验为羞辱。

在儒家思想中,维持人格尊严意义重大,甚至比生命更重要。这种态度在一定程度上忽视了忍辱的价值。《礼记》说:"儒可杀而不可辱也。"(《儒行》)在传统的儒家精神中,士宁死也不愿受辱。《礼记》中有这样一个故事,一个快饿死的人拒绝接受以羞辱的方式提供的食物,最终

---

① 参见 Anthony Steinbock, *Moral Emotions*, p.249。

饿死。(《檀弓下》)虽然曾子在评论中——此处的曾子是否是历史上的曾子是另一个问题——认为在施予者道歉之后,此人应该接受道歉和食物,不过他仍认为如果没有道歉,人们也应当拒绝以羞辱的方式提供的食物。

牺牲生命来维护自己尊严的行为通常会受到高度赞扬。这个教条历来颇具影响力,清代儒家学者戴震和现代自由主义者批判这一教条是支持当权者"以理杀人"。① 然而,孟子自身似乎存在一个吊诡。虽然他明确宣称义的价值高于生命的价值,但他对生命和尊严的衡量权重却并不那么简单。一方面,他声称:"一箪食,一豆羹,得之则生,弗得则死。嘑尔而与之,行道之人弗受;蹴尔而与之,乞人不屑也。"(《孟子·告子上10》)另一方面,他会权衡在具体情况下侵犯尊严价值和侵犯生命价值的程度,就像他在回答救不救嫂子的问题时所说的那样。(《孟子·离娄上10》)一个微小的羞辱事件不足以使人们为了避免它而牺牲自己的生命。孟子指出,没有人天生愿意接受这样的羞辱,这种原初的道德趋向应该被尊重。然而,他基本上是用这种避免"强加的羞辱"的趋向做比喻,提出一个人不应追求不义之财——笔者称之为"自我羞辱"(self-humiliation)——孟子没有宣称每个人都必须要严格按这个趋向行事。尽管笔者对孟子的说法有所辩护,但必须承认,自由主义者的批评从重视消极自由——自由指的是自由地去做(free to do)人们意愿去做的事、免于(free from)受到外部约束——的现代视角来看仍然是有意义的,因为孟子侧重积极自由——自由是免于(free from)受到个人欲望的统治,自由地去实现(free to do)较高的追求——的趋向在历史上是有影响的。② 后期儒家继承了孟子重视个人风骨的思想,持有严格的道德标准,其中还包括了性道德。不幸的是,在与各种形式的"尊严"相比之下,人

---

① 戴震:《孟子字义疏证》,何文光整理,中华书局1982年版,第10页。
② 参见 Isaiah Berlin, "Two Concepts of Liberty," in *Four Essays on Liberty* (Oxford, England: Oxford University Press, 1969), pp. 124 – 126, pp. 163 – 166。

们的生命价值被低估了。①

在维护人格尊严和拒绝把他人当做感性客体来对待这一方面,宋明儒学学者认为人欲和天理有严格的区分。一般来说,维护尊严的重要性在很大程度上为后期的儒家所强调。然而,即使是对宋明儒者来说,牺牲自己的生命来避免羞辱的选择应该由自己做出,任何人都不应该为维护他人尊严而侵犯他人生命。

只有最重大的羞辱才值得人们为了避免它而牺牲自己的生命,尤其是"自我羞辱"(一些人称之为羞耻)。这也是荀子所认为君子能够避免的"义辱"。例如,如果一个人做了损害别人的事,比如出卖自己的国家同胞以获得个人利益,即使他自己不感到羞辱或羞耻,但他人会对他说:"你在羞辱你自己!"为了避免自我羞辱(在其中人们不把自己当人,降低自身的价值),拒绝采取会导致自我羞辱的不义行为(如拒绝为虎作伥)是光荣的——即便这个选择会导致其死亡——因为这个举止反映了人们正义的品性。

孟子通过一个故事表达了他的观点,即一个有德之人应该远离某种羞辱,在这类羞辱中,人们谄媚奉承强权者,甚至协助其行不义之举来获得财富和地位。(《孟子·离娄下 33》)② 但是,如果羞辱之事不需要人们行不义之举的话,牺牲一个人的生命来避免所有强加的羞辱便不是我们的义务。相反,忍辱以实现伟大价值是一种德性。我们知道,在选择宫刑或死刑作为自己的惩罚方式时,汉代史学家司马迁选择了宫刑来保住自己的生命,以完成他的史学巨作《史记》,尽管他因此遭受了巨大的羞

---

① 当被一个学生问到,在不改嫁便会饿死的情况下,寡妇是否可以改嫁时,程颐说:"饿死事极小,失节事极大。"参见程颢、程颐《二程集》,王孝鱼点校,中华书局 2004 年版,第 301 页。关于这一说法的争论,参见刘昌元《论对"饿死事小,失节事大"的批评与辩护》,载《二十一世纪》2000 年第 6 期,第 125—133 页;朱晓娟《程朱学派与宋代妇女贞洁观之研究》,台湾政治大学,硕士论文,2003。
② 虽然这个故事表面在说妻和妾为她们丈夫在墓地乞讨的行为感到羞耻,但是笔者按照朱熹的解释,认为它暗示了一种现象,即人们为追求高位而在私下里对强权阿谀奉承,行不义之举,而公开地对他人表现炫耀、得意、骄傲。

辱。忍辱可以使人背负起重任（负重）。羞辱最初指的是人格的贬损，它本身并没有积极的含义。然而，经历羞辱这一极其煎熬的过程会迫使人们在内心深处反思自己的天命、生命之意义。如果一个人能坚定地忍受羞辱带来的巨大痛苦，那么便没有什么磨难是难以克服的。曾子说："士不可以不弘毅，任重而道远。仁以为己任，不亦重乎？死而后已，不亦远乎？"（《论语·泰伯7》）尽管我们承认忍辱是一种德性，但是我们应注意，最重要的是在政治和法律的层面减少羞辱的发生，促进对人格和权利的确保。

结语

综合舍勒、儒家以及相关学者的论述，笔者对羞耻的现象学体验进行了阐释。羞耻这一情感包含了对自我整个人的价值评价，而不是对具体事件的价值判断。基本上有两种羞耻：（1）显明（他者评价的）羞耻；（2）原初（自我评估的）羞耻。当一个人不被他人当作是一个具有人格尊严的精神个体，而仅仅是被当作一个客体，或一种感性的存在，或一个失败者（没有价值）时，显明羞耻就会发生。萨特的注视之例子说明了第一种情况，身体和性羞耻表明了第二种情感，竞争失败则显示了第三种情况（如果是极大差距的失败，也会被体验为羞辱）。总之，这种羞耻中，羞耻感受者被他人客体化、不被他人尊重，从而在一定程度受人控制或支配。毫无疑问，这种羞耻是人格间的（interpersonal），它预设他者的存在。

原初（自我评估的）羞耻发生在一个人认为自己没有价值，由于自己的缺点而否定自己时。即使没有他者的评价，或者与他者的比较，人们也可能会因为自己没有做到应该做到的那样好而感到羞耻。由于人们没有将自己置身于一种社会情境中，这种情感不是尴尬。在自我否定时，人们也可能同时有负罪感，但后一感受的侧重点是对"做错事"的自我指控,而不是对自我价值的否定。笔者承认最集中、常见、强烈的羞耻表现乃是显明羞耻,但我们不能据此否定原初羞耻的存在。他者是羞耻的重要方面,而不是本质方面。

显明羞耻与原初羞耻由羞耻的运行和发生方面得到区分,而先天羞耻和社会羞耻则根据羞耻的内容和评价标准得以区分。社会羞耻是由社会主流价值体系决定的,而先天羞耻则与价值的客观级序一致,舍勒的价值现象学对此具有洞见。从价值模态的纵贯性来看,羞耻展现出以较高价值约束较低价值的力量,如精神对生命和欲望之本能的约束。从价值的横列性来看,羞耻表现为较大价值对较小价值的优先性。此外,性羞耻是身体羞耻的一种基本形式,它将性快乐的获得限制在尊重他人尊严的态度之下。

真实的羞耻对成为一个有德者是不可缺少的,但被错误地感受的羞耻则会破坏德性的培养。破坏性羞耻可分为三种:(1)虚荣型羞耻;(2)怯懦型羞耻;(3)优柔寡断型羞耻。真实的羞耻指向一个人在价值上的自我完善,而羞辱的含义则本质上是负面的。被羞辱的人处于这样的境地:在违背他的意志的情形下被任意地操纵,通过语言或者行为被迫呈现出完全的无力、无价值姿态。对于儒家来说,维护个人尊严这一思想是非常重要的,儒士宁死也不愿被羞辱。然而,通过仔细阅读,我们仍然可以发现儒家思想的另一面,即重视忍辱之德。只有最重大的羞辱才值得人们为了避免它而牺牲自己的生命,尤其是"自我羞辱",它与"强加的羞辱"形成鲜明的对比。最重要的是,一个健康的社会应该在总体上尽量降低羞辱的发生,保障人们的尊严和权利。

第六章　羞耻与儒家"义"的观念

本章是上一章的延伸。上一章透过舍勒和儒家思想家的理论,阐明了羞耻本身的现象学体验。本章将立足儒家传统对羞耻与"义"的联系进行更具体的描述。第一节澄清孟子的立场:义既是外在的,又是内在的。尽管义具有规则的含义,它原初地是由我们内在的道德情感所意向到的。第二节说明如下观点:如果一个人的意图或行为不正当(不义),自发的羞耻感就会产生并且推动自我改正。本节还阐明了马克斯·舍勒与儒家羞耻观念的差别。第三节比较绝对的义与一般的礼,以及仁爱与羞耻——义务所发挥的作用。

第一节　义:责任与内在情感

"义"在英文中有时被翻译为"appropriateness"(恰当)。考虑到具体的语境,我们会发现这个翻译是不准确的。例如,在葬礼上穿红色衣服肯定是不恰当的,但这样做并不被视为"不义"。相较之下,官员贪污公款则被看作"不义",因为这样做违背了他的责任。他的行为是不正当的。"义"更适合的翻译当是"duty"(义务),"righteousness"(正义)或"rightness"(正当)。我将辩护孟子的如下主张:正如仁一样,义也是内在于我们的。义正是羞耻感所意向的,羞耻感深刻地揭示了个体人格意义。为了阐明羞耻和义的关系,让我们先考量下告子和孟子之间的著名对话。告子说:

> 彼长而我长之,非有长于我也;犹彼白而我白之,从其白于外也,故谓之外也……吾弟则爱之,秦人之弟则不爱也,是以我为悦者也,故谓之内。长楚人之长,亦长吾之长,是以长为悦者也,故谓之外也。(《孟子·告子上 4》)

在告子看来,作为爱的一种形式,仁是一种情感,因此是内在于个人的。如果某人不爱另一个人,没有人可以强迫他这样做。我们爱自己的兄弟,但不爱秦人的兄弟。这种差异之所以产生,是因为爱是由自己的感觉决定的。在这个意义上说,仁是内在的。相比之下,义是一个客观的规定,无论我们如何感觉,都要云遵守。这种义务(以及正义)是由适用于实际情况的规则决定的。不管我们是否碰巧爱来自楚地的长者,我们都必须以对待老人的方式对待他。因此,义是外在于我们的。

应当注意,儒家也承认仁主要是一种爱的情感,义是一种规定。孟子肯定了仁的这一特性。他说:"君子以仁存心,以礼存心。仁者爱人,有礼者敬人。"(《孟子·离娄下 28》)他还说:"父子有亲,君臣有义。"(《孟子·滕文公上 4》)君臣都必须遵守特定的规则。不过,对于孟子来说,告子犯了两个错误。第一,尽管仁是一种情感,但它并不是任意的、主观的。仁是先天的、有序的。① 真实的仁爱不是偏私的。② 第二,尽管义是一种责任,它不是外在地强加给我们的,而是源于我们自己的道德取向。孟子说:

> 异于白马之白也,无以异于白人之白也;不识长马之长也,无以异于长人之长与?且谓长者义乎?长之者义乎?……耆秦人之炙,

---

① 参见第二章。
② 参见第三章。

无以异于耆吾炙。夫物则亦有然者也，然则耆炙亦有外与？（《孟子·告子上 4》）

以外在尊敬的方式去对待长者，与以内心的真正尊敬去对待长者，是存在区别的。这一点往往被忽视，因为中文"长之"这一表述同时适用于这两种情况。孟子在这里指出，关于如何对待老人的外在规则不是强加给我们的，而是符合我们先天的道德情感的。作为自己的喜好，一个人喜欢吃烤肉也不是由厨师所决定的。通过这个比喻，孟子表示尊敬长者是出自人们自己的尊敬之情感，而不只是外在的要求。当然，二者也存在关联：需要遵守的外在规定有助于实现和培养一种尊敬的心态。

在告子和康德之间，可以做一个有趣的对比。对康德来说，情感不应该成为制定道德法则并以之做出道德抉择的决定因素。从这个意义上说，由于情感的纯经验特性，它恰恰是外在于我们的。此外，对康德而言，义务是内在于我们的，因为"义务是由尊重法则而来的行动的必然性"[①]，而且道德法则是由自律的自由意志所制定的。然而，从孟子代表的儒家的观点来看，不仅义务是内在于我们的，情感也为本原的道德行动提供了依据。因此，情感也是内在于我们的。道德情感是既可经验又先天的，既主观又客观的。[②] 现在，我们需要具体地解释义是如何通过羞恶之心的道德体验，而被给予人们的。

在上面的例子中，告子和孟子隐含地使用了尊敬这一情感来展示义。不过，一般来说，与尊敬之情感相关联的是礼。孟子说："恭敬之心，礼也。"（《孟子·告子上 6》）虽然人类经验中总是存在一些模糊性，但是义与礼的初始情感确实是不同的，不同情感揭示了不同的德性在伦理行为中起着不同作用。事实上，告子一开始不明智地使用了**敬**及其相关项**礼**来说明**义**。孟子的论证表明，即使外在的礼的根源也是通过道德情感

---

① Immanuel Kant, *Groundwork of the Metaphysics of Morals*, p. 13；科学院版第 400 页。
② 参见第二章。

而建立的,更不用说义了——义在道德意义上比礼更加深刻。

第二节 儒家语境中的羞耻与义

儒家认为,对于道德人格来说,羞耻感是必不可少的。孟子说:"人不可以无耻。无耻之耻,无耻矣。"(《孟子·尽心上 6》)没有羞耻感的人在无耻的时刻,并不能感受到无耻,尽管他被他人看作无耻。安东尼·施坦因博克解释了这一点:"我确实在当下会感到羞耻,但在当下我不会经验到自己的羞耻之缺席,也经验不到我自己所谓的无耻。要么我经验到羞耻,要么没有。但是有可能经验到他人缺乏羞耻或无耻。"① 每当某人感到羞耻或认识到自己先前的无耻时,他就不再无耻。无耻实际上是令人感到羞耻的,因此孟子称之为"无耻之耻"。然而,这种羞耻却不能被道德行为者当下所经验到,这非常可惜。因此,孟子叹息说这种羞耻事实上是羞耻的缺乏(无耻矣)。

当然,对这句话也有其他的解读。万百安将这句话翻译如下:"The shamefulness of being without a sense of shame is shameless indeed."② 在这种翻译中,"无耻之耻是无耻"的表述只是同语反复,没有任何实际意义。况且,根据这种思路,孟子应该说"无耻之耻,实**大耻**矣"才是可理解的。傅佩荣提供了一种现代中文的白话文翻译:"把没有羞耻当作羞耻,那就不会有耻辱了。"③ 这种翻译表达了鼓励而不是责备,也富有意义。然而,它仍然缺乏说服力,因为人们几乎不可能完全摆脱羞耻,即便他们认识到了无耻是可耻的。

---

① Anthony Steinbock, *Moral Emotions*, p. 89.
② Bryan W. Van Norden, "The Emotion of Shame and the Virtue of Righteousness in Mencius," p. 64.
③ 傅佩荣:《解读孟子》,上海三联书店 2007 年版,第 227 页。

（一）羞耻所揭示的精神与义

孔子认为，依靠法律和惩罚来治国并不足以帮助人民提高自我修养，故曰："道之以政，齐之以刑，民免而无耻；道之以德，齐之以礼，有耻且格。"（《论语·为政 3》）如果人们现在或将要进行的行为不正当，羞耻感就会自发地出现，并施加力量促使人们改过迁善。羞耻感与内疚（负罪）感存在许多不同。伯纳德·威廉姆斯（Bernard Williams）洞察到了二者的差异，"我所做的事情在一个方向上指向他人那里发生了什么，在另一个方向上指向我自己是什么。内疚主要看向第一个方向……羞耻看向我是谁。"[1]

除了在自律的意义上发挥道德指导的作用外，羞耻也指向来自**他人**的判断。如果说内疚是人们的自我指控，那么羞耻同时包含了自己和他人的否定。如果人们的行为不正当（不义）或违反了自己的义务，人们会自发地感到羞耻。同时，观察者也会感到其行为可耻。当我们依照羞耻的客观秩序而感到羞耻时，它通常指向不正当事情的发生。以现象学的意向性来说，被意向的内容（道德上错误的行为或意图），相关联于意向活动（羞耻感）。对于内在的、独自感到的**原初羞耻**感很弱的人来说，由他人触发的、外在的**显明羞耻**可以促使当事人更正自身的意图和行为。[2]

即使一个人贬低、无视自己的人格，对做不义之事不感到羞耻，其他人仍会感到其行为可耻，乃至为他感到羞耻。孔子说："巧言、令色、足恭，左丘明耻之，丘亦耻之。匿怨而友其人，左丘明耻之，丘亦耻之。"（《论语·公冶长 25》）容貌和言语的饰美会赢得他人的喜爱。但是，因为它们常常是不真诚的、诱惑的、操纵性的，孔子认为习于取悦他人的人往往不具有真正的仁德（《论语·学而 3》《论语·阳货 17》）。由于无视尊

---

[1] Bernard Williams, *Shame and Necessity* (Berkeley: University of California Press, 1993), pp. 92–93.

[2] 关于原初羞耻与显明羞耻，参见第五章。

严,不义的行为是可耻的。

在舍勒看来,道德上正当的行为在于偏好较高或较大价值胜过较低或较小价值。对儒家来说,这样做即是义的表现。儒家肯定羞耻和错误行为之间的关联。孟子说:"耻之于人大矣。为机变之巧者,无所用耻焉。不耻不若人,何若人有?"(《孟子·告子上 7》)羞耻可以激发人们努力劳作去实现较大价值。没有失去本心的人将会为他的懒惰、欺骗、不公、耽于享乐而感到羞耻。

人们是否应当为其贫穷而感到羞耻,这个问题需要得到仔细的处理,因为贫穷本身并不能作为羞耻的唯一根据。孔子说:"邦有道,贫且贱焉,耻也;邦无道,富且贵焉,耻也。"(《论语·泰伯 13》)在一个秩序良好的有道社会,为了实现较大价值(行道)而辛勤工作的人会变得富有、受人敬重,因此贫穷、碌碌无为是可耻的。为了行道,君子也需要获取资源(财富、声望或地位)作为必要的推动条件。追求外在的利好本身并没有什么错,尤其是当没有价值冲突,人们不需要为了实现较高价值而牺牲较低价值时。

在一个秩序混乱的无道社会,人们只能靠无原则的行为去获取财富和地位,因此富裕和高位是可耻的。关于这一点,孔子说:"饭疏食饮水,曲肱而枕之,乐亦在其中矣。不义而富且贵,于我如浮云。"(《论语·述而 16》)羞耻的正确运行并不取决于外在的条件,或较低价值的实现,而是取决于人们是否为了实现较低价值而牺牲较高价值。羞耻隐含了义务、正当与正义的意识。

(二) 羞耻与鄙视(不屑)

孟子说:"羞恶之心,义之端也。"(《孟子·公孙丑上 6》)"恶"字有时被理解为厌恶、反感、憎恶。然而,两点原因使我们拒斥这种解读。首先,这些情感的共同元素是讨厌或恨,它们很难与羞耻归于同一组,而更与喜爱属于同一组。其次,这些情感并不必然与道德相关。我们在表达对待道德原则的态度时,可以说"好善恶恶"。不过,当人们只是说"好恶"时,通常表达一种需要克服的偏私态度。譬如,孔子说:"爱之欲其生,恶之欲其死。既欲其生,又欲其死,是惑也。"(《论语·颜渊10》)《尚书·周书·洪范》中说:"无偏无陂,遵王之义;无有作好,遵王之道;无有作恶,尊王之路。无偏无党,王道荡荡;无党无偏,王道平平;无反无侧,王道正直。"①

因此,我赞同万百安的主张,"恶"接近于"羞"。② 通过与羞耻的对比,在孟子的语境中,"恶"的意思延伸为"鄙视"或"不屑"(disdain)。鄙视指向某人人格的缺陷,更与道德相关。朱子注解道:"羞,耻己之不善也。恶,憎人之不善也。"③ 这种诠释将憎恶的范围限定在了不道德的行为上,因而更有意义。"憎人之不善"正是鄙视的表现。不过,朱熹对羞和恶的定义,有些过于简化。羞耻和鄙视都可以指向自己和他人,尽管羞耻原初是个人的,鄙视是指向他人的。人们可以为他人感到羞耻,仿佛自己也不善,也可以鄙视自己,憎恶自己的不善。信广来表达了类似的观点,反对朱熹的定义。不过正如他所指出,朱熹的解释仍富有教益。他写道:

> 尽管"恶"可以指向某人自己的行为,或发生在某人自己身上的事情,但是这时"恶"所涉及的态度就像他厌恶他人时所持的态度。这与"羞"跟"耻"所引发的态度不同,它们不能指向一个人对另一个人的厌恶,除非另一个人与自己有某种特殊的关系。④

"为他人感到羞耻"显然与"鄙视"不同。人们常常为其朋友或亲人而感到羞耻,却并不鄙视他们。羞耻指向积极的价值,其中人们期望自己或

---

① 孔安国传、孔颖达疏:《尚书正义》,廖名春、陈明整理,北京大学出版社2000年版,第368页。
② Bryan W. Van Norden, "The Emotion of Shame and the Virtue of Righteousness in Mencius," pp. 66–67.
③ 朱熹:《四书章句集注》,第221页。
④ Kwong-loi Shun, *Mencius and Early Chinese Philosophy* (Stanford: Stanford University Press, 1997), p. 60.

他人建立更高的价值。相比之下，鄙视是相当负面的。看到一个人沉迷于享乐而不履行其责任，如果我们不再对他的改善抱有希望，我们可能会鄙视他。羞耻事实上是一种激励，在其中仍可有看重，而鄙视是一种惩罚、看轻。二者对激发人们的自我修养都具有意义。

如果只有宽容的羞耻而没有严厉的鄙视，则可能不会强有力地迫使人们在道德上纠正自己。另一方面，如果只有严厉的鄙视而没有宽容的羞耻，那么人们可能感受不到爱的温暖，从而在心中产生对他人的仇恨。不过，鄙视并不像羞耻那么地本原。当人们看到一个受到鄙视的人为改善自己而付出努力时，鄙视就消失了。在内心深处充满鄙视的情感是偏颇的，因为它主要是一种惩罚和排斥，而不是一种鼓励和包容。

(三) 玷辱与社会羞耻

当一个人的行为不光彩时，他不仅将自己置于可耻的境地，也玷辱（dishonor）了与他相关的人，如他的老师、家人、朋友，甚至辱没了他的祖先。当他被视为代表其国家、地区、学校、单位时，他也会使这些集体蒙羞。与个人主义的文化相比，羞耻感在集体主义文化中更加突出。在集体主义文化中，人们相互关联，原子化的个体并不被认可。[①] 对集体羞耻的避免促使人们在社区中相互帮助。然而，吊诡的是，这可能导致群体以社会标准压迫个人，这些社会标准可能不符合先天羞耻所揭示的义。例如，某种婚姻可能不被社会所接受，但并没有违反义。对于想要以违背社会常规来结婚的人，人们会为他们感到羞耻。为了避免羞耻和玷辱，他们所属的群体会逼迫他们放弃结合。集体羞耻不是指向精神价值的先天羞耻，而是为社会习俗所主导的羞耻。羞耻破坏了他们的消极自由（免于外部约束的自由），尽管它可以促进人们的积极自由（自由地克

[①] 如我们所见，羞耻精神在具有集体主义的东亚文化中比较突出。关于露丝·本尼迪克特（Ruth Benedict）对日本羞耻文化的描述，参见 Ruth Benedict, *The Chrysanthemum and the Sword: Patterns of Japanese Culture* (Boston: Houghton Mifflin Company, 1946)。

服欲望、实现修身)。① 对于个人主义者来说,一个人不能代表另一个人,也不能带给他人羞耻;并没有个人所导致的集体羞耻。一个人为其自己的行为承担责任,其他人并没有权利和责任去约束或帮助他,使他远离羞耻。

如果不把社会塑造的羞耻误认为是真正的羞耻,我们也不必采取极端个人主义的态度。尽管儒家被视为一种重视集体的文化,但它对人格的尊重无疑也是突出的。君子应当遵从本心,不把错误的羞耻观(即便是被广泛接受的羞耻观)看作真实的羞耻,并试图逃避它。孔子说:"[孔文子]敏而好学,不耻下问,是以谓之文也。"(《论语·公冶长15》)此外,与真正有可耻表现的人在一起也未必会给我带来羞耻,更不用说与那些仅仅被社会看作行为可耻而非真正可耻的人在一起。具有宽容精神的群体不会驱逐或孤立那些进入非传统婚姻的人。

(四)羞耻与作为正路的义

与儒家其他德性相比,义具有强烈的法则性。孟子说:"仁,人之安宅也;义,人之正路也。"(《孟子·离娄上10》)遵循义务、法则,做人们应当做的、正当的事,是由义所要求和命令的。没有任何违反义的余地和借口。不过,儒家的"义"并不是康德式的"义务",后者在不同的义务冲突时会引起混乱。孔子说:"君子喻于义,小人喻于利。"(《论语·里仁十六》)儒家的义在于遵循价值的等级之秩序,特别是当不同价值产生冲突,人们为了实现一个价值必须牺牲别的价值时。孔子及其弟子子张都强调义之于利的优先性,主张"见得思义。"(《论语·季氏10》《论语·子张1》)《孟子》讲述了一个故事,说明通过违背正路而获利是无原则的、可耻的:

---

① 参见 Isaiah Berlin, *Liberty*: *Incorporating Four Essays on Liberty*, ed. Henry Hardy (Oxford: Oxford University Press, 2002), pp.169-181。

> 昔者赵简子使王良与嬖奚乘，终日而不获一禽。嬖奚反命曰："天下之贱工也。"或以告王良。良曰："请复之。"强而后可，一朝而获十禽。嬖奚反命曰："天下之良工也。"简子曰："我使掌与女乘。"谓王良。良不可，曰："吾为之范我驰驱，终日不获一；为之诡遇，一朝而获十。《诗》云：'不失其驰，舍矢如破。'我不贯与小人乘，请辞。"御者且羞与射者比。比而得禽兽，虽若丘陵，弗为也。如枉道而从彼，何也？且子过矣，枉己者，未有能直人者也。(《孟子·滕文公下 1》)

尽管背离规则可以带来巨大的好处，但义人会为此感到羞耻。通过这个比喻，孟子展示了义之行为便是遵循正当的道路，没有灵活性的余地。

舍勒与儒家的羞耻观念至少有两个区别。首先，舍勒详细地检验了性羞耻及其作用，而儒家更加关注不义之耻这种**精神羞耻**。显然，在儒家脉络下，性羞耻也在调节男女关系方面发挥了主导作用。这一点从儒家对贞节的敬重也可看出。不过，对于儒家而言，似乎没有必要去讨论性羞耻的运行，而且两性关系只是伦理生活的一部分，不值得极大地关注。对于古典儒家来说，甚至探讨性羞耻也是令人羞耻的。其次，舍勒不认为羞耻揭示出了义务，而儒家则肯定羞耻的这一特征。下一节将分析此问题。

第三节　礼、仁与义

上文笔者描述了儒家背景下的羞耻与义。为了更清楚地看到义的特征，现在我们先回到义与礼的比较上。礼代表**一般的规定**，以使人类关系恰当与和谐。对礼来说，有**偶然违反**的空间，甚至可以对一般的规定做出大规模的修改，以更好地实现仁与义。相比之下，义是绝对的原则，或绝对的价值之秩序，它不允许任何偶然的违背。孟子说："行一不义、杀一不辜而得天下，皆不为也。"(《孟子·公孙丑上 2》)对一个人不义的指控,比不合于礼的指控,要严重和强烈得多。不义是绝对错误的,更应受到惩罚,因为它意味着打破了基本的道德要求。道德的**一般性**、**特殊性**与**绝对原则**的关系可以在孟子和淳于髡的对话中看出:

> 淳于髡曰:"男女授受不亲,礼与?"
>
> 孟子曰:"礼也。"
>
> 曰:"嫂溺则援之以手乎?"
>
> 曰:"嫂溺不援,是豺狼也。男女授受不亲,礼也;嫂溺援之以手者,权也。"
>
> 曰:"今天下溺矣,夫子之不援,何也?"
>
> 曰:"天下溺,援之以道;嫂溺,援之以手。子欲手援天下乎?"

(《孟子·离娄上17》)

在这个对话中,要求男女授受不亲的礼节代表了**一般性**;男子接触女子以拯救她生命的"权"代表了**特殊性**;以手救人代表了**绝对性**。在特定情况下人们可以不遵守一般的礼之禁令,但是绝对不能违反一般规则中蕴含的精神,如义。特殊的权变看起来违背了礼,但是并没有违反义。"权"绝不能成为人们随心所欲做事的借口。"权"同时具有"权变"与"权衡"的含义。在权衡时,必须有一种基础以决定实现哪一个价值更重要。如我们所见,基础即是价值的秩序。

无论是一般的礼还是特殊的权,它们的执行都是为了使人更好地培养仁爱和遵从道德原则。救嫂子的生命是一个人的义务,在那个场合中救其生命的必要手段是用手拉。可变的是一般的礼,不变的是以手救人。同样地,孟子认为拯救天下是他应当做的,而拯救天下的必要手段是对道的认识与实践,不变的是以道救世。因此,如果选择了偏离道而得到任用,一个人实际上并没有履行拯救天下的义务。这就是为什么为了救世,孟子选择弘扬道,而不是在政府中任职的原因。

通过宋明儒学的术语与现代概念,我们可以做出如下关于义的说明。在[人]性的层面上,义是一种德[性],涉及对义务的遵从;在理的层面上,义是一种价值,它意味着不容推脱的义务或责任。性与理没有本质的区别,因为前者是后者在人中的具体体现。对孔子来说,仁是核心的德性或价值,它比义更多地被提及。而孟子经常同时谈起仁与义。例如,

> 孟子曰:"仁,人心也;义,人路也。舍其路而弗由,放其心而不知求,哀哉!人有鸡犬放,则知求之;有放心,而不知求。学问之道无他,求其放心而已矣。"(《告子上 11》)

> [王子垫]曰:"何谓尚志?"曰:"仁义而已矣。杀一无罪,非仁也;非其有而取之,非义也。居恶在?仁是也;路恶在?义是也。居仁由义,大人之事备矣。"(《尽心上 33》)

> 孟子曰:"人皆有所不忍,达之于其所忍,仁也;人皆有所不为,达之于其所为,义也。人能充无欲害人之心,而仁不可胜用也;人能充无穿逾之心,而义不可胜用也。人能充无受尔汝之实,无所往而不为义也。(《尽心下 31》)

如《孟子·告子上 11》所示,尽管孟子重视义,他也承认仁的核心位置。仁是人心的首要德性,它迷失时应当被寻回。那么,为什么孟子看重义?仁代表道德行为者较高的、主动的追求,而义意味着底线的要求与永不应违背的责任。一个人会将拒绝帮助的人称作"不仁",但不会称其"不义",因为就某件事帮助也可能并不是那个人的责任。在战国时代,战争变得非常残酷,统治者不断灭绝国家,残杀军民。人们对道德也失去信心;权术与诈谋曾为人不耻,但彼时却得以流行。总体而言,社会上发生了极多极大的不道德行为,不少人未能履行基本的道德义务。孟子的时代迫切需要的是恢复人们的羞耻感和正义的言行,而仁则需要长期

的修养。正如我们所见,义的基本要求是不逾越正义,远离羞耻与鄙视。

违反礼仪并不一定是"不义",而违背义务肯定是"不义"。不过,在没有价值冲突的情况下,仅仅履行一个日常的、微小的义务通常不被看作义来赞扬,因为在其中人们不必做出牺牲。例如,一个学生去学校上课并不被赞誉为义。而当面对失去财富甚至生命的危险,证人依然诚实地作证时,他的行为则被看作是义的。康德在《实践理性批判》中的讨论也表明了这一点。①

舍勒倡导爱的伦理学,对康德的义务论伦理学(deontological ethics)或应然的伦理学(ethics of ought)提出了批评。对于舍勒来说,道德律令预设了朝向消极价值的奋求的存在。他写道:"每一个**应然**(不仅是不应当是)都导向负价值的排除,但它并不设定积极价值!"② 例如,当我告诉曾经或打算逃课的学生"不要逃课"时,这是有意义的。但是,如果我向从未逃课也未有逃课打算的学生发出相同的命令,那将毫无意义。更糟糕的是,它导致听者感到被侮辱,甚至由于对命令形式的抵制而抵制其内容。舍勒写道:

> 一门仅仅把"可命令的"东西看作"善"并且把"可禁止的"东西看作"恶"的伦理学(就像康德曾经拒斥爱的道德价值,只因爱是不可"命令的"),在根本上使得这样的要求无法实现,即属于所有规范的本质之要求:无论是一个人命令自己还是其他人,都要双重地"有正当理由"。这门伦理学的"实用主义"在道德上是非常不切实际的。因为持此观点的道德主义者没有注意到,凭着他的"规范"他只能倾向于造就事实上他强烈禁止的东西;他也没有注意到,凭着他的诫命和律令他阻止了自由的、意愿善的道德人去做他们看到的要

---

① Immanuel Kant, *Critique of Practical Reason*, trans. Mary GreGor (Cambridge: Cambridge University Press, 1997), pp. 128–129.

② Max Scheler, *Formalism in Ethics and Non-Formal Ethics of Values: A New Attempt toward the Foundation of an Ethical Personalism*, trans. Manfred S. Frings and Roger L. Funk (Evanston: Northwestern University Press, 1973), p. 209.

做的。这些人意愿善不是因为事情被"命令",而是因为他们看到是如此。把诫命和禁止的药物当作我们正常的道德营养品是荒谬的。①

舍勒认为,义务伦理学只能通过"治疗"道德消极方面的疾病在道德领域发挥作用,不能实现我们最高的道德潜能,更不用说它实际上导致了对命令的不服从。

舍勒的批评需要重新审视。爱和义务在造就道德人格方面各有优势和局限。义务具有强大的强制性和约束力,它促使人们克服生理心理的本能去依照法则行事(如何理解法则是另一个问题)。正如康德所认为的那样,对道德法则的尊重是履行义务的动力。

但是,康德的伦理学存在一些难题。他无法确保我们的道德自律,因为他认为情感是单纯感性经验的,而不是精神的、先天的。也就是说,情感是偶然的,情感中没有超越的根据可以作为尊重道德法则的基础。为了解决道德动力的自律性问题,康德声称尊重是一种独特的情感,它由道德法则自身所激发,不同于其他普通的情感。但是,道德法则能否以及如何激发这种尊重是有争议的。在儒家思想中,义务的强制力可以由先天的羞耻之情感所确保。当缺乏对道德法则的尊重时,羞耻依然在活动。对道德法则的尊重与羞耻的配合构成了履行责任的道德动力。当然,还有其他的动力推动履行责任,如避免外在的惩罚,不过它们不是出于人们内心的意识。

此外,对道德行为者而言,责任是一个被动的约束,而不是一个主动的实现。康德认为,如果我做某事是因为我喜欢做这件事,那么行为就没有道德价值。对他来说,在行善时,一个人是去做他应该做的事,即便他不喜欢做这事——这便是意志自由的体现。然而,对舍勒来说,这样的行为未能依照人们先天的道德趋向来行事。义务论在道德上打击了

---

① Max Scheler, *Formalism in Ethics and Non-Formal Ethics of Values*, p. 214.

那些意愿善的人，因为它将他们令人钦佩的人格降低为仅仅是对法则的服从。

在舍勒看来，做善事不仅是去遵循我们的原初偏好，还是去依循爱的动力。爱具有自发性与主动性，是一个积极的启发。但是，我想从另一方面做出以下陈述。首先，不纯粹的爱——对康德来说，这恰恰是真正意义上的爱——在很大程度上取决于我们的心理本能。换句话说，爱是不稳定的，一个人可以在某一天爱某个人，在另一天就爱另一个人。舍勒声称，我们可以按照客观的秩序自由地爱，不需要任何命令。本真的爱确实不是无序的。然而，对于那些还没有培养出本真的爱的人来说，义务的力量无疑比爱更加强有力。其次，尽管本真的爱如圣爱与仁爱——对康德来说并不是严格意义上的爱，而是实践理性的命令——既主动又稳定，它也没有强制的力量。人们要实现理想，在每时每刻都自发地依照本真的爱而活动，这是一个无尽的修养过程。因此，孔子没有称许任何人为"仁"，包括他自己（《论语·述而34》）。如果某人拒绝做善事，他虽不值得称赞，但也不应受到指责，因为责任没有被确立起来，做这件事是不是他的责任是不清楚的。舍勒正确地指出，应然的观念是建立在价值级序上的，善并非建立在应然的观念上。不过，他忽视了义务通过明确地命令和禁止人们的行为所起的作用。由于舍勒拒绝义务伦理学，他没有看到羞耻与义务之间的内在联系。

解决爱与义务的对立的另一种努力是将爱本身看作一种义务，或将义务看作爱。例如，李明辉声称，孟子和弗里德里希·席勒（Friedrich Schiller）都认为人们先天地具有对义务的爱。[1] 这种理解不符合我们的道德体验。这种调和不可避免地既消解了爱的主动性与自发性，又取消了义务的强制性与基本要求，因此同时破坏了爱与义务的意义。

---

[1] 李明辉：《儒家与康德》，台北：联经出版事业公司1990年版，第79页。

董仲舒也就自我与他人,指出了仁与义之间的区别:

> 春秋之所治,人与我也。所以治人与我者,仁与义也。以仁安人,以义正我。故仁之为言,人也;义之为言,我也。言名以别矣。仁之于人,义之与我者,不可不察也。众人不察,乃反以仁自裕,而以义设人。诡其处而逆其理,鲜不乱矣。是故人莫欲乱,而大抵常乱。凡以暗于人我之分,而不省仁义之所在也。是故春秋为仁义法。**仁之法在爱人,不在爱我。义之法在正我,不在正人。**我不自正,虽能正人,弗予为义。人不被其爱,虽厚自爱,不予为仁。(《仁义法第二十九》)①

儒家同时倡导仁和义,不把二者对立起来,也不强行将二者说成是一回事。尽管仁爱是儒家首要的德行,羞耻所揭示的义也必不可少。与不许可自己实现了仁相比,孔子认可他在有生之年实现了不逾越规矩:"七十而从心所欲,不逾矩。"(《论语·为政 4》)实现仁是一个无尽的过程,而遵守义务、实现正义则是一个人有生之年可以达到的目标。义也具有道德价值,而不是如舍勒所认为的那样,降低了人格价值。在儒家伦理学与道德修养中,最高的追求与强制的要求结合在一起,积极的启发与消极的惩戒结合在一起。尽管终极的道德基础是客观的价值级序,但践行道德的功夫却是多元的。

---

① 董仲舒、苏舆:《春秋繁露义证》,钟哲点校,中华书局 2015 年版,第 213—245 页。

第七章　敬之现象学

本章集中分析"敬"这一情感的表现与意义。第一节阐释了敬的两种（更细致的分析为三种）含义，以及它们在儒家经典中的关联。这有助于我们理解儒家的敬意现象学。这两（三）种含义：一是作为心境的认真安定；二是作为意向性感受的尊敬（与注意）。澄清此点后，第二节对尊敬展开现象学分析，以展示尊敬有助于人实现道德追求。此分析以康德的尊敬观念为出发点，以一门价值与感受的现象学来完成。对责任事务的尊重、对人格尊严的尊重以及对具有功德的贤能者的敬重激发人们的道德行动。第三节通过舍勒对谦卑和崇敬的探讨，澄清敬如何助人实现宗教追求。人们透过对上帝的崇敬而尊敬他人，透过事奉上帝和参与上帝的谦卑精神而事奉他人。第四节论述儒家经典中关于宗教体验的讨论，指出在儒家传统中敬如何促使人达成宗教追求，以及它与舍勒的描述之相似与不同。儒家传统中敬与礼的具体关联将留待下一章详述。

第一节　儒家经典中"敬"的两种基本含义

古文"敬"字可以被翻译为多个现代汉语词汇。在描述多样的道德情感现象方面，现代汉语的词组比古汉语单字更加丰富与精准。由于笔者的计划是运用现象学方法,澄清中国文化语境下的体验模式,因而笔者会将现代汉语词汇与经典文本结合起来探讨。

"敬"至少具有两层含义。第一,敬表示一种心境,或者一般的态度。它意味着认真、严肃、严谨、安定、庄重,其反面是心的不安定状态,比如纷驰、浮躁、松弛、走神、慌乱、多虑等。它也表示一种广义的专注力,不过不是对具体的某个对象的专注。仲弓说:"居敬而行简。"(《论语·雍也2》)在回答子路问何谓君子时,孔子答曰:"修己以敬。"(《论语·宪问42》)在敬的心境中,并没有特殊的对象。它就像焦虑,我们可以感到一般的焦虑却不为某个特殊的事情而焦虑。我们的心境可以影响我们待人接物时的感受。比如,当一个人的心态被焦虑或抑郁所占据时,他对身边的事情便很少产生兴趣。如果一个人的心境并不安定稳当,那么他将为不断寻求刺激所干扰,分散注意力。譬如,玩游戏、与人闲谈,以及手机依赖。"心猿意马"这个成语很好地描绘了这一心境。同样地,如果一个人的心境是认真严肃的,他将倾向于关注和重视他所要处理的事情。简而言之,第一种敬的含义是安定认真的心境。①

第二,除了表示不预设对象的心境,敬也可以表示有对象的意向性感受。它表示对某对象的尊敬的关注(respectful attention),朝向某人、某事、某价值、某责任等。它包含了两个次级的含义:对某对象的**尊敬**与**注意**。

我们对所尊敬的对象总是投入关注,但我们关注的对象却并非必然为我们所尊敬。譬如,当一个人与其对手竞争,如果他认可对手的价值因而将其严肃看待,那么尊敬与注意是合一的。如果他并不认可对手的价值,而只是担心其使用阴险卑劣的招数对自身构成威胁,那么其注意

---

① 参照 Sin Yee Chan, "The Confucian Notion of *Jing* (Respect)," *Philosophy East and West*, 56, No. 2, 2006, p. 230. 我的"intentional feeling"(意向性感受)与"mind-state"(心境)的用法与其"intentional state"(意向性境界)不同。对笔者来说,心境并不必然是意向性的。

并没有伴随着尊敬。这种注意可以是"警惕"。在广义上，无尊敬的注意可以被看作敬，而在狭义上则不是。

对宋明儒学家来说，敬成为一个重要的修身功夫。朱熹继承了程颐的形而上学与工夫论，主张"涵养须用敬，进学则在致知"。（《二程遗书》卷十八）① 他写道：

> 盖心主乎一身而无动静语默之间，是以君子之于敬，亦无动静语默而不用其力焉。未发之前，是敬也固已主乎存养之实；已发之际，是敬也又常行于省察之间。方其存也，思虑未萌而知觉不昧，是则静中之动，复之所以"见天地之心"也；及其察也，事物纷纠而品节不差，是则动中之静，艮之所以"不获其身，不见其人"也。有以主乎静中之动，是以寂而未尝不感；有以察乎动中之静，是以感而未尝不寂。寂而常感，感而常寂，此心之所以周流贯彻而无一息之不仁也。然则君子之所以"致中和而天地位、万物育"者，在此而已。盖主于身而无动静语默之间者，心也；仁则心之道，而敬则心之贞也。此彻上彻下之道，圣学之本统。明乎此，则性情之德、中和之妙可一言而尽矣。（《朱子文集》卷三十二）②

静中有动，即心在安静状态中已经有深层的主宰，自然能为具体的意向做准备（感），此认真态度非全然空虚。动中有静，即心在活动状态中也是安定的（寂），此尊敬的注意非浮躁无主。在朱熹看来，只在感受已发（思虑已萌）之后再去察识是不足的，因为不当的感受（思虑）已经产生并造成过错。与其只致力于事后的更正与弥补，不如亦着力于事前的涵养以避免不当情感的发生。"未发"和"已发"的"发"可以有两层含义：**发生**与**发作**。前者指某情感生成于内心，而后者指其通过表情、语言、动作流露于外界。对后者的约束是避免情感的外发，对前者的涵养则避免不当

---

① 程颐、程颢：《二程集》，第188页。
② 朱熹：《朱子全书》（第21册），第1419页。

情感的生成。此两种功夫皆需要持敬。如此,居敬之修养(保持安定认真的心境以及尊敬的注意)意义重大,因为它贯通动与静的状态、未发与已发的状态,以达至中与和。

在诠释敬的含义方面,目前已经有了一些学术成果。由于敬第二种含义的两种次含义,艾文荷将敬翻译为"reverential attention"①。此翻译富有启发性,只是没有区分有对象的意向性感受与无对象的心境。陈荣捷主张,敬在原始儒家中是指崇敬,在宋明时才转变为指代安定之心境。关于这一点,我支持 Sin Yee Chan 的主张,敬的两种含义在原始儒家中已经同时出现。② 信广来也澄清了敬的不同特征。③ 然而,中国哲学学者较少现象学地探究敬这一情感本身,而更多地侧重于文献和语义分析。在本章接下来的部分,笔者将以我们的日常道德体验为中心,对作为意向性感受的敬作一个现象学的描述。

第二节 作为道德感受的尊敬之三类

为了展示敬如何促成我们道德趋向的实现,我将对尊敬的对象作出澄清。此澄清从康德对尊敬的探讨中获得线索,而进一步地聚焦于儒家价值哲学所表现的我们的道德体验。

第一类尊敬是**对义务和事务的尊重**。康德对义务的简单定义如下:"义务是由尊重法则而来的行动的必然性。"④ 对道德法则的尊重不仅逻辑地构成义务,而且也实践地成为道德行动的动力。康德写道:"一个出于义务的行动,应该完全摆脱爱好的影响,并连同爱好一起完全摆脱意志的一切对象,从而对意志来说剩下来能够规定它的,客观上只有法则,

---

① Philip Ivanhoe, *Confucian Moral Self Cultivation* (Indianapolis: Hackett, 2000), p. 49.
② Sin Yee Chan, "The Confucian Notion of *Jing* (Respect)," p. 232.
③ Kwong-loi Shun, *Mencius and Early Chinese Thought* (Stanford: Stanford University Press, 1997), pp. 52-54.
④ Immanuel Kant, *Groundwork of the Metaphysics of Morals*, p. 13;科学院版第 400 页。

主观上只有对这种实践法则的纯粹尊重,因而只有这样一条准则,即哪怕损害我的全部爱好也要遵守这样一条法则。"① 吊诡的是,一方面,康德伦理学否定道德情感可以作为道德和道德动力的来源;另一方面,他认为尊重不同于普通的道德情感,对道德法则的尊重是由法则本身所激发的,该体验内在于每个人的自律能力。②

康德观点的困难之处在于:如果感受是无序的,那么道德法则引发人们对其尊重的必然性何在? 由于感受负责执行道德法则,而感受又是感性和无序的,那么如果道德法则未能激发某人对它的尊重,将不是某人的过错。如果人们并不具备对道德法则之尊重的先天感受,并因而不能依照道德法则而行动,那么将没有理由去要求人们对其行为负责。如此,康德的自律伦理学出现了内在的不一致,也就是说,成为了他律的。③解决此矛盾的一个途径是肯认道德感受的先天性与有序性(如李明辉所指出的那样)。而这也正是舍勒的进路。④

通过康德对尊重的解释,我们可看到对道德情感本质作先天理解的优势。此外,如果我们在宽泛的意义上来理解义务,而不只是从康德狭义的绝对主义上看,那么号召对义务的尊重,而非康德式的对道德法则的尊重,将招致更少的批评。譬如,我们期望医生、教师、警察等尊重其职责,服务他人、做出奉献。服务与奉献不仅仅是一个义务,也是一个对我们道德趋向的积极实现。在儒家的话语中,便是成就君子圣贤之品

---

① Immanuel Kant, *Groundwork of the Metaphysics of Morals*, pp. 13 - 14;科学院版第 400—401 页。
② "尽管尊重是一种情感,但它并不是通过受影响而接受到的情感,而是通过一个理性概念自己造成的情感,并由此与所有前一类情感,即可以归于爱好或恐惧的情感,具有特殊的区别。凡是我直接认作是我的法则的东西,我这样看都是怀着尊重的,这种尊重仅仅是指那种不借助其他对我感官的影响而使我的意志服从一条法则的意识。通过对法则而对意志的直接规定以及对这种规定的意识就叫作尊重,以致于尊重被看作是法则作用于主体的结果,而不是法则的原因。"参见 Immanuel Kant, *Groundwork of the Metaphysics of Morals*, p. 14;科学院版第 401 页脚注。
③ 李明辉:《儒家与康德》,台北:联经出版事业公司 1990 年版,第 124 页。
④ 参见舍勒《伦理学中的形式主义与质料的价值伦理学》,倪梁康译,商务印书馆 2011 年版。

格。重视和努力实现我们所应当成就的,是一个内在的动力,而不仅仅是一个强制约束。对所处理事务的尊重,与安定认真的心境密切相关(儒家敬的第一种含义),特别是当人们养成了一个严谨处理任何事务的习惯时。孔子认为治理国家需要一个严肃对待事务的态度。他说:"道千乘之国,敬事而信。"(《论语·学而 5》)在王阳明对《大学》的解释中,"格物(正事)"理论上成为修身的第一步和致良知的核心。① 可见儒家向来认可处理实际事务的重要性。

第二种尊敬是**对每个人尊严和人格的尊重**。康德正确地指出,每一个人作为目的本身而存在,而不能仅仅作为一个满足某特殊目的的工具而被压迫、剥削、欺骗、强制。对他来说,每个人的人性和尊严必须得到尊重,"对他人的尊重,或者他人可以要求我对他的尊重,是对其他人之尊严的认知,也就是说,对一个元价之价值的认知,此价值不等同于那些可以被评价以用来交换的对象之价值……人性自身是一个尊严。"② 然而,康德对人格和尊严来自何处的解释是值得商榷的。对康德来说,每一个人都具有不可剥夺的尊严人格,是因为作为理性的存在者,每一个人都具有自由意志,自主地给予和遵守道德法则。不过,从舍勒和儒家的视角来看,将人看作理性存在者,并将尊重建立在此之上是不能令人信服的。人之尊严来自于人性中内在的价值,以及人实现和推进这些价值的无限可能性。《中庸》开篇说道:"天命之谓性。"在宋明儒学对此的诠释中,本然的人性,以及理想、完善的人格客观地来自于天理,主观地来自于人心向善的趋向。人性之成就在于通过对道德情感的推致(如爱与恻隐),达成对精神价值的实现。③ 当然,人的基本价值与人格并不是由其所实现的价值大小来衡量的,而是人之为人,已经具备了的基本的

---

① 参见王阳明《大学问》,《王阳明全集》二册,第 1070 页。
② Immanuel Kant, *The Metaphysics of Morals*, trans. Roger Sullivan (Cambridge: Cambridge University Press, 1996), p. 209.
③ 参见第二章。

精神价值。

与尊重相反的看起来似乎是鄙视(disdain)。人们倾向于鄙视道德上卑劣的人,尊重实现了较大价值的人。如果我们认同这点,那么可以说尊重预设了被尊重者的现实价值。然而,事实上并不如此。尊重的反面是歧视(discrimination)、蔑视(contempt),而非必然是鄙视。我们需要在基本的人格与特殊的人格之间做出一个区分,后者可以是贤能的,也可以是堕落的。在评价一个人的道德价值和人格时,鄙视一个堕落之人在一定程度上是可以接受的。孟子曰:"羞恶之心,人皆有之。"(《孟子·公孙丑上 6》《孟子·告子上 6》)然而,歧视和蔑视一个人却是道德上不应当的。在歧视和蔑视中,对他人尊严人格的基本尊重消失了。

尊重和羞耻在是否预设价值的实现方面存在着差别。羞耻的出现总是预设价值的实现与牺牲,无论是自我所体验的**原初型羞耻**,还是由他人的轻视态度所引发的**显明型羞耻**。① 如见利忘义的想法和行为激发出的羞耻感,这种羞耻感中存在着价值的冲突,并且主体意欲为满足较低价值而牺牲较高价值。与此不同,尊重的出现并不将价值的实现和牺牲看作必要条件。我们对每一个人都持有尊重,包括懒惰的、邪恶的人,尽管他们并没有实现较高价值。孟子说:"恭者不侮人,俭者不夺人。"(《孟子·离娄上 16》)康德说:"对邪恶的责备,永远不能突破到对恶人的完全蔑视或是否定他的任何道德价值之地步。"② 如前所述,尊重的基础是内在于每个人的尊严和人性。尊严来自于人固有的价值自身,而不是来自于价值在现实中的实现。

我将这类对基本尊严和人格的尊重称为"普遍的尊敬"或"基本的尊敬"。此概念类似于史蒂芬·达华(Stephen Darwall)的术语"认知的尊敬"(recognition respect),③ 不过他没有阐释对事务的尊重。这些是由

---

① 参见第五章。
② Immanuel Kant, *The Metaphysics of Morals*, p. 210.
③ Stephen L Darwall, "Two Kinds of Respect," *Ethics* 88, No. 1, 1977, pp. 36–49.

尊敬的一般性而非特殊性来把握的。

第三种尊敬是对贤能者的**敬重**（esteem）。我们**尊重**所有人，但**敬重**的是那些值得独特、强烈之尊敬的人。那么，什么样的人算作高尚的贤能者？康德认为出于荣誉的行为"如果它碰巧实际上符合公共利益，并且是合乎义务的，故而是值得赞赏的，那么它应该受到表扬和鼓励，但不值得非常敬重；因为这种准则缺乏道德内涵，也就是说具有道德内涵的行动不是出于爱好，而只是出于义务去做。"① 在康德看来，体现了道德法则的模范人物被看作高尚的人。这一观点与其严格的道德底形而上学是一致的，然而却未必符合我们的道德体验。我们敬重实现了较大价值的人、在不同的领域做出了较大贡献的人，不是因为他们对于法则的遵从，而是因为他们对价值的实现。史蒂芬·达华将此种敬重称为"评价的尊敬"（appraisal respect），因为它需要对所尊敬对象之德性或能力做出评价。这是由尊敬的特殊性而非普遍性来把握的。

当与陌生人交谈时，人们秉持一种基本的尊重。交流的礼节被用来表达对他人的尊重。比如，嘲笑别人的身体缺陷是对礼的违背，亦即缺乏尊重的表现。继续这一例子，当进一步了解到，此残疾人通过异常艰辛的努力在法学方面取得巨大成就，并冒着危险运用法律帮助弱势群体维权时，人们心中产生了更深入的敬意。"油然而生""肃然起敬"这类表述便是将普遍的尊重转变为了特殊的敬重。人们的敬意也给予付出极大努力而治愈了疑难杂症的医生、为了他人或国家之福祉而做出了自我牺牲的人。我们敬重他们并不只是因为其技能，还因为他们对精神价值的实现，如对真理、正义、仁爱等的实现。依据此种尊敬，孟子主张国君应保持对贤能者的敬重并提供给他们重要的职位，使其发挥作用："尊贤使能，俊杰在位。"（《孟子·公孙丑上 5》）Myeong-seok Kim 认为尊敬在

---

① Immanuel Kant, *Groundwork of the Metaphysics of Morals*, p. 21；科学院版第 398 页。

孟子思想中基本上是对一个人价值或美德之回应的情感敏锐性。① 他有力的论述也是建立在对贤能者的敬重这种类型上。然而，Kim 过于聚焦在一个人在特定场合中是否值得尊敬，没有探究每个人都应享有的对人格尊严的尊重。

另外一种形式的尊敬是富有争议的：对权贵者或领导者的尊敬，如统治者、老板、校长、将军。正如我们所见，并非所有有权力的人都是贤能者。这种尊敬即恭顺（deference），他常被现代自由主义者认为是压制性的并且反民主的。斯托特主张现代的民主传统是"生于对恭顺的质疑。"② 现代的民主实践者倾向于自力更生而不是依赖他人。那么，有权者是否值得特殊的尊敬？亚伦·斯托内克尔解释说这种恭顺可以提醒领导者去履行他的责任。他写道："这种对上级的恭顺之'要求'正是将他们认定为伦理行为者的努力，认定为有能力履行其责任并且据此做事，从而无愧于展示给他们的恭顺以及赋予他们的权力。"③ 他继续说道："如果一个领导者未能履行其责任并滥用权力，他不再配得恭顺。"斯托内克尔的文章主要讨论了"恭顺"的问题，笔者则更宁愿使用"尊敬"或"敬重"这些词汇来表达我们对于有权者的态度。尽管理论上我很认可他的论证，但我也认同自由主义者对"恭顺"这个词的"服从"涵义之忧虑。恭顺之德本身并无任何错处（下文将详述），可是提倡对政治权威的恭顺在实践上可导向专制和人民的奴性（servility）。传统上儒家确实在一定意义上强调了此类的恭顺并且具有精英主义的特征，但是我们今天所应当继承的是儒家的真精神而不是古代儒家在其时空之限制下所主张的所有观点。儒家的真精神，恰恰表现为强烈的批判意识以及对主体

---

① Myeong-seok Kim, "Respect in Mengzi as a Concern-based Construal: How It is Different from Desire and Behavioral Disposition," *Dao: A Journal of Comparative Philosophy* 13, No. 2, 2014, p. 247.

② Jeffrey Stout, *Democracy and Tradition* (NJ: Princeton University Press, 2004), p. 7.

③ Aaron Stalnaker, "Confucianism, Democracy, and the Virtue of Deference," *Dao: A Journal of Comparative Philosophy* 12, No. 4, 2013, p. 447.

的尊重。

通过以上的澄清,我们可得出如下结论。相关于我们做事的责任,儒家所谈论的道德尊重,改进了康德的形式,要求我们将其严肃对待。对他人的基本尊重要求我们关注其人格价值,对他人的敬重要求我们重视他们所实现的价值。缺乏这些尊敬的人倾向于忽略他人的价值,或轻视他们实现的价值。

第三节　作为宗教感受的尊敬:谦卑、崇敬以及相关的感受

马克斯·舍勒没有特别地讨论尊敬情感,不过他对崇敬(reverence)和谦卑(humility)的探讨具有启发性,有助于我们描述尊敬以及与其相关的其他重要感受。通过他对笔者称为"宗教尊敬"的探讨,下文将展示尊敬如何使人实现宗教追求。

(一)骄傲与道德骄傲

在骄傲中,一个人仅仅看到他自己实现的价值并抬高自己的贡献,无视他人的价值或贬低他人的贡献。与这样一种假定——骄傲只相关于自我——正相反,骄傲预设了他人实际的或潜在的在场。如施坦因博克所说,骄傲的人常常将他人的功劳看作自己的。只有在自己与他人比较并贬低他人中,骄傲才出现。例如,当一个人为她自身的美貌、财富、权力、贡献乃至知识而骄傲时,她认为许多人在这些方面比自己差,而非只是自我感觉良好。骄傲的人相信其他人实现了很小的价值,或没有实现任何价值,因而她不再对他人有现实的关注。这种表面上对他人的"无视""目中无人"造成了人们的错觉:骄傲不是人格间的(interpersonal),只是个人的(personal)。这种观点忽略了这样的事实:正是"他人"被刻意地无视了;为了无视他人,他人的被给予是必要的。在骄傲中,他人以被剥夺其所实现价值的方式被给予。

在舍勒看来，一般骄傲的危害要轻于道德骄傲。一般的骄傲者仍然保留了对此世界的爱，而道德上骄傲的人不再有爱。透过神学的反思，舍勒阐释了这一点。从基督教视角来看，斯多亚的道德骄傲构成了自我骄傲（superbia），它出现在魔鬼身上。舍勒写道：

> 魔鬼般的骄傲只有一种，那就是把自己的道德价值当作最高价值而为之自傲，这是道德骄傲或天使的恶习——堕落了的天使，法利赛人将永远仿效的天使……朝着爱之缺失移动的，是自我骄傲——围绕自我不停转圈，而且圈越转越小，使价值意识越来越紧缩到纯粹自我。自我骄傲者具有关于自身的内在形象，而且对这一形象的内容也极为赏识，因为具有并赏识这一内在形象的，就是自我骄傲者；由于只追求"自足"和"无待乎外"，这一内在形象越来越幽暗，最终成为使骄傲者同自我理解、自我认识长期隔绝的媒介，而"无待乎外"则斩断使骄傲者与上帝、宇宙、人相联系的全部生命线。"我的记忆说我做了这种事，我的自傲说我没有做过这种事。我的自傲坚持己见，于是记忆让步了。"（尼采）自傲使人日益孤陋，日益变得如莱布尼兹所鄙夷的单子：变成为一个 *déserteur du monde* ［遁世者］。道德骄傲和自我骄傲难道不像一个在荒野中缓慢自戕的人吗？①

道德上骄傲的人分享了一般骄傲者的特征，不过，与后者不同的是，他们将自己看作道德上高尚的，并且不愿在这个他们看来腐坏了的世界中与"不道德的他人"在一起。通过对比中国文化与舍勒对道德骄傲的洞见，

---

① Max Scheler, "On the Rehabilitation of Virtue" trans. Eugene Kelly, *American Catholic Philosophical Quarterly* 79, No. 1, 2005, pp. 25 – 26. 中文版参见舍勒《同情与他者》，载刘小枫主编《德行的复苏》，朱雁冰等译，北京师范大学出版社 2014 年版，第 260—261 页，有微小改动。

不恰当的儒家实践者会被看作具有道德骄傲的嫌疑。① 他们严格、静态地区分君子与小人,将其自己看作君子。然而,儒家事实上也是拒绝道德骄傲的。颜渊在《论语》中被看作道德谦卑的代表。在回答孔子问志时,他回答道:"愿无伐善,无施劳。"(《论语·公冶长26》)

(二) 谦卑与尊敬的关联以及对上帝的尊敬

谦卑与尊敬不必然同时发生。谦卑者看轻他们自身的价值,不过却不一定看重他人的价值。在这种情况下,谦卑者不必然尊敬他人。同样地,尊敬者看重他人的价值,但却可能期望他人给予回敬。如果强烈要求他人的敬意,尊敬者就没有感到谦卑。尽管"比较"本身不必然是破坏性的,但将自身价值与他人攀比的强烈执念有时会摧毁真实的谦卑。②

只有谦卑和尊敬包含了彼此,因而同时发生时,才成为真实的谦卑和尊敬。二者的同时在场是修身的目标,而不是人们生来就已经达到的境界。相比对人的谦卑和尊敬不总是同时发生,对上帝的谦卑和崇敬却总是同时出现的。以崇敬来看,崇敬上帝的人总是保持谦卑,并不要求上帝的回敬。以谦卑来看,对上帝谦卑的人总是保持对上帝的崇敬,而不会将上帝看作不值得尊敬的。

(三) 谦卑与崇敬

谦卑和尊敬是对骄傲的对治。在舍勒看来,骄傲者可以在一段时

---

① 道家有时被看成此类"众人皆醉我独醒"的愤世嫉俗者。不过,由于道家一开始便拒绝价值比较的终极的有效性,他们的立场并不导致道德骄傲。此外,即便在道家对世俗社会的批判中,也并没有蔑视此世界。《道德经》云:"和其光,同其尘。"(第四、五十六章)
② 尽管每个人都可以秉持基督教谦卑精神,但对自我和他人的评价判断却是不可完全避免的。对自我的评估影响到对他人的评价,反之亦然。如佛道所言,不可执著价值的比较,但亦不可忽视比较有时具有积极意义。孟子说:"不耻不若人,何若人有?"(《孟子·尽心上7》)重视他人的贡献可以为自己树立和追求目标提供动力。与此相关,骄傲者顽固地认为他人都不如自己,因而停止了进步。破坏性的比较产生自我的骄傲、自卑,对他人的盲目崇拜、蔑视,而具备谦卑和尊敬精神的比较则催人向上,对他人保持敬意而不妄自菲薄。

间内将其自身抬高,但最终他会跌倒、落下。谦卑者将自身不断降低,但他们得到上帝的荣光并最终升入天堂。谦卑是基督教的德性,它预设了一个全善全能的人格神。上帝超越任何有限的人。不管一个人取得了多么大的成就,他在上帝面前是微不足道的。谦卑者不仅仅对上帝谦卑,也效法和参与耶稣的谦卑精神。此即在神之中的谦卑。舍勒写道:

> 在我们的生存核心之中,谦卑是一种永不止息的内在脉动;它源于精神上的意愿事奉——意愿事奉于善与恶、美与丑、生与死。谦卑是基督神性的伟大活动在心灵深处的显现;在基督的行为中,神性自行舍去自己的威严和恢宏,进入凡人身体,甘当世人和芸芸众生之自由和幸福的奴仆。我们也参与了这一行动,当我们舍弃我们的一切自我,舍弃自我的可能价值和自我所看重的东西(自傲者总紧紧抓住不放),真正地"丢开"我们自身,真正去"献身",对随后的一切毫无所畏,心怀信赖地参与神性的行动,上帝就会赐福给我们;一旦这样做了,我们就是"谦卑的"。真正"舍弃"我们的自我及其价值,毅然跃入那超逾一切自觉不自觉的自我中心观的令人胆怯的虚空——关键就在这里![1]

在舍勒看来,基督之伟大与他服侍人类之意愿为我们实践谦卑提供了依据。完美的上帝尚且降低自身而服侍他人,我们没有理由为自我的微小成就而骄傲。

舍勒认为,仅仅从世俗的意义上来理解谦卑是肤浅的,在严格意义上它只意味着"矜持"(modesty)。矜持更是一个外在的举止态度,它发生于一个人的羞耻感战胜了虚荣感时。[2] 矜持之人抑制了表达他们优点

---

[1] Max Scheler, "On the Rehabilitation of Virtue," p. 24.
[2] Max Scheler, "On the Rehabilitation of Virtue," p. 26.

的欲望,并避免成为公众的焦点。然而他们的行为未必出自谦卑精神。①与此相对,舍勒认为对他人的谦卑是通过服侍上帝与他人来达到的(参与上帝对人的谦卑精神)。在此过程中,人们放弃了对自我价值的执著。由于人们不再高看自己,他们也不再要求他人的敬重。

在《德行的复苏》中,在讨论谦卑之后舍勒接着探讨了崇敬(或曰敬畏)。对基督徒来说,上帝保持着不可触及的隐秘,他是隐匿者。上帝是永不枯竭的价值之源,对上帝的崇敬拓宽了我们的精神本性和世界。舍勒写道:

> 在价值领域中,"崇敬"在我们的精神本性和世界中保持其视域和视角的元素。我们一旦离开崇敬的精神器官,世界立刻变成了一个陈旧的教科书练习、一个计算的对象。只有崇敬才能使我们意识到世界和我们自己的**深度**和**充实**,才使我们清楚,世界和我们的本性具有不竭的价值财富,我们采取的每一步都能向我们揭示什么是永恒地新颖的、年轻的、奇妙的、前所未见的。②

就像谦卑是通过服侍上帝与参与上帝对人的服侍,对基督徒来说,尊敬终极地也是来自于对上帝和奥秘之敬畏,尽管舍勒没有明示后一点。简单来说,尊敬和谦卑的道德维度建立在它们的宗教维度之上。

现在,我们转向儒家。由于传统上并没有清晰地认可一个至上神之存在,儒家是否仅仅在其世俗意义上来理解尊敬与谦卑?如果我们不将宗教维度等同于一个特殊形态的神学与其宗教表现,我们仍可以发现儒家传统中宗教的崇敬与谦卑。

---

① 在笔者看来,矜持这一外在行为举止对应的内在感受更多是羞涩,而不是羞耻。在羞耻中存在价值的冲突,在为较低价值而牺牲较高价值中人们感受到了自身的渺小。与此不同,羞涩并不预设价值的牺牲。羞涩的人暴露于公众焦点时会在内心中感到"尴尬",而矜持的人只是外在地避免成为公众注意力,未必感到内在的不舒服。
② Max Scheler, "On the Rehabilitation of Virtue," p. 33.

第四节　儒家语境中作为宗教感受的尊敬

一些人仅仅将儒家思想理解为世俗的伦理学,缺乏对超越者与无限者的信仰。这一观点是站不住脚的。首先,天所具有的形而上含义是无可置疑的。在陈荣捷为他的《中庸》译文所写的导言中,他写道:"天道超越时间、空间、实体和运动,同时是不间断的、永恒的和清楚明白的。"①其次,即便承认天的形而上特征,主张儒家并无宗教信仰者仍然可以争辩说儒家的天并不具有人格性,有形而上学不等于有宗教信仰。批判者倾向于从启示宗教的一神论视角来衡量信仰的存在。我们自然可以回应说无限者不能简单地等同于完全人格化的无限。退一步来说,在儒家经典中,尽管天并不开展特殊的行动和谈话,但仍然可以施行一般的感受与举动,包括与人沟通、支配世间、对人类行为奖赏和惩罚。以下选列若干段落:

赋予人性与德性:

> 天命之谓性。(《中庸·第一章》)
> 子曰:"天生德于予,桓魋其如予何?"(《论语·述而》)

授予使命:

> [仪封人]出曰:"二三子,何患于丧乎? 天下之无道也久矣,天将以夫子为木铎。"(《论语·八佾》)

发布命令与诫令:

> 伊尹作书曰:"先王顾諟天之明命,以承上下神祇。社稷宗庙,罔不祇肃。"(《尚书·商书·太甲上》)②

---

① Wing-Tsit chan, trans. *A Source Book in Chinese Philosophy*, p. 95.
② 孔安国传、孔颖达疏:《尚书正义》,廖名春、陈明整理,北京大学出版社 2000 年版。以下该文献引文出自同书。

授权统治人民：

> 假乐君子,显显令德。宜民宜人,受禄于天。保右命之,自天申之。(《诗经·大雅·生民之什·假乐》)①

保佑：

> 惟皇上帝,降衷于下民……上天孚佑下民。(《尚书·商书·汤浩》)

奖赏：

> 天道福善祸淫。(《尚书·商书·汤浩》)

惩罚：

> 王若曰："尔殷遗多士,弗吊旻天,大降丧于殷。"(《尚书·周书·多士》)

厌恶与遗弃：

> 子见南子,子路不说。夫子矢之曰："予所否者,天厌之！天厌之！"(《论语·雍也》)

发怒：

> 敬天之怒,无敢戏豫。敬天之渝,无敢驰驱。昊天曰明,及尔出王。昊天曰旦,及尔游衍。(《诗经·大雅·生民之什·板》)

限定命运：

> 子夏曰："商闻之矣：死生有命,富贵在天。"(《论语·颜渊》)

从以上的引文可以推论出：尽管天不具备强烈的人格性,却仍然具备微弱意义上的人格性。"上帝"一词在早期典籍中多次出现,尤其是周以

---

① 毛亨传、郑玄笺、孔颖达梳:《毛诗正义》龚抗云等整理,北京大学出版社 2000 年版。以下该文献引文出自同书。

前,清楚地表示了人格神的含义。这也是现代人们使用"上帝"来翻译"God"的原因所在。在周代,天成为首出的概念。尽管天的人格化意义比上帝要微弱,却并没有完全消失。天被看作人之善性、德性、义务、使命和权利的终极源头。① 在不强调人格之天的情况下,通过内在超越等方式来诠释儒家的宗教性也是富有意义的,如牟宗三、杜维明和白诗朗等人所做的工作。② 人通过道德实践,参与天的化生万物;天与主体贯通为一。在充分认可他们工作之意义的同时,笔者的侧重点是突显儒家的宗教性也没有完全排斥一个人格化之天。

不仅天对人有所感受与举动,人同时也直接地对天具备特定的感受。儒家经典一开始便记载了对天的事奉与敬畏。选列若干段落如下:

> 子曰:"君子有三畏:畏天命,畏大人,畏圣人之言。小人不知天命而不畏也,狎大人,侮圣人之言。"(《论语·季氏》)
>
> 维天之命,于穆不已。(《诗经·周颂·维天之命》)
>
> 孟子曰:"……存其心,养其性,所以事天也。"(《孟子·尽心上》)
>
> 我其夙夜,畏天之威,于时保之。(《诗经·周颂·我将》)

在这些段落中,人对天的体验通过事奉天与对天命的敬畏表现出来。事天与敬畏天命是人们在与天沟通时的直接体验,这也通过礼展现出来。儒家的文本并没有"天爱"人与人"爱天"的表述。爱指向一个具体的不

---

① 关于中国对神与天的早期宗教观,参见 Philip J. Ivanhoe, "Heaven as a Source for Ethical Warrant in Early Confucianism," *Dao: A Journal of Comparative Philosophy* 6, No. 3, 2007, p. 212. 另参见 David Keightley, "Shamanism, Death, and the Ancestors: Religious Mediation in Neolithic and Shang China (ca. 5000 – 1000 B.C.)," *Asiatische Studien* 52, No. 3, 1998, pp. 763 – 831; Michael Puett, *To become a God: Cosmology, Sacrifice and Self-Divinization in Early China* (Cambridge, MA: Harvard University Press, 2002).

② 参见牟宗三《中国哲学的特质》(《牟宗三先生全集第 28 册》),台北:联经出版事业公司 2003 年版; Weiming Tu, *Centrality and Commonality: An Essay on Confucian Religiousness* (Albany, NY: SUNY Press, 1989); John H Berthrong, *All under Heaven: Transforming Paradigms in Confucian-Christian Dialogue* (Albany, NY: SUNY Press, 1994).

可还原的个体,而天不被认为是一个强烈意义上具体的个体。① 在宋明儒学的解读中,在体验仁爱时,人们仅仅间接地关联于天——仁爱总是指向具体的个人。仁爱这种情感终极地为天所赋予,在其运行中却并不指向天。相较于仁爱展示了儒家首要的道德体验,事天与敬畏天命构成了儒家的首要宗教体验。这里也可看到儒家与基督教的一个明显区别。在基督教中,如舍勒所述,人对上帝的爱与上帝对人的爱方是首要的宗教体验。儒家没有将天理解为一个具体的人格,这种态度虽然可能造成超越形态不够强烈,但也避免了一神教所蕴含的宗教狂热、排斥、迫害等负面作用。

简而言之,对天的敬畏与谦卑是儒家传统中主要的宗教体验。儒家的尊敬和谦卑同时具备宗教和道德意义。不同于基督教所清晰展示的"宗教的尊敬是道德的尊敬的根基",儒家中宗教之敬与道德之敬的奠基关系更为模糊,即便一些人认可这些感受的源头在于天。儒家的道德之敬是建立在对人格之天的宗教崇敬上,还是建立在对天道、天理、天德、天命等非人格的原则、价值、德性、使命的超越敬畏上,仍是悬而未决的。两种感受形态或可并行不悖。荀子将天理解为自然,否定天能有意干涉人类活动。对于孔子和孟子这样保有对天之敬畏的人来说,天是否构成他们伦理理论的基础仍然是可争辩的。菲利普·艾文荷曾做出了一个富有启发的论证,指出一些早期儒家将其伦理思想建构在天的权威之上。②

值得注意的是,礼的实践与敬是不可分离的,敬通过礼得到表达。孔子说:"居上不宽,为礼不敬,临丧不哀,吾何以观之哉?"(《论语·八佾》)敬在这里表达了严肃与尊敬的双重含义。相应于敬天与畏天命,以

---

① 其他的哲学学派提及了天对人的爱,尽管不太常见。譬如,墨子指出了天对人的兼爱(《兼爱中》)。然而,即便在墨子那里,也不见人"爱天"的表述。
② Philip Ivanhoe, "Heaven as a Source for Ethical Warrant in Early Confucianism," pp. 211-220.

及对祖先的崇拜,有宗教的礼仪。相应于对他人的尊敬和谦卑,有道德的礼仪。这两种礼仪内在地相关联,只实践其中之一而忽略另一个,会失去礼的深意。芬格莱特表达了一个类似的观点,认为神圣礼仪既是神圣的,又是道德的。他写道:"作为人类存在的一种比喻,神圣礼仪的意象首先引起我们关注人类存在的神圣维度。神圣礼仪有多种维度,最高境界在于它的神圣性。礼仪有力地显发出来的东西,不仅仅是社会形式的和谐与完美、人际交往的内在的与终极的尊严;它所显发出来的还有道德的完善,那种道德的完善蕴涵在自我目标的获得之中,而自我目标的获得,则是通过将他人视为具有同样尊严的存在和礼仪活动中自由的合作参与者来实现的。"① 简而言之,通过礼,敬促使人们实现宗教与道德的追求。下一章便具体地处理此问题。

---

① 赫伯特·芬格莱特:《孔子:即凡而圣》,彭国翔、张华译,江苏人民出版社 2002 年版,第 15 页。

第八章 敬与儒家"礼"的观念

本章具体论述儒家语境中尊敬与礼的关系。礼有积极和消极两个方面的来源。在积极的方面,礼使人们恰当地表达内在的道德与宗教情感,特别是尊敬、崇敬与谦卑。此外,本章还探讨与敬、礼相关的感受和行为,以及对礼有意义的批判,以阐明礼的本真表达,它有助于实现人们内在的道德与宗教趋向。

第一节 礼的来源和基础

与仁义以及其他在深度和抽象意义上具有复杂的哲学含义的儒家价值相比,礼显著地具有"实践的具体性"。为了理解作为爱、关怀的仁之德性与作为义务、正义的义之德性,人们需要对它们进行反思。此外,仁和义并没有直接规定人们在特定场合下的具体行为。相比之下,一个人只须外在地了解礼,就可以遵循礼的规定。"礼"要被人们实践,就必须对每个人都足够明显,包括那些对哲学思维不感兴趣的人。① 正是因为"礼"是一种与普通人的实践密切相关的道德规定,它在儒家思想中占有独特的地位。也主要是由于这个原因,礼成为荀子思想的核心概念。

(一) 礼的特征与基础

虽然礼是外在的,但它的根基不是外在的。礼的根基具有稳定性,而非人为创造的;礼在不同时期的改变须以其根基为依据,而不能任意更改。那么,礼的基础是什么? 在我们的道德生活中,礼对人性的积极和消极层面有着不同的作用。在消极层面,礼防止冲突和伤害,并产生恰当和谐的人际关系。就此功能而言,礼的基础是欲望和人性中恶的面向。也就是说,在其外在运作中,礼是为了平衡和调节欲望,使之一方面不致失控,从而危及他人和公共生活;另一方面,通过适当和健康的方式,欲望仍然可以得到满足。相比之下,在积极的层面上,礼推动人性中本真的道德和宗教情感的实现。我们将首先考察礼在消极方面的作用。

荀子是一位典型的在消极层面上理解礼的哲学家。对他来说,人性是由欲望和破坏性的感受构成的。在他对人性的经验主义理解中,情感没有先天性和秩序性。他写道:

> 人之性恶,其善者伪也。今人之性,生而有好利焉,顺是,故争夺生而辞让亡焉;生而有疾恶焉,顺是,故残贼生而忠信亡焉;生而有耳目之欲,有好声色焉,顺是,故淫乱生而礼义文理亡焉。然则从人之性,顺人之情,必出于争夺,合于犯分乱理,而归于暴。故必将有师法之化,礼义之道,然后出于辞让,合于文理,而归于治。用此

---

① 信广来解释说,遵循礼是一种技能。他写道:"由于礼经常涉及微小的细节,特别是在诸如结婚和祭祀这样的礼仪情境中,因此遵循礼的能力是一种技能,人们可以在较大或较小的程度上掌握它,或以较多或较少的从容和优雅来施行它。"参见 Kwong-loi Shun, *Mencius and Early Chinese Thought* (Stanford: Stanford University Press, 1997), p. 52。

观之,人之性恶明矣,其善者伪也。(《性恶篇》)①

由于人的本能和欲望偏好快乐和舒适,人们自然地偏好懒惰、享乐、性爱、谋利、发泄愤怒以及仇恨,从而导致玩忽职守、堕落、放荡、冲突、伤害、犯罪和战争。在荀子看来,礼的设立主要是为了**防止**恶的发生,而不是为了**实现**善。礼的首要作用是限制欲望的满足和破坏性情感的释放。柯雄文说:"在这一[限定]方面,礼的规则在功能上类似于禁止杀人、撒谎、偷盗等消极的道德禁令。"②

值得注意的是,尽管礼的这一概念在根本上是消极的,它也能解释为什么礼在作用于人类欲望方面富有成效。除了作为一种限制,礼也促进了欲望的恰当满足。③ 柯雄文认为,礼的调节使得欲望得到适当的满足时,起到了一种不同于他所说的"礼的限定作用"的"支持作用"。不过,在大体上,我仍然将礼调节欲望的作用归为消极的作用,因为欲望的满足本身并不具备多少实现道德潜能的意义。

《礼记》中的《礼运》篇也提到,礼源于私欲的扩张。④ 在这一假定的描述中,我们看到,在预设的古代大同时代,人们由公共精神而不是私欲

---

① 王先谦:《荀子集解》,沈啸寰、王星贤点校,中华书局2016年版,第513—514页。以下《荀子》引文出本书。
② Antonio S. Cua, "The Ethical and Religious Dimensions of Li (Rites)," *Review of Metaphysics* 55, No. 3, 2002, p. 478.
③ "礼起于何也? 曰:人生而有欲,欲而不得,则不能无求。求而无度量分界,则不能不争;争则乱,乱则穷。先王恶其乱也,故制礼义以分之,以养人之欲,给人之求。使欲必不穷乎物,物必不屈于欲。两者相持而长,是礼之所起也。"(《荀子·礼论》)
④ "大道之行也,天下为公。选贤与能,讲信修睦,故人不独亲其亲,不独子其子,使老有所终,壮有所用,幼有所长,矜寡孤独废疾者,皆有所养。男有分,女有归。货恶其弃于地也,不必藏于己;力恶其不出于身也,不必为己。是故谋闭而不兴,盗窃乱贼而不作,故外户而不闭,是谓大同。今大道既隐,天下为家,各亲其亲,各子其子,货力为己,大人世及以为礼。城郭沟池以为固,礼义以为纪;以正君臣,以笃父子,以睦兄弟,以和夫妇,以设制度,以立田里,以贤勇知,以功为己。故谋用是作,而兵由此起。禹、汤、文、武、成王、周公,由此其选也。此六君子者,未有不谨于礼者也。以著其义,以考其信,著有过,刑仁讲让,示民有常。如有不由此者,在势者去,众以为殃,是谓小康。"参见郑玄注、孔颖达疏《礼记正义》,龚抗云整理,王文锦审定,北京大学出版社2000年版,第766—771页。以下《礼记》引文出本书。

所驱动。因此,没有必要去设立礼。对他人幸福的侵犯只会随着私欲的扩张而发生。礼是为了防止这种侵犯行为而设立的。

在消极作用的层面上,礼与法律政治相关,故常与法合称。与法只规定对违法行为的处罚相比,礼的道德标准相对较高。荀子批评孟子人性本善的主张,认为孟子对古代的向往是好高骛远、不切实际的(《荀子·非十二子》)。不过对李斯和韩非子这样的法家人物来说,荀子对礼的推崇也是好高骛远、并不奏效的。法家只将惩罚和奖赏看作对人之欲望的有效操控手段。① 但事实上,法家只是荀子礼学思想向政法领域的自然延伸,李斯、韩非子都是荀子的弟子。由此我们可以看出只强调礼的消极作用的危险。

(二) 积极的礼:表达道德与宗教情感

孟子强调礼在积极方面的作用。他通过叙述一个故事说明丧礼的起源:

> 盖上世尝有不葬其亲者。其亲死,则举而委之于壑。他日过之,狐狸食之,蝇蚋姑嘬之。其颡有泚,睨而不视。夫泚也,非为人泚,中心达于面目。盖归反蘽梩而掩之。掩之诚是也,则孝子仁人之掩其亲,亦必有道矣。(《孟子·滕文公上5》)

这一说法在历史上正确与否并不重要,关键在于它阐述了作为礼之来源的人的内在真挚情感。在古代,如其所述,也许人们并没有埋葬去世的父母。人们之所以想到埋葬父母,是因为他们无法忍受动物吞噬父母的尸体。对这个场景的不忍反映了人们的内疚,这种内疚是由对父母的爱与敬引发的。可见,丧葬可以帮助人们表达对父母的爱与敬,二者即是孝的主要表现。在这里展示的积极作用中,礼不是用来"修复"或"治疗"

---

① 参见牟宗三《名家与荀子》(《牟宗三先生全集》第 2 册),台北:联经出版事业公司 2003 年版,第 186 页。

人性和情感,而是去实现它们。礼的这种作用类似于柯雄文所说的"尊贵作用"(ennobling function)。然而柯雄文所阐释的礼的尊贵作用是转化人们有问题的本性,而笔者这里所述的礼在积极方面的作用是表达和发展人们善的本性。

除了透过某些渠道表达情感而不是进行压抑以外,礼对情感的调节也表现为减少过度的情感。过度的喜怒哀乐会造成心的失衡,这不仅会伤害到自己和他人,也会破坏德性的培养。情感的表达应当保持在适当的范围内,即达到"中和"(《中庸·第一章》)。《礼记》描述了礼乐如何通过阴阳帮助人们平衡精力与情感。① 正如笔者不将欲望的恰当满足看作礼的积极作用,笔者也不将对道德和宗教情感的调节看作礼的消极作用,因为它主要是为了更好地实现人们内在的善的力量,而不是一个单纯的限制。

上述两种理解,对于满足人性的本真要求和防止冲突,具有重要意义和必要性。孔子肯定了礼的这两种互补功能。一方面,他认识到了礼的制约作用,"君子博学于文,约之以礼,亦可以弗畔矣夫!"(《论语·雍也 27》)同时,他主张仁比礼更根本:"人而不仁,如礼何?人而不仁,如乐何?"(《论语·八佾 3》)礼的真精神不是外在的表现形式。孔子进一步说:"礼云礼云,玉帛云乎哉?乐云乐云,钟鼓云乎哉?"(《论语·阳货 11》)

当外在的礼与内在的真情实感相冲突时,孔子主张遵循我们内在的情感。孔子的弟子宰我与孔子争辩,认为三年之丧的实践阻碍了礼的实施。他说:"三年之丧,期已久矣。君子三年不为礼,礼必坏;三年不为乐,乐必崩。旧谷既没,新谷既升,钻燧改火,期可已矣。"(《论语·阳货 21》)宰我认为,守丧一年就够了。孔子试图通过指出父母逝

---

① "是故先王本之情性,稽之度数,制之礼义。合生气之和,道五常之行,使之阳而不散,阴而不密,刚气不怒,柔气不慑,四畅交于中而发作于外,皆安其位而不相夺也。"(《礼记·乐记》)参见郑玄注、孔颖达疏《礼记正义》,第 1288 页。

世后吃美食、穿华丽衣服所引起的内心不安,唤醒宰我对父母的感情。对孔子来说,真情比功利和礼更重要。孔子不一定反对三年之丧的修改,因为他赞成对礼的损益(《论语·为政 23》)。他想指出的是,把礼看作比真情更为根本的观点是错误的。首先,守丧之礼的建立是基于子女与父母的感情。孔子说:"予之不仁也!子生三年,然后免于父母之怀。夫三年之丧,天下之通丧也。予也有三年之爱于其父母乎?"(《论语·阳货 21》)其次,社会上的各种礼的施行不能以妨碍本真情感为代价。在承认仁爱之优先性的前提下,对三年之丧的修改也可以相容于孔子的这段话。①

当孔子说"克己复礼为仁"(《论语·颜渊 1》)时,似乎他在用礼来定义仁。事实上,恰恰相反,孔子把礼之约束看作实现仁的方法,而不是把礼看作仁的基础。仁的实现一般是通过遵循礼促成的,如"非礼勿视,非礼勿听,非礼勿言,非礼勿动。"(《论语·颜渊 1》)但在某些情况下,为了成就仁而违背礼在道德上是被许可的。与此相反,为了遵循礼而无视仁、违背义则是不被许可的。②

如果我们追问哪个源头更为根本,如果我们要对礼的这两方面的优先性进行排序,笔者认为礼在积极方面的作用是首要的,而其消极作用是次要的。否则,如果我们把防止冲突作为礼最重要的作用,那么我们行为的目的将仅仅是克服欲望,而不是跟随内在力量去实现价值,如此一来生命的意义和人的崇高目标将受到严重削弱。

在儒家经典所描述的情感体验中,尊敬是礼的主要来源。因此,我将在下文展示礼与尊敬的关联。

---

① 参见 Puqun Li, "The Tension between the length of Mourning and the Nature of Mourning: A Critical Analysis of the *Analects* 17: 21," *International Communication of Chinese Culture* 4, No. 2, 2017, pp. 227 - 253.
② 参见第六章。

第二节 礼与尊敬的关联:礼[乐]如何恰当地表达道德和宗教尊敬

礼在现在汉语中有多种含义,如仪式、适当、礼节、礼仪、礼貌、典礼、惯例、行为规范、风俗、习俗、常规等。礼本身并不一定是道德的,尤其是考虑到风俗和习俗可能是不道德的或无关道德的。如果一种习俗是不道德的,如人殉,就应该改变它。通过赠与礼物的方式来获得他人的支持,在道德上也是可疑的。即便一个行为是广为流行的社会习俗,即便它被广泛地认可为礼节并构成"得体"的标准,也不能证明它一定是道德的。在礼仪实践中发现道德根源的一个线索是,看它是用来表达和唤起哪些情感,这些情感在更广泛的社会联结中可能有什么目的和作用。孟子说:"恭敬之心,礼也。"(《孟子·告子上 6》)根据上一章对敬的现象学及相关情感之澄清,笔者接下来将探讨礼[乐]如何帮助人们恰当地表达道德与宗教之敬。

(一) 礼之别与乐之同

礼的实践,尤其是宗教之礼,离不开乐。它们的共同作用是表达真情实感,达到和谐,但表现形式不同。正如劳思光所述,乐关注一般的人性,因此强调统一,见于《乐记》所言和、合、同;礼注重秩序的稳定,因而强调区别,见于《乐记》所言异、别、节、序、等。① 《乐记》描述了它们各自的功能:"乐者为同,礼者为异。同则相亲,异则相敬,乐胜则流,礼胜则离。合情饰貌者礼乐之事也。"

阮籍在其名著《乐论》中,也讨论了礼与乐的作用:

> 刑、教一体,礼、乐,外、内也。刑弛则教不独行,礼废则乐无所

---

① 劳思光:《新编中国哲学史》(卷二),广西师范大学出版社 2005 年版,第 61—62 页。

立。尊卑有分,上下有等,谓之礼;人安其生,情意无哀,谓之乐。车服、旌旗、宫室、饮食,礼之具也;钟磬、鞞鼓、琴瑟、歌舞,乐之器也。礼逾其制则尊卑乖,乐失其序则亲疏乱。礼定其象,乐平其心;礼治其外,乐化其内;礼乐正而天下平。①

一般说来,礼所修饰的乐是一种宗教或精神音乐,用来培养人的宗教与道德情操。②《中庸·十九章》突出了礼表达宗教情感的效果:"践其位,行其礼,奏其乐,敬其所尊,爱其所亲,事死如事生,事亡如事存,孝之至也。郊社之礼,所以事上帝也;宗庙之礼,所以祀乎其先也。"郊社之礼表达了对上帝的敬畏,上帝值得我们共同的崇敬。宗庙之礼表达了对祖先的崇敬、思念、孝,这种情感为这些祖先的后代所共有。

在《乐记》的描述中,礼乐可以通过唤起对他人的感情达到道德的和谐:

  是故乐在宗庙之中,君臣上下同听之则莫不和敬;在族长乡里之中,长幼同听之则莫不和顺;在闺门之内,父子兄弟同听之则莫不和亲。故乐者,审一以定和,比物以饰节,节奏合以成文,所以合和父子君臣、附亲万民也,是先王立乐之方也。

不过,乐只是在精神上激励人,没有限制作用。音乐可以在内心深处唤起某种情感,但它不能外在地在不同的时间和地点把情感恰当地表达出来。因此,在道德修养中,乐必须与礼联系起来。

礼的实践往往是根据不同的年龄、职业、亲属关系、官职等来安排的,这显示了人与人存在区别,人们要按照自己的位置来行事,以适合自己身份的方式对待他人。"别"也体现在特定的仪式中。譬如,亡故者子女的丧服就不同于参加葬礼的其他人。礼区分人们的目的是为了达到

---

① 阮籍:《阮籍集校注》(典藏本),陈伯君校注,中华书局 2015 年版,第 89 页。
② 卢盈华:《从音乐到礼乐:中国早期艺术伦理探析——以〈乐记〉、〈乐论〉、〈声无哀乐论〉为基础》,载《商丘师范学院学报》2009 年第 11 期。

和谐。有子说:"礼之用,和为贵。先王之道斯为美,小大由之。有所不行,知和而和,不以礼节之,亦不可行也。"(《论语·学而 12》)从长远来看,通过违背礼而达到的和谐只是暂时的和谐,存在潜在的冲突。这就是为什么在乐强调无区分的和时,礼还要强调有区分的和。

礼强调区别还因为不同的人受到不同程度的尊敬。在儒家思想中,八十岁的老人比三岁的小孩更应受到礼敬,尽管二者都值得得到与其他人相同的基本尊重。① 如前所述,尽管礼的积极作用还有其他的情感来源,但主要是尊敬。基本礼貌表现出对他人人格尊严的基本尊重,偏离礼貌的举止被认为是**粗鲁**的。而且,在举行礼仪时,人们表现得越隆重和庄严,所展示的尊敬就越强烈。在向一个重要人物敬礼时,人们所运用的标准越高,此人感受到的敬意越强烈。例如,人们在欢迎另一个国家的总统时使用的礼炮越多、越好,他们展示的敬意越强。当然,礼与其所展示的外在之敬总是统一的,而与内在之敬却存在分离的可能。在行礼时,人们未必真正地在内心中尊敬他人,尽管能够使他人感到被尊敬。

由于礼有助于表达对所有人的尊重和对贤能者的敬重,它具有处理实际事务的重要功能。孔子说:"不知礼,无以立也。"(《论语·尧曰 3》)即便懂得仁义的深意,如果不学习礼仪,人们也不知道如何在人际关系中确立自己的位置,不知道如何在具体事务中恰当地表达自己的敬意。②

(二) 在恭敬和尊敬中对他人价值的认知和评估

由礼所表达的尊敬,在调节陌生人之间的关系中起着重要的作用。在这一点上,礼与客气、彬彬有礼(civility)相关。乔尔·库珀曼(Joel

---

① 参见第七章。
② 孔子说:"兴于诗,立于礼。成于乐。"(《论语·泰伯8》)根据牟宗三的诠释,可以说这三种方式表达了人之审美、道德、宗教情操。参见牟宗三《时代与感受》(《牟宗三先生全集》第23册),台北:联经出版事业公司 2003 年版,第 209—210 页。

Kupperman)阐发了儒家这一在人际关系中发挥作用的观念。① 在笔者看来,客气可能不符合礼的真精神,我们在推辞晋升或赠礼时不一定有敬意相伴。**恭维**(compliment)是客气的一种形式,在恭维时人们表面赞扬别人的优点,但不一定真诚地认为别人有价值。同样,推辞本身只是外在地表现谦虚,避免对自我的聚焦,而施行谢绝的人可能并不真的认为自己不配得到奖赏、任命、晋升、赠礼或荣誉。尽管如此,即使客气与人的真实感受无关,它仍然发挥着礼的消极作用,如本章第一节所讨论的那样。客气至少可以外在地避免竞争引起的敌对,防止冲突。孔子说:"君子无所争,必也射乎!揖让而升,下而饮,其争也君子。"(《论语·八佾7》)

在通过礼表达对他人的尊敬时,一个人展示了对他人价值的认可。《礼记·曲礼上》写道:"夫礼者,自卑而尊人。"孟子也认可礼的这一积极作用。在《公孙丑上6》与《告子上6》,孟子分别指出了礼的两个不同的开端:前者是外在的辞让之行为,后者是内在的恭敬之情感。乍一看,辞让似乎与恭敬对立:恭敬隐含了恭顺,是遵循与服从,而辞让则是拒绝。陈大齐认为,辞让和恭敬可能会发生冲突。② 事实上,恭顺是遵守一个请求,而辞让是拒绝一个给予。拒绝给予不是一般的拒绝。当人们拒绝帮助之请求时,他肯定不是在表达对请求帮助之人的敬意。相反,推辞表明一个人对自身价值的谦卑,而让与他人表明了一个人针对他人所实现价值的敬重。如果我们细致地考察这一问题,我们会发现,当在礼之情境中表达时,辞让也意味着恭敬。当人们因为看重他人(尊敬)和看轻自己(谦卑)而拒绝任命、邀请或晋升,或将机会让给他人时,就是在表达恭敬。换句话说,这里的**辞让**意味着**放弃**。正是因为推辞给予是一种恭敬,人们才会在接受给予时说"恭敬不如从命"。

---

① Joel J. Kupperman, "Confucian Civility," *Dao: A Journal of Comparative Philosophy* 9, No. 1, 2010, pp. 11–23.
② 陈大齐:《孟子待解录》,台北:台湾商务印书馆1981年版,第141—143页。

以上展示了辞让与恭敬的一致性。在另一段文本中,孟子指出,拒绝一个给予也可能是不恭敬的(《孟子·万章下 4》)。然而,那是另一种情况,在其中推辞是由怀疑而不是谦卑引起的。简言之,推辞行为背后的理想情感在于谦卑与尊敬。

(三) 对亲密和不熟悉之人的尊敬

我们不仅尊敬不熟悉的人,也尊敬与我们亲近的人。仅仅由于关系密切的人不需要正式的礼仪,便认为彼此也不需要尊敬与任何礼节,这是不恰当的。一般来说,在我们与亲近的人日常交往时,客气消失了。但正如上文所讨论的,客气并不是礼的全部。在对待亲近的人,如朋友和父母时,爱是我们对他们的主要情感,我们与他们的互动较少受到礼仪的限制。然而,本真的爱仍然包含对所爱的人的尊敬。例如,对父母的爱和孝,离不开对他们的尊敬。孔子说:"今之孝者,是谓能养。至于犬马,皆能有养;不敬,何以别乎?"(《论语·为政 7》)在对待亲友时,我们也要遵守一些基本的礼节,尽管这些礼节的限制标准不如对待陌生人那么高。孟子说:"食而弗爱,豕交之也;爱而不敬,兽畜之也。恭敬者,币之未将者也。恭敬而无实,君子不可虚拘。"(《孟子·尽心上 37》)孟子的陈述传达了两层含义。首先,不尊敬所爱的人就好像把他或她当作宠物喂养,这种爱不是真正的爱。其次,在理想的情况下,礼貌客气也应该建立在尊敬的基础上,尽管行为者可能没有意识到内在的尊敬感。如果一个人只表现出尊敬的姿态而没有内心的真实感受,那么礼就成了一个空洞的装饰。芬格莱特在这个问题上也表达了类似的观点:

> 相互尊敬的本真性并不要求我自觉地感到尊敬,也不要求我把注意力集中在对你的尊敬上;它充分体现在正确的"在场"和自发的行为表现上。正如一个空中杂技演员,至少为了眼前的目的,必须对他的搭档有完全的信任(但不去想他的信任),如果这个把戏要成功的话。那么我们这些握手的人,虽然境况更少,但也必须有(但不

去想)尊敬和信任。否则,我们会发现自己在笨拙地摸索着,或以一种毫无生气的方式表演着,这很容易把它的无意义传达给其他人。①

我们仍然需要承认,在与亲密的人和不熟悉的人打交道时,我们表达爱和尊敬的方式有所不同。当人们对待亲密的人时,爱是主要的显明动机。为了帮助兄弟进步,指出兄弟的缺点不会被理解为不尊敬。同样,朋友之间的笑话也是双方都允许的,甚至是令人愉快的。当然,过度的批评和玩笑也会被看作是嘲弄(ridicule)。因此,缺乏尊敬会危及爱本身。在古文中,不敬之爱是"狎"的一种形式,意思是不恰当地与某人相熟、嬉戏(《荀子·不苟》《荀子·臣道》《论语·季氏 8》)②。就过度的玩笑来说,人们可能会感到喜剧表演缺乏尊重,因为滑稽演员嘲弄了自己或他人。此外,为了保持亲近的人之间的尊敬,人们需要先尊敬他人。孔子称赞晏平仲道:"晏平仲善与人交,久而敬之。"(《论语·公冶长 17》)当晏平仲与他人关系变得亲密时,他们的交往变得轻松,但他仍然尊敬他人,也赢得他人的尊敬。道德修养的一个目的,正是保持情感的平衡,如同晏平仲所达到的那样。

由于失衡的爱会危及对个人尊严的尊重,康德建议人们在对待彼此时应当保持一定的距离。他写道:"由于爱可以被视为吸引,尊敬可以被视为排斥,如果爱的原则使朋友之间的距离越来越近,那么尊敬的原则要求他们彼此保持适当的距离。"③ 尽管这种观点忽视了亲密感和尊敬之间没有必然的冲突这一事实,它仍然合情理地表明,在对待不熟悉的人时,尊敬在显明动机中占主导地位。尊敬要求我们避免以直接和公开

---

① Herbert Fingarette, *Confucius: The Secular as Sacred* (New York: Harper & Row Publishers, 1972), pp. 9 – 10.
② "狎"具有多种意义,其中之一是相熟、亲密,参见《论语·乡党 16》《孟子·尽心上 31》。作为现代词语,"狎近"意味着相熟、亲密;"狎玩"表示"戏弄";"狎侮"表示"轻慢侮弄"。参见汉语大词典编辑委员会《汉语大词典光碟 2.0》,香港:商务印书馆 2002 年版。
③ Immanuel Kant, *The Metaphysics of Morals*, trans. Mary Gregor (Cambridge: Cambridge University Press, 1996), p. 215;科学院版第 470 页。另参见 John Drummond, "Respect as a Moral Emotion: A Phenomenological Approach," *Husserl Studies* 22, No. 1, 2006, p. 4.

的方式揭露不熟悉的人的缺点,即使指出他们的缺点,也最好温和地说出来。

对孟子来说,尊敬兄长和长者基本上是义的表现,而对陌生人的尊敬基本上是礼的表现。一方面,尊敬是礼的最初表现。另一方面,孟子也说:"亲亲,仁也;敬长,义也。"(《孟子·告子上15》)。在第六章对羞耻与义的考察中,我提出义代表道德的基本要求,违背礼时不一定违背了义。对孟子来说,不尊敬自己的兄长和长辈,比不尊敬陌生人更应该受到道德上的谴责,因为尊敬兄长、长辈是义的要求。然而,在宴席上招待客人时,人们应当先为另一个村里比自己兄长大一岁的陌生人斟酒(《孟子·告子上5》),因为忽略客人在礼上是不恰当的。在特定的宴会场合,客人应该得到更多的尊敬。在不同的情况下,不同的人会更值得尊敬。当弟弟在祭祀中扮演死者时,他也会成为最受尊敬的人。

(四)对自我的要求与对他人的期望

关于人与人之间的互爱或互敬,儒家的道德修养更强调对自己的要求或追求,而不太提倡将要求施加给他人。孟子说:"爱人不亲反其仁,治人不治反其智,礼人不答反其敬。行有不得者,皆反求诸己,其身正而天下归之。"(《孟子·离娄上4》)如果一个人在表达尊敬时对他人的回敬抱有很高的期望,当别人不回敬他时,他会感到被冒犯。例如,当一个人向他人鞠躬,他人没有鞠躬回应时,如果此人认为他们的地位是平等的,他就会感到不受尊敬,心生怨恨。

在这种情况下,礼似乎是无效的,它反而使人过度敏感、要求苛刻。这招致了《道德经·三十八章》对礼的批评:"上礼为之而莫之应,则攘臂而扔之。故失道而后德,失德而后仁,失仁而后义,失义而后礼。夫礼者,忠信之薄而乱之首。"① 在道家看来,只有当人失去了自然之**道**和它

---

① 王弼:《老子道德经注》,楼宇烈校释,中华书局2011年版,第98页。以下《道德经》引文出自本书。

所引入的**德**时，才有必要限制和调整人的行为。在盛行"自己如此"或对环境的自发反应（自然）的理想社会中，由于道的流行，人们不需要频繁地相互交往，相互麻烦。庄子也说："泉涸，鱼相与处于陆，相呴以湿，相濡以沫，不如相忘于江湖。"（《庄子·大宗师》）① 在自然活动中，一个人不愿去展示对别人的尊敬，也不希望别人向自己敬礼。道家对虚礼的批判是富有意义的：轻松的生活比烦琐劳累的习礼生活更好。笔者在一定程度上认可道家的批评，因为礼确实制造了很多麻烦，提高了对他人回应的期望。此外，对婚丧礼仪规模的评价和攀比，使人们忽视了其初衷。在理想的情况下，按照道家的生活方式行事，人们会生活得更自由，更不受约束。

尽管如此，即使我们承认没有必要期待他人的强烈**敬重**，还是要看到，无意识地期待他人对自己的人格尊严表现出基本的尊重还是有意义的。谦卑绝不意味着完全放弃自尊，让人安然地接受羞辱。② 在维护个人尊严方面，基本的道德礼仪仍然不可或缺。孟子说："君子以仁存心，以礼存心。仁者爱人，有礼者敬人。爱人者人恒爱之，敬人者人恒敬之。"（《孟子·离娄下 28》）。礼使我们能够保持对自己和他人的尊重。此外，尽管道家的反对有一定道理，但是各种各样的情感频繁地出现在人们身上，礼仪对情感的调节作用还是应当得到认可。更重要的是，儒家认为，道家拒绝承认我们之间有道德需要的观点是偏颇的，而帮助创造一个道德的社会是礼的适当目的。亚伦·斯托内克尔（Aaron Stalnaker）写道："礼训练每个人适当地关心和尊敬他人，因此早期儒家认为它可能是卓越的治理艺术，包括对于自我和社会的相互关联的管理。"③

---

① 郭庆藩：《庄子集释》，王孝鱼点校，中华书局 2013 年版，第 221 页。
② 参见 Thomas E. Hill Jr, "Servility and Self-Respect," *Monist*: *An International Quarterly Journal of General Philosophical Inquiry* 57, No. 1, 1973, pp. 87–104。
③ Aaron Stalnaker, "Confucianism, Democracy, and the Virtue of Deference," *Dao*: *A Journal of Comparative Philosophy* 12, No. 4, 2013, p. 445.

（五）破坏性的敬与礼

强烈的尊敬可以转化为钦佩（admiration）、崇敬（reverence）甚至崇拜（worship）。这些类型的尊敬可能在道德上是建设性的，也可能是破坏性的。我们讨论了宗教崇敬和崇拜的价值。对于破坏性的一面，倪梁康认为正确的崇敬与知识是分不开的。① 无论一个人是否拥有知识，崇敬都会存在，但适当的知识可以改变崇敬的对象。以倪梁康的例子来说，在当代，许多歌迷对自己喜爱的歌手和演员的崇敬程度，超过了他们对父母的孝敬。不少人倾向于崇拜那些给他们带来快乐的人，或是拥有财富的人。我们可以找到其他破坏性的尊敬和礼仪的例子。例如，奴性的人倾向于崇拜掌握最高权力的政治领袖，他们背诵他的话语，模仿他的行为。对权力的崇拜导致了个人崇拜（偶像崇拜的一种形式），其相应的礼变成了奴性之礼。这种异化的礼成为压迫人民的工具。相比之下，儒家所提倡的对领袖的劝谏或抗议，始终是一种真正的礼之形式。即使人们被迫服从有权势的领导人，如果后者的行为不道德，或将不公正的政策强加于民众，人们也不会在内心尊敬他，不会赞同他的统治。

然而，通过知识来界定崇敬的规范性，仍然较为笼统。况且，这样做还有将情感化约为理性的危险。我认为，没有真正知识的崇敬，实质上是去崇敬舍勒所言的低级价值（快乐、权力、金钱）的拥有者，② 而有知识的敬畏和敬重，实质上是崇敬超越了有限的人之存在的上帝、天和祖先，以及敬重实现精神价值的贤能之人。尽管儒家推崇道德之

---

① 倪梁康：《心的秩序——一种现象学心学研究的可能性》，江苏人民出版社 2010 年版，第 164—165 页。
② 关于舍勒思想中价值的级序，参见第二章。

礼和宗教之礼,但它拒绝对政治领袖的神化和绝对服从。① 统治者的统治并不永远符合天意。② 只有仁义的统治者才值得敬重,而依靠武力统治的征服者不能让人们心服。此外,符合儒家之道的道德权威比政治权威更值得敬重。③ 孟子说:"以力假仁者霸,霸必有大国,以德行仁者王,王不待大。汤以七十里,文王以百里。以力服人者,非心服也,力不赡也;以德服人者,中心悦而诚服也,如七十子之服孔子也。"(《孟子·公孙丑上 3》)

结语

综上所述,可以得出以下结论。礼有消极和积极作用两个方面的来源。消极作用是限制人的欲望和不恰当的情感,而积极作用是在礼乐的配合下,实现人的潜能和本真情感。礼的主要积极作用是表达尊敬和谦卑之情感,从而实现人的道德和宗教趋向。

在儒家传统中,与崇敬天、敬畏天命,以及崇拜祖先相对应的是宗教之礼;与对他人的尊敬和谦卑相对应的是道德之礼。尽管儒家和基督教都重视敬与谦的宗教和道德内涵,但儒家更注重对**他人**的尊敬和谦逊,而基督教则强调对**上帝**的崇敬和谦卑。连同上一章,我们探讨了与敬和礼相关之感受与行为,如敬重、恭敬、恭顺、崇敬、崇拜、矜持、客气、钦佩、

---

① 在回答齐宣王的问题"臣弑其君可乎?"时,孟子说:"贼仁者谓之贼,贼义者谓之残,残贼之人谓之一夫。闻诛一夫纣矣,未闻弑君也。"(《孟子·梁惠王下 8》)孟子的回答实际上肯定了臣民在君主残暴时推翻君主统治的权利。
② 不幸的是,尽管儒家肯定臣民抗议和革命的权利,它未能形成一个在日常的政治事务中制衡统治者权力的体系。换句话说,传统儒家学说并不反对民主政治,但是它并不能凭自身单独地发展出民主政治,如自由主义所能做的那样。关于透过杜威的实用主义展开的儒家民主之可能性的讨论,参见 David Hall and Roger T. Ames, *Democracy of the Dead* (La Salle: Open Court Press, 1999); Sor-Hoon Tan, *Confucian Democracy: A Deweyan Reconstruction* (New York: State University of New York Press, 2003)。
③ Aaron Stalnaker, "Confucianism, Democracy, and the Virtue of Deference," *Dao: A Journal of Comparative Philosophy* 12, No. 4, 2013, pp. 446–447.

敬畏、恭维、敬礼、辞让、亲密、狎昵、嘲弄、粗鲁。本章还解释了道家对礼的批判。礼有如下危险：使人们在麻烦和复杂的约束中感到劳累、受到压迫。没有敬意的礼，或者期待可敬的礼，变成了虚礼。然而，道家未能看到，本真的礼还是应当被保留；因为每个人的基本人格和尊严都应该得到尊重。对较低价值（快乐、金钱和权力）的提供者和拥有者的崇拜则构成了偶像崇拜和奴性之礼。

第九章　信任、守信与不信任

借助现象学的描述，本章透过西方学者的分析与儒家的讨论来澄清信任与守信的体验。中文"信"的主要含义是守信，它比信任更为突出。儒家强调守信这一获取他人信任的德性，它由遵守承诺以及履行责任来实现。与此同时，初始的信任在儒家中也得到彰显。透过对与信相关体验的探讨和反思，我们可以更加深入地看到信任与守信的关联。"信"也表示相信、信心、信仰、信念等，它们的关联亦将得到澄清。文章阐述了相关的重要区分与关联，如初始的信任与决定的信任，信任与理性认知，道德信任与精神信任，信任与社会契约，破坏信任与诚信的力量：背叛、欺骗、无能、疏忽、恐惧、谣言等。本章也处理了其他与不信任相关的话题，如对计谋的评价、对他人可能欺诈的应对、如何面对不被信任以及避嫌的话题。本章不仅通过静态的、本质的视角，还透过发生的、生成的角度，对信任与守信的相关问题进行了全面的考察。

导言

虽然孟子也重视"信"，但他没有将其放在四端之心与四种德行的对应之中。我们看到，信任是一种情感，而守信是一种德行，二者也存在某种对应关系。将"信"与仁义礼智并举列入五常,经历了一个发展的过程。汉代学者陆贾提出人道之五常,但没有明确其内容。① 贾谊将"信"与仁义礼智并举,但没有以五常来指称它们。② 董仲舒以"五行"来称呼五者,没有使用"五常"。③ 一直到《白虎通义》才确定以"五常"来指称五者,作出了总结。④《白虎通义·五经》云:"经所以有五何?经,常也。有五常之道,故曰《五经》:《乐》仁、《书》义、《礼》礼、《易》智、《诗》信也。人情有五性,怀五常,不能自成,是以圣人象天五常之道而明之,以教人成其德也。"⑤ 当然,天行有常,五行与五常之间本就有内在关联。用五常来表示质料,以及用五行来表示德性,也是当时人们的做法。比如,《郭店楚简·五行》将"仁义礼智圣"称为五行;《礼记·乐记》载"合生气之和,道五常之行。"便以五常来表示金木水火土。⑥

不在四德而在五常中的"信"成为理解五常的枢纽。汉朝人为何颇费周折地将"信"与四德并列?五常的提出是否只是与五行在宇宙论方面进行比附的结果?即便只是为了凑足五个数,为何最终选择"信"而不是别的德行?"信"在道德培养中是否有独特且重要的含义?学者多从文献学与思想史的角度来梳理古人对信、五常、五行的看法,而较少内在地以问题为线索展开澄清与论证。这样做自然有其历史学与文字学上

---

① 《新语·术事》:"天道调四时,人道治五常。"见陆贾《新语校注》,王利器校注,中华书局 2012 年版,第 48 页。
② 《新书·六术》:"阴阳各有六月之节,而天地有六合之事,人有仁义礼智信之行。"见贾谊《新书校注》,阎振益、钟夏校注,中华书局 2000 年版,第 316 页。
③ 《春秋繁露·五行相生》:"天地之气,合而为一,分为阴阳,判为四时,列为五行。行者行也,其行不同,故谓之五行。五行者,五官也,比相生而间相胜也。故为治,逆之则乱,顺之则治。……东方者木,农之本,司农尚仁……南方者火也,本朝司马尚智……中央者土,君官也,司营尚信……西方者金,大理司寇也,司徒尚义……北方者水,执法司寇也。司寇尚礼……"见董仲舒、苏舆《春秋繁露义证》,钟哲点校,中华书局 2015 年版,第 355—359 页。
④ 关于五常观念的发展,参见韩星《汉代经学与'五常'价值观的构建》,载《中国哲学史》2017 年第 4 期,第 23—28、40 页。
⑤ 陈立:《白虎通疏证》,吴则虞点校,中华书局 1994 年版,第 447 页。
⑥ 参见郑玄注,孔颖达疏《礼记正义》,龚抗云整理,北京大学出版社 2000 年版,第 1288—1289 页。另参见杨天宇撰《礼记译注》,上海古籍出版社 2004 年版,第 483—484 页。

的意义,但弊端则是不能深入全面地增进我们对事情本身的认识,以更好地指导道德实践。本章从我们的体验出发,试图系统地澄清"信"的表现与意义。

第一节 信任与守信的表现与关联

儒家向来重视守信这一德行。"信"这个字的主要含义便是守信、诚信。《说文解字》对"信"解释道:"诚也,从人言。"①《论语》第一章便有多处谈到信。曾子曰:"吾日三省吾身:为人谋而不忠乎?与朋友交而不信乎?传不习乎?"(4条)子曰:"道千乘之国:敬事而信,节用而爱人,使民以时。"(5条)子曰:"弟子入则孝,出则弟,谨而信,泛爱众,而亲仁。行有余力,则以学文。"(6条)在此条下,朱熹注道:"信者,言之有实也。"② 诚信就是语言有其实在,这个实在可以指说实话、不撒谎,也可以指自己说过或接受的要做的事情,一定去做到。如果一个人常常说谎,或者不能兑现诺言,那么他便会逐渐失去他人的信任。如果一个政府朝令夕改,或者不能履行法规,它也会失去人民的信任。相反,若政府能够赏罚必信,人民能够忠信于人,他们便会获取他人的信任与合作,被人看作是值得信任的、可靠的。

(一) 信任与理性认知

问题在于,信任是否预设了他人的守信?为了信任他人,我是否一定需要一些此人可信的证据?信任是否由诚信衍生而来?关于这个问题,安东尼·施坦因博克(Anthony Steinbock)区分了"可靠"(reliability)与"信任"(trust)。他写道:

可靠可以被容易地看作是"建立"在低层的意向性构成上,在依

---

① 许慎:《注音版说文解字》,徐铉校定,愈若注音,中华书局2015年版,第46页。
② 朱熹:《四书章句集注》,中华书局2011年版,第51页。

赖于过去方面,信任已然展示了一个不同的时间结构。这并不是说过去并不发生作用(如"熟悉"在发生的与生成的语境中被考虑的那样),不过对信任来说过去并不是本质的构成时刻,因为去信任完全不认识的陌生人依然是可能的。[1]

施坦因博克认为,可靠或依靠是建立在过去经验上的,而信任则不必然如此。我在信任他人时,展示了一个不同于将此人看作可靠之人的方式。笔者在这里无意讨论施坦因博克专门的区分,而愿意探讨其中所涉及的信任与理性认知的差异。我同意贝恩德·拉诺(Bernd Lahno)的看法,信任在本质上不同于理性**相信**(belief)与计算,信任不是去降低风险。[2] 他也认为"依靠"(reliance)不同于信任。理性可以告诉我们应当或不应当相信某事情。如果我去相信一个明显的错误($3 \times 7 = 20$),那么我便是愚蠢的。这说明我在理智方面无知,或者没有受到适当的教育和训练。换句话说,我根据知识和信息可以去作出判断,决定是否要去相信听说的某事。某事若和我所掌握的知识相违背,那么我就不会去相信它,除非革命性的新知识得以发现,并得到实证数据的支持。譬如,古人往往不会相信人们可以借助工具在天上飞,而飞机的发明使得现代人对此相信。也正因为如此,一个新兴的不成熟的事物,由于违背当时的常理,也常常让人怀疑。根据知识来做出判断,来决定相信或不相信,是智慧的表现。儿童容易相信所听说的事情,也是由于知识的缺乏,使他们做出了错误的判断。人理智的成长,便是要摆脱蒙昧幼稚状态。故而,孔子特别重视学的重要性。

相较之下,在信息、知识不能充足地决定我是否要去相信的时候,我仍然会去信任他人。甚至有时我根本不去做相关的信息调查,便直接信

---

[1] Anthony Steinbock, *Moral Emotions: Reclaiming the Evidence of the Heart* (Evanston: Northwestern University Press, 2014), p.221.
[2] 参见 Bernd Lahno, "On the Emotional Character of Trust," *Australasian Journal of Philosophy* 72, No.1, 1994, p.135。

任某人。我可以相信陌生人。比如，我上厕所的时候，让身边的陌生人帮我照看一下行李。虽然我并没有完全排除他不帮忙、甚至卷走我的行李的可能性，但是我仍然信任他。相信更多地与**知识和理性**相关，我去相信或不相信**某种情况**，而信任则更多地与**人和人格**相关，我去信任或不信任**某个人**。虽然我可以在日常语言中说"我信任我的自行车"，这却是一种不确切的表达。信任中总是蕴含着风险，这种冒险，信任者未必主观地意识到。施坦因博克以"易受伤性"（vulnerability）作为信任的特征，很能把握其本质。① 他认为，在信任中，我敞开自己，将自己呈送（proffer）给他人。② 这从积极正面来说，是毫不保留地将事情交付给他人；而从消极负面来说，便是任人宰割。

尽管信任本质上是易受伤性，信任者也许会意识到自己有可能受到伤害，但信任者并不期望自己会受伤害。我给了他人伤害我的机会，同时我却有**信心**认为他不会伤害我。安妮特·蓓尔（Annetee Baier）写道："信任，粗略地说，是接受了的易受伤性，［开放于］他人可能对我的、却不被［我所］期望的恶意（或缺乏善意）。"③ 关于期望（他人的守信）与信任的关系，施坦因博克认为，没有信任的期望是可能的，而没有期望的信任却是不可能的。④

信任往往位于完全的相信与完全的不相信之间。如果完全不相信对方所说的为事实，就会影响到我对他的信任（笔者并不认为理性认知、过往经验与信任是完全分离的）。而如果经过理性考察以确信对方的话语，并通过一定措施确保了自身的安全，便不存在易受伤性，也谈不上信任对方。不经过思考就盲目地轻易相信是愚昧无知，反映了理智上的懒惰。相比之下，"盲目信任"这种说法却没有多少意义，任何的信任本身

---

① Anthony Steinbock, *Moral Emotions*, pp. 207–208.
② Anthony Steinbock, *Moral Emotions*, p. 205.
③ Annette Baier, "Trust and Antitrust," *Ethics*, 96, January, 1986, p. 235.
④ Anthony Steinbock, *Moral Emotions*, p. 221.

就带有一定的"盲目性"(如果我们以不安全来理解盲目的话)。真正值得谴责的是不守信的人,而不是信任的人。

(二) 初始的信任与决定的信任

如果一个人的态度总是起初不信任他人,而只有在获得了他人足够可信的根据,并尽可能地将风险排除后才信任别人,那么他便是一个多疑的人、自私的人。事实上,我们一开始对待他人的自发态度便是信任,这从儿童容易信任他人这一事实也可以看到。我们心灵的自发趋向是信任他人,这也蕴含了人性本善的**信念**:人们本心的自发趋向便是向善而不是为恶,因而是值得我们信任的。随着受蒙蔽经历的增多,为了免于自己和身边的人受到伤害,人们逐渐地变得不去信任他人。吃一堑长一智,社会的染缸使人的性情从信任转为不信任,而不是相反——人们初始的态度便是不信任,随着发现他人的可信才学会了信任。我们可以举两个关于合租的例子。小明和一个朋友合租,由小明来付总房租。某天室友突然搬走,小明来不及找新的室友,损失了一笔钱。从此,小明再与人合租时,便提前让人缴纳押金,要求若要搬走,请提前一定时间告知,否则不再退还押金。再如,小明找到了合租者,在合租将要开始时合租者突然说来不了了。此后,小明寻找到合租者,便先让人缴纳订金,若不能履行约定,则不再返还。小明一开始对人是信任的,在遭遇辜负后才不信任他人。

在发自本心对他人抱有的信任中,人们并没有察觉到危险性。一个儿童对关爱自己的父母,是无条件地信任的。这种没有意识到风险的自发信任,我称之为"初始的信任";在另一种情形下,我们感到了风险的存在,却仍然去信任,笔者称之为"决定的信任"。譬如,当对手或敌人提出一个约定,我意识到对方可能不遵守约定,会给我造成极大危害,但仍然选择去信任。吊诡的是,"决定的信任"也可以说是"决定不去做决定"。决定一般是由自我做出,而在决定去信任时,自我恰恰被放弃了。我放弃了采取主动的进攻与防备行为,而寄希望于他人能被我的诚意打动,而不是辜负我,以求达成彼此的合作。

信任彰显了人本质上不是原子式的孤立存在,而是人格间(interpersonal)的存在。我们总是与他人在一起,依赖于他人,牵系于他人。人格间的情感互动同时生成和揭示了自我与他人。① 人不能够单凭自己的力量而行事,信任对于维系共同的生活不可或缺。我们的实际生活,不可能只依靠法律条文的详细规定。合约当然可以给我安全感,但我们不能事无巨细地就每件事情签订合约。法律可以给我们保障,但是法律也有漏洞,并且不道德的行为未必都违法。我们很难只依靠契约获得完全的保障。一般情形下的合作,便是依靠人与人之间的互相信任来运转。

初始的信任源于我们无意识地(类似胡塞尔意义上被动地②)相信人心之善良,而决定的信任则是我们有意识地(类似胡塞尔意义上主动地)去为了共同的福祉而放弃进攻和防备,希望对方也能遵守约定。由于我对他人的信任所展现出的诚意,这股柔性的力量可以感化他人,激发其珍视信用。当我完全敞开自己时,在良知的作用下,他人将觉得不守信是更加惭愧的行为。若某人习惯于不信任他人,将使他人感到不被尊重,乃至带来不信任感的传递。更严重的是,不信任有可能使他人破罐子破摔——反正不被信任,已无好的名声,不如索性沉沦下去。儒家教导人们不要去做多疑的人。子曰:"不逆诈,不亿不信。"《论语·宪问

---

① 关于人格间之道德情感的总体论说,参见施坦因博克《道德情感的独特性》,卢盈华译,《思想与文化》第 21 辑,2018,第 1—28 页。关于总体人格与个体人格,参见 Max Scheler, *Formalism in Ethics and Non-Formal Ethics of Values: A New Attempt toward the Foundation of an Ethical Personalism*, trans. Manfred S. Frings and Roger L. Funk (Evanston: Northwestern University Press, 1973), pp. 519 - 560。
② 之所以说是"类似",乃是由于在胡塞尔那里,被动和主动综合都是发生在客体化行为的领域(感知给我明证性以对意义作出判断),而非情感的领域。参见 Edmund Husserl, *Analyses Concerning Passive and Active Synthesis: Lecture on Transcendental Logic*, trans. Anthony J. Steinbock (Dordrecht: Kluwer Academic Publishers, 2001)。

31》我们不应当总是预先怀疑别人欺诈,事先猜测别人失信。①

(三) 不守信是不信任的诱因

既然信任具有正面的激励之功德,为何儒家重视守信之德胜过信任这一情感? 其内在逻辑在于,就道德实践来说,相较于不信任,不守信的行为对信任和道德的破坏更加严重。对信任的辜负,是对相信人性向善之信念的打击,会带来社会整体的道德衰退。张三冒险决定去信任李四,可能是为了免于陷入互损,实现共赢,但结果李四在张三对自己没有威胁甚至没有防备情形下,率先打击张三,从中得利。此后张三不仅不信任李四,也可能不再信任任何约定。不信任的传导使得整个社会陷入囚徒困境,最终互相伤害。由于不守信之表现是不信任之情感的关键诱因,那么强调守信而不是信任之德,也就理所当然了。

人们仍然可以争论说,不守信不一定造成不信任。施坦因博克认为过去的经验不能决定信任与否。这种观点蕴含着,即便我被某人多次背叛,我仍然可以信任他。可是,尽管人们可以信任陌生人,却难以信任一个多次失信的人。前者的可信与否,是未知的。而后者的不可信,则已是相当确定的。当然,即便是不守信的人,也不会对每件事都不守信。此外,人们也希望继续通过信任来感化他。正如人们对犯罪之人仍然有爱,人们可以对他们仍然抱有信任,如雨果的小说《悲惨世界》里的主教米里哀对冉阿让的信任。信任向未来的善开放,指向人类美好的愿景,而非阴暗的堕落。信任通过其温暖鼓励人向善,而非通过设防排斥来戕害他人内心向善的萌芽。

然而,笔者想要强调的是,无条件之信任体验的可能性,并不能否定其他信任体验的可能性与正当性。我对信任的解释介于蓓尔与施坦因

---

① 孔子这句话的后面是:"抑亦先觉者,是贤乎!"孔子并没有交代贤者如何一方面不预先怀疑他人,一方面又能够预先察觉到他人的欺诈。后文还将论述此点。

博克之间。蓓尔认为,如果有了对方不可信的证据仍然信任对方,那就是愚蠢的。① 而施坦因博克主张,过往经验本质上对信任并不起决定作用。在我看来,无条件的信任是可能的,但它不能代表信任的本质。去信任不守信者,并不是心的本然的惟一运行,更不是一个道德上的义务。它是心灵的突破,具有损己助人的高尚品格,但并非任何普通人都可以自发地做到。这种高尚,也会被一些人视为"傻":轻信他人、误信他人是愚昧的。无条件的信任之存在,并不能否定有条件的信任的同样存在。我们并不能说只有前者是本真的、有序的信任体验,而后者是不纯粹的信任体验。此外,无条件的信任也容易为人所滥用,有时非但未能激励他人,反而纵容其加害善良的人。出于对自我和身边人的保护,我们需要学会去分辨哪些事值得相信,哪些人值得信任。信任本质上虽不同于可靠与认知,但也不脱离于后两者。孔子说:"好仁不好学,其蔽也愚……好信不好学,其弊也贼。"(《论语·阳货 8》)喜好仁爱与诚信,却不喜好学习,不做出理性思考与观察,缺乏相应的知识以做出正确的判断,便会造成各种伤害。

如果一个人习惯于夸夸其谈、信口开河,那么对他的叙述与许诺,我们便只有根据自己掌握的信息与知识来仔细分辨了。老子说:"轻诺必寡信。"(《道德经·六十三章》)② 过往的经验反映了某人的性情,一个有着多次欺诈经历的人便难以取得知情者的信任。当然,不完全信任也不等同于完全不信任,即认为他所说的都是假的、没有道理的。孔子说:"不以人废言。"(《论语·卫灵公 23》)一个谨慎的态度是经过认真考察,去判断他说的是不是事实、有没有道理。相较之下,对一个可信的人,我们不需要去考察他所说的每句话。

---

① Annette Baier, "Trust and Antitrust," p. 253.
② 朱谦之:《老子校释》,中华书局 1984 年版,第 257 页。

（四）对信任的评价及其与守信的关联

守信对于信任的作用，不仅仅在于影响人们是否去信任，也在于鉴别出哪些信任具有较大价值。蓓尔认为，并不是所有的信任都可以被看作是道德的。也就是说，信任本身在道德上是中性的。[①] 一个人可以很信任他所雇佣的职业杀手，认为他不仅仅会忠于他的托付，也具备高超的专业技能去完成谋杀的任务。当然，我们可以争论说，"盗亦有道"（《庄子·胠箧》）的例子恰恰说明盗贼也具有道德。若缺乏相互信任，盗贼也不能顺利地进行谋划抢劫和分配赃款等事情。任何形式的合作，内部斗争的避免，都需要相互的信任；就此而言信任总是道德的，在信任中的人们为团体的互利互惠而先放弃自我设防，克服自私利己。但是，若就对团体以外的人的伤害而言，就破坏社会公义而言，盗亦有道、党同伐异中的信任主体是不道德的。于此可见，信任本身确实在道德上是中性的，某个信任的道德性要根据受信任者受托之事的正当性来确定。

一方面，信任的道德性由受信任者受付之事的正当性来确保；另一方面，信任的完美性则由受信任者做事情时所反映出的人格性情和知识能力来确保。不当的信任，我们或许不能称之为道德性意义上坏的信任，不过它在价值上总是不理想的、不完美的。一个不当的信任，伤及自己、他人、社区、国家，酿成惨剧。就此而言，我们很难将此信任称作"善"的。不完好的信任即体现在误信他人，即对不可信之人的信任。无条件的信任若对自己造成伤害，还可以说是一种伟大无私的德行。而若间接地给他人带来损害，此信任便是成问题的。关于信任的**规范性**问题，**自我**与**他人**的维度便参与了进来。

信任具有**可传递**的特性。[②] 朋友小光并不认识医生小亮，但是由于我信任小亮，小光出于对我的信任进而信任小亮。如果最终由于小亮不

[①] Annette Baier, "Trust and Antitrust," pp. 231–232.
[②] 参见 Anthony Steinbock, *Moral Emotions*, pp. 212–213.

够认真,出现了医疗事故,治死或治残了小光(这里假设悲剧的造成是由于小亮个人的疏忽等问题,而非该疾病本身为疑难杂症的缘故),那么,我对小光的死亡或残疾也负有罪恶感。小亮固然辜负了我的信任,而我也辜负了小光的信任。我没有认真地考察小亮,如不知道他是酗酒的人,缺乏医术的人。同样的情况也适用于我为想要学习某知识技能的朋友介绍了不称职的老师。出于对朋友尽忠,我应当更细致地考察受托方,而不应轻易地去信任受托方,并介绍给朋友。由于此事,我的声誉也会受到影响。他人会将我看作是不怀好意的,或是缺乏明辨力、做事疏忽的。小亮的不可信任造成了对我的连带的信任危机,我的信誉受到损害。由于不诚信对信任的摧毁,因此儒家更重视诚信这一德性,也就不足为奇了。通过考察和认知以分辨他人是否值得信任,也就不总是多疑之举了。

这里值得指出的是,正是由于信任的可传递之特性以及考察的合理性,相对于陌生人,人们更倾向于信任熟人。由于对陌生人所知不多,人们更易于质疑其人品与能力。而对自己熟悉的人,或有中间人做担保和推荐的人,人们便会觉得此人更可信一点。这样做是理所当然的,因为人们确实在熟人中,比在陌生人中更重视自己的信誉。同样的一个人在熟人中,跟在陌生人眼中甚至判若两人。住在高速公路边上对身边人非常诚信的村民,在路过的车辆侧翻时,却可以去肆意哄抢财物。由此,主要靠信任来维持并且法治不健全的社会,构成了**熟人社会**,而非**契约社会**。对于陌生人和圈外人的封闭,也是熟人社会的病痛所在。

综上,就道德体验而言,信任先行于诚信,并不预设后者。而从伦理实践来看,诚信又是决定信任之恰当与否的关键因素,因而诚信比信任更重要。当孔子说"信则人任焉"(《论语·阳货6》),他并不是说每一个信任都需要先考察他人是否可信,而表示在人格间的互动中,个人的诚信表现更可以赢得他人的信任和托付。在儒家宽以待人、严以律己的道德要求下,对陌生人的信任和对自我的诚信要求并不是矛盾的。

（五）精神之信任与信仰

相较于对有限的人的信任，在精神领域中对无限者的信任提供了更根本的安身立命之道。相信造物主、上帝、自然会妥善地安排自己的命运，比对他人的信任中蕴含的呈送托付，更为彻底。"善吾生者，乃所以善吾死也。"(《庄子·大宗师》)妥善安排我生命的，也将妥善安排我的死亡。这种信条可以消解对死亡与死后的畏惧。"彻底的交付"使人们的精神得到自由、安适、放松，以免萦焦虑、担忧、抑郁。"谋事在人、成事在天"这种信条相信上天自有其旨意，承认人的有限性，自己不可控制一切，从而避免过度的强求与折腾。由于对无限者的信任，某事的结局无论如何，都不是完全不可接受的，未来总是充满希望的。另一方面，若将有限者当作无限者崇拜，迷狂地相信其完美、全能，则构成了偶像崇拜、个人崇拜。

广义上看，精神之信任不仅体现在对有较强人格性的上帝的**信仰**，以及对较弱人格性的天的信仰，① 也体现在对某价值、模式、原则、法则、功德的**信念**，诸如对天理、天道、三德之信念。孔子对古人所传之道充满**信心**，说道："述而不作，信而好古，窃比于我老彭。"(《论语·述而1》)子张也认为缺乏对道之信念，将不能有所作为："执德不弘，信道不笃，焉能为有？焉能为亡？"(《论语·子张2》)王阳明也论及需信得良知。② 但狭义上看，信任的对象多少具有一些人格性、能动性，对非人格事物的坚持与弘扬，更多是信念与信心。毕竟，"人能弘道，非道弘人"。(《论语·卫灵公29》)尽管道指引人去行动，但人却是比道更具备能动性的行为者。而在信任中，情形相反，人们降低自己的能动作用，而将自己托付给非己

---

① 参见第七章。
② Wang Yangming, *Instructions for Practical Living and Other Neo-Confucian Writings by Wang Yang-ming*, trans. Wing-tsit Chan (New York and London: Columbia University Press), 1963, 第115条、167条、266条、311条、312条。

的力量,拥有此力量者须是能自由选择、自由活动、具有人格性的存在。在此意义上,桌子、机器、天道都不是信任的对象,因为它们是被决定者或被弘扬者,但是动物却可以被看作信任的对象,如果人们认为动物也具有一定的自由的话。

(六) 守信的表现与意义

诚信与守信。诚信狭义上的表现是诚实不说谎,并兑现自己的诺言。① 信表示言语与实情的一致,包括对过往事件的陈述,也包括对未来将要发生事件的许诺。孟子曰:"可欲之谓善,有诸己之谓信。"(《孟子·尽心下 25》)朱熹注云:"凡所谓善,皆实有之,如恶恶臭,如好好色,实则可谓信人矣。"② 这里便是以实有来解释信,联系"可欲之谓善",可得出诚信的人乃实际地具有某些善好,而非夸张虚构。

如果我们对诚信做一个广义的理解,它也可以等同于"守信"或"信实"(truthfulness),因而"值得信任"或"可信"(trustworthiness)。但如果我们将诚信的含义仅限于个人的诚实,那么守信与诚信并不相同。第一,某人不忠于职守,是不守信的表现,却不被看作不诚信。诚信或不诚信,乃是就一个特殊的陈述或承诺而言,而不适用于一般的义务。在这方面,我们可以说此人"不忠信",而非"不诚信"。第二,政府若不能公正地执法,我们一般也不说政府不诚信,而是说其不讲信用。作为一个机构,政府不具有个人之德性。当我们说政府是否诚信的时候,乃是将其

---

① "诚"看起来接近信任与守信,读者可能会问为何笔者未在此章中讨论诚。主要原因在于,严格来说,诚并不是一个情感。我将诚理解为(人与宇宙的)"本然状态",将其英译为"genuineness"。作为动词,诚意味着保持本然状态。诚的形而上的创造性并不能脱离其初的活动。然而,其活动并不只包括情感,还包括认知、意志与其他的精神与宗教趋向。此外,"诚意"在修身中意义重大。不过,诚意不是一个自发的情感,而是人为的修炼工夫。在现代汉语中,"诚信"确实意味着不欺骗他人,因而与信任和守信相关,不过在古代汉语中,作为哲学术语的"诚"是指向自我的意念的。因此,我在探讨信任与守信时不拟阐述诚的意涵。关于立足《中庸》对诚的含义的澄清,参见卢盈华《诚体是如何活动的?——立足于〈中庸〉对诚之现象的阐明》,载《学术研究》2020 年第 1 期。

② 朱熹:《四书章句集注》,第 346 页。

拟人化了。同样,在企业使用"诚信经营"的字样时,也是在做拟人化处理。它指向的仍是具体的个人:该企业有一套制度约束,不容许其员工不诚信地销售与服务。

作为交友之德的诚信。诚信是朋友间最为重要的德性。子夏说:"与朋友交,言而有信。"(《论语·学而 7》)孟子云:"圣人有忧之,使契为司徒,教以人伦:父子有亲,君臣有义,夫妇有别,长幼有序,朋友有信。"(《孟子·滕文公上 4》)信之品质对维系友谊非常关键。成为可以让人信任的人,方可以长久地赢得友谊。在理想的社会中,由于人们品性之增进,朋友之间能够相互信任。孔子云:"朋友信之。"(《论语·公冶长 26》)

政府之守信。儒家非常重视政府的取信于民,对政府之守信的要求远高于对普通人的要求。《论语·颜渊 7》载:

> 子贡问政。子曰:"足食。足兵。民信之矣。"子贡曰:"必不得已而去,于斯三者何先?"曰:"去兵。"子贡曰:"必不得已而去,于斯二者何先?"曰:"去食。自古皆有死,民无信不立。"

人民对政府的信任何以比丰衣足食和军事强大更重要?相较于经济落后与军力弱小,不正义带给国家更大的危害。如果政府不在立法上反映民意,不能在执法上做到依法奖惩(严格意义上不依据法律的抓捕等行为已不能算作执法),不能在司法上公正审判裁决,那么人民对于政府便不会信任。遇到了不公,人们便只好通过私下"不正义"的方式来寻求正义。孔孟之所以均强调政府之仁义,乃是因为在政府不正义的情形下,在下的百姓的不正义便是很自然的。孔子说:"君子之德风,小人之德草。草上之风,必偃。"(《论语·颜渊 19》)

守信与道德义务。在儒家的语境中,守信并非最高的道德义务,存在着比守信更根本的德行,如仁(爱)、(正)义、(天)道。孔子认为守信之德行并不是士最好的品质,"言必信,行必果,硁硁然小人哉!抑亦可以为次矣。"(《论语·子路 20》)而孟子说:"言语必信,非以正行也。"(《孟子·尽心下 33》)这里表面上看,孟子认为诚信是人自发的举止,不仅仅是为了达到某些效果才被触发。然而,此处言语不十分严谨,这里的"言语必信"也只是强调诚信之德。在其他地方,孟子清楚地表明"大人者,言不必信,行不必果,惟义所在。"(《论语·离娄下 11》)。在此原则的支配下,一些不诚信的行为成为可理解的。比如,装病、装疯,不配合无道的君主。为了达成更高的价值,如生命和精神,尾生之信会受到贬斥,而善意的谎言有时会得到认可。在这一点上,儒家和康德伦理学很不同。即便如此,只有在不得不如此的情形下,在切实地为了成就较高价值的情况下,才可以不诚信,以免人们以各式各样"美丽"的旗号来欺诈他人。

可信的品质。人们信任他人,部分地源于人自身的有限性,人不可能什么都了解。向他人咨询某事,或者托付给他人做某事,比自己从头学习要节省时间精力。故而,人们在信任某人时,会考虑两点。第一,此人是否权威,他是否经过了认真的研究来得出结论。第二,此人是否真诚,他是否会故意欺骗我。前者关乎此人是否有知识技能,后者关乎此人是否有道德操守。具有这两种品质的人,可以给自己带来好的信誉,更能够得到人们信任。当可信被考虑时,可靠、依靠与信任不再截然分离。

一个人守信与否影响同类之人(如同乡、同校)的可信度,一个机构的守信与否也影响同类机构的可信度。我不懂装修,付钱委托此事给装修公司,结果后者不仅没有为我排忧解难,反而坑害了我,那么我便不会再信任此公司,甚至不再信任任何装修公司。因而,不可信的人或企业不仅损害自己的声誉,甚至损害自己**种类**之总体的声誉。反过来说,由于信任的传递性,具有高超技能又认真负责的人也间接提升了自己类型之总体的信誉。当然,仔细的态度仍是针对个体而非总体,不以偏概全。

某人给自己留下的**印象**,是造成自己是否信任他的主要动因。当然,此人转变之后,其真实情况可能与先前给自己所留下的印象相冲突。因此,正当地判断某人可信与否,要求持续和仔细的观察。就可信与信任的关系而言,当我将某人判断为不可信的同时,我却仍然可以信任他。在这一吊诡的信任体验中,尽管我根据**过去**的经验认为此人**目前**不可信,我仍然希望或期望他**未来**会做出改变。这一吊诡背后的深层事实和信念在于,没有任何人是完全彻底不可信的。

对权威的信任,有时会阻碍知识的发展。科学上的进步往往由挑战先前的权威所推动。如前所述,对他人认真态度与艰苦探索之努力的信任,并不等同于在理性上的全然相信。怀疑常常由于某种不一致所导致,如经验观察与某原理的不一致。孟子说:"尽信《书》,则不如无《书》。吾于《武成》,去二三策而已矣。仁人无敌于天下,以至仁伐至不仁,而何其血之流杵也?"(《孟子·尽心下 3》)我们不必完全同意孟子的观点,而可以相反地去质疑"仁人无敌于天下"之信条,或"以至仁伐至不仁"之事实。但重要的是,孟子发现了信条与事实的不一致,因此做出了一些修正。今天,人们常常从治学当独立思考的角度来理解孟子的此名言。盲从与盲信,与理性求知的态度是不符的。

第二节　不信任相关问题:破坏信任的力量、欺诈与避嫌

为何有时人们不能信任他人?对于他人对我们的不信任,或他人可能的欺诈,我们何以处之?本节将处理此类与不信任相关的问题。首先笔者将重点分析阻碍信任的因素。这些因素不仅仅造成人们对他人的不信任,甚至会造成人们主动的不诚信。

(一) 破坏信任的力量

他人辜负自己信任的过往经历造成了此人不可信任的印象。辜负信任的方式有很多,如欺骗、背叛、出卖、无能、疏忽。不论此人是有负自己所托、把事情办砸,还是主动地损害自己,不论他造成的糟糕局面是由于此人的知识能力欠缺,还是他的人品缺陷,抑或马虎大意,只要此人给

自己带来了几次不幸,那么自己便会怀疑此人是否可信。如前所述,可靠不完全在本质上等同于信任,然而不可否认的是,它对信任也是可以产生作用的。

轻率的言语。我可以在仅仅与某人的交谈中便察觉出此人说话不靠谱。某人的说话方式武断、夸张、吹嘘、谄媚、随意,可以反映出他的不严谨的品质。譬如,某人在转述自己记不清的事情时,仍然很斩钉截铁。他轻易地将某新闻人物曾做过"缅甸的雇佣兵"叙述成了"越南的特种兵"。如果他习惯性地犯此类错误,以后我们便不再轻信他说的话。若阿飞常常说"我明天来找你""你这周的生日我给你好好庆祝"这类的许诺,而却不能落实,那么我就难以分辨他说的话究竟是不是认真的。孔子对于言语非常警惕,主张"巧言令色鲜矣仁""刚毅木讷近仁"。尽管孔子认可语言修辞的价值,也建议他的学生和儿子学习《诗经》(《论语·阳货9》《论语·季氏13》),但对他来说,一个不善言辞却信实的人仍然比善于言辞却不信实的人更为可取。海德格尔曾谈到,闲言是此在的非本真、沉沦的生存方式。不过,他是从存在论而不是伦理学的角度来讨论此现象的。[①]

对他人经历的观察与认识;谣言毁谤。尽管并未亲自与某人打交道,人们也可以不信任此人。间接的经验可以得自于自己的参与和观察,也可以得自于他人的告知。由于自己并非受害者,自己的观察、听信和认识就有可能是偏颇的。如果他人对我的告知也并非来自此人的亲身经验,而是他的转述,就更可能走样。此外,他人还可能故意说谎,编造或传播谣言,以贬低某人。在这种情形下,人们便很难不起疑心。《战国策·魏策二》记载了三人成虎的故事,《战国策·秦策二》记载了曾参杀人的传言与影响。谣言很有杀伤力,因为就人们的感受而言,关键不是事实的真相,而是传播的效果。许多时候人们并没有工夫去调查事

[①] Martin Heidegger, *Being and Time*, trans. John Macquarrie & Edward Robinson (New York: Harper & Row Publishers, 1962), pp. 211–214.

实,对于大范围传播的某人的丑闻,即使不完全相信,人们起码也半信半疑了。相比于以前对此人的完全信任,人们现在对他就有了猜疑。为了避免事端,一劳永逸的办法便是远离他,不与他打交道。造成对某人的猜疑与疏离,便是流言的巨大效果。正是由于此种情感互动的巨大破坏力,阴谋家使用离间计屡屡成功,而佛家亦将"两舌"看作恶的口业。①

刻意的传播不仅仅造成某个人不可信的形象,也会给某种族、某地域的人打上不可信的标签。一方面,传播者所传播的可能本来就是谣言;另一当面,由于人性具有通过贬低其他群体以抬高自己群体的劣根性,人们对某类型、某群体之人的好事会保持沉默或不在意,而发现他们的一则坏事便大肆渲染。这种别有用心的选择性传播,虽然散布的不是谣言,却造就和强化了社会的偏见,使人误以为该群体的人是有问题的,而察觉不到自己所坚持的论断原来是宣传的结果。阴谋家欲打击迫害某群体,也往往先妖魔化对方,或给对方贴上反动派、精神病、内奸、剥削者等标签,给人们营造出对方不可信的印象。这就是为什么在儒家的政治主张里,一个合格的领导人应当客观公正,亲贤人之忠言,远小人之谗言。

对权力利益的追逐;对被害的恐惧。在政治、经济、军事的竞争与斗争中,人们常常会使用各种各样的策略,包括欺诈、诱惑,乃至投毒、谋杀。中国的著名兵书《孙子兵法》云:"兵者,诡道也。"②《三十六计》中详细列举了种种蒙蔽敌人、获取成功的计策,如美人计、苦肉计、声东击西。盲目相信他人,会招致自己的身败名裂。在成王败寇的逻辑下,世俗的人不仅不谴责失信者,反而颂扬据此而获得胜利的人。③ 出于追逐权力与利益,人们会直接策划不诚信的阴谋。出于恐惧,人们首先感到不信

---

① 参见《四十二章》卷一,CBETA 电子佛典,T17, No. 784, p. 722, b6 - 10. CBReader V5.3,中华电子佛典协会(台北),2016.
② 孙武撰,曹操等注:《十一家注孙子校理》,杨丙安校理,中华书局 2016 年版,第 16 页。
③ 一个典型的例子是,李世民发动玄武门事变,谋杀自己的亲兄弟及其家眷。由于其治国有方,在历史上反得到许多人的好评。

任他人，进而可能会先发制人，损害他人以保护自己。此类的事件在历史上数不胜数，对与自己有竞争嫌疑的人，有的人担心对方加害自己，便先下手为强，将对方杀害。①

（二）儒家对计谋诈术的评价

上一段所谈到的计谋，向来不被儒家正统所许可。对儒家来说，靠欺诈取得胜利的人，恰恰在道义上是可耻的，应当被贬斥。董仲舒说："《春秋》之义，贵信而贱诈。诈人而胜之，虽有功，君子弗为也。是以仲尼之门，五尺童子，言羞称五伯，为其诈以成功，苟为而已矣。"（《春秋繁露·对胶西王越大夫不得为仁》）② 如前文所述，儒家并不主张在所有情形下都必须诚信，但却明确反对欺诈。善意的谎言是为了助人与救人，而欺诈的性质则是损人利己。正是基于对道德理想的坚持，朱熹与叶适争论汉唐。相较于叶适认为道无分于三代与汉唐，③ 朱熹推崇三代之治，而给予春秋五霸和汉唐君主（和风尚）以较低的评价。这乃是因为：（1）他们的作为乃是出于私利，家天下而非公天下；（2）他们建立功业的手段并不光彩，以诈术权势取胜，且未以仁道对待臣民。④

（三）对他人（可能或现实的）欺诈之应对与考察

儒家伦理学的一个困境在于，一方面我们不应当多疑敏感，猜疑他人可能会欺诈我。"不逆诈，不亿不信。"另一方面，孔子也说"抑亦先觉者，是贤乎！"（《论语·宪问 31》）贤人如何能在不预先怀疑他人的情形

---

① 刘邦可谓是以失信来取得军事胜利的典型。攻打秦军把守的函谷关时，与守军达成了约定，对方同意投降，刘邦却突然发起进攻。与项羽约定好彼此的地盘边界，对方撤兵时，又在其麻痹大意的情形下发动袭击。
② 董仲舒、苏舆：《春秋繁露义证》，第 262 页。
③ 叶适：《叶适集》，刘公纯、王孝鱼、李哲夫点校，中华书局 2010 年版，第 726—727 页。
④ 参见《朱子语类》之 122 卷《吕伯恭》、123 卷《陈君举》、136 卷《历代三》；朱熹《朱子全书》，上海古籍出版社 2010 年版，第 3853—3854 页、3867—3868 页、4223 页、4225 页。

下,事先察觉他人的欺诈呢?《论语》里记载了宰我的疑问:仁者可能被当作愚者来加害。

> 宰我问曰:"仁者,虽告之曰:'井有仁焉。'其从之也?"子曰:"何为其然也?君子可逝也,不可陷也;可欺也,不可罔也。"(《论语·雍也 26》)

在这里,孔子说君子可以被欺骗去井边救人,却不会被陷害以至于下到井里。表面上看,孔子解决了宰我的疑问:即便是救人,君子也会运用智慧知识,而不是盲目地跳井。朱熹注云:"盖身在井上,乃可以救井中之人;若从之于井,则不复能救之矣。此理甚明,人所易晓,仁者虽切于救人而不私其身,然不应如此之愚也。"① 若如此理解,深层地来看,孔子和朱熹未必真能消除宰我的疑惑。在一些情形下,救人确实是要下到井里去的。救人者需要绑缚双脚,被井边的人在上边牵着,进入井中以将井里的人抱出或拉出。这时,救人者就要考虑井边的人是否值得信任,会不会松手。

这里呈现了两种理解方式。第一种理解方式是,君子在救人之前要做调研,确定井下有人并确实需要自己入井,乃至找来更多的人到现场,以保护自己不被身边的人所害。第二种理解方式则是,在千钧一发的时刻,来不及考虑自身安危,仁者总是要做出冒险。他只能选择信任身边的人,相信他不会害自己。即使最终君子被害了,他仍然是不可陷、不可罔的。虽然生命受到毒害,而精神却挺立不朽。这样,君子的信任与诚信就具有了悲剧色彩。现实中,仁者确实总是被看作愚者来欺诈伤害。使诈的胜利者被世俗的人看作是强者,而在儒家看来是小人。被欺骗的受害者被世俗的人看作是愚者,而儒家将之视作仁者。相比于利用人性中求利的弱点来进行诈骗,利用人性向善助人的趋向以进行陷害的做法则更加险恶,因为它造成了信任的危机和整体上道德的堕落。

---

① 朱熹:《四书章句集注》,第 88 页。

当今中国，扶老人起来反被讹诈这样的事情，便是宰我所说的"井有仁焉"之事的翻版。由于此类事件的发生，见到老人摔倒，人们便开始犹豫：我还要不要去扶起他呢？若法律不能对陷害好人的行为进行有力的惩处，信任危机会更加严重。而即便以法律来保护自己，人们也要先找到证人证据证明自己的清白，然后再开始帮助他人。可见，不诚信之恶毒在于严重摧毁信任与善行。

尽管如此，儒家仍然倡导人们保持本心，不失去信任他人的赤子之心。《孟子》中记载了如下的一段对话：

> 万章曰："父母使舜完廪，捐阶，瞽瞍焚廪。使浚井，出，从而揜之。象曰：'谟盖都君咸我绩。牛羊父母，仓廪父母，干戈朕，琴朕，弤朕，二嫂使治朕栖。'象往入舜宫，舜在床琴。象曰：'郁陶思君尔。'忸怩。舜曰：'惟兹臣庶，汝其于予治。'不识舜不知象之将杀己与？"
>
> 曰："奚而不知也？象忧亦忧，象喜亦喜。"
>
> 曰："然则舜伪喜者与？"
>
> 曰："否。昔者有馈生鱼于郑子产，子产使校人畜之池。校人烹之，反命曰：'始舍之圉圉焉，少则洋洋焉，攸然而逝。'子产曰'得其所哉！得其所哉！'校人出，曰：'孰谓子产智？予既烹而食之，曰：得其所哉？得其所哉。'故君子可欺以其方，难罔以非其道。彼以爱兄之道来，故诚信而喜之，奚伪焉？"（《孟子·万章上2》）

舜和子产在被欺骗时，都没有察觉自己被骗。舜在被安排差事的时候，并不知道自己会遇到危险，只有在被抽掉梯子、放火烧仓、盖上井盖之后，才知道自己被欺诈。不可思议的是，在儒家的叙述中，舜居然每次都神乎其神地逃脱了。对于没有挖地道特技的大多数人来说，一定是必死无疑。儒家一方面劝导人保持纯真，一方面又要使人相信其结果是美好的，因此便将二者结合，宣扬真诚不仅可以帮助自己化险为夷，还可以感动加害自己的人。如果舜和子产预先猜疑他人会加害、欺骗自己,那么他们的道德形象便要打折扣。

  此外,在知道象加害自己之后,舜见到象仍然相信象所说的"很想念你"。对于舜的这一举止,万章以"伪装"来解释。而孟子不同意,认为舜是真诚地欢喜。根据朱熹的解释,"舜本不知其伪,故实喜之,何伪之有?"① 也就是说,舜并不知道象的虚伪,以为象确实想念自己、确实喜爱作为兄长的自己;而文本前面清楚表明舜逃脱出来,是知道象加害自己的。这两者如何调和?合理的解释是,虽然舜知道象要害自己,但仍然相信象出于兄弟之情还是想念、喜爱自己,已改过自新。故而"象喜亦喜"。舜这里所展现的,便是前文所谓无条件的信任。至于无条件的信任是否一定能感化他人,则没有现实上的必然性。既然如此,为何儒家仍然倡导信任?这乃是源于孟子一系的儒家主流具有理想主义的性格,相信人性本善。对于道德之培养,有两种不同的路向,一种是鼓励性的,侧重感化、仁爱、信赖、激发、关怀;另一种是限制性的,侧重管束、批评、防范、猜疑、惩罚。荀子与法家的后一种路向不能赋予人以崇高性,在此进路下,人生的目的便在于压抑人性,而不是实现人性。在孔孟的进路下,君子通过信任首先承担风险,表达诚意,虽不必然却可以概然地激起有良知的他人的信任与诚信。至于善意被利用,则是不可避免的悲剧,即便道德谴责和法律制裁可以减少此悲剧。

  当然,儒家并不主张人们不做任何考察与防范。上文所说的第一种理解便涉及运用理智去察觉他人可能的欺诈,以确保自身的安全与任务的顺利推进。由于察觉到对方违背常理或承诺的迹象,我可以加强自身的防范与戒备,以一定的规范约束对方,以此降低我的风险。在这种情况下,我是否还是信任对方的呢?如果我们对信任做一个强的理解,这时我已经不信任对方了。如果我们对信任做一个弱的理解,那么我此时

---

① 朱熹:《四书章句集注》,第 284 页。

仍然对对方抱有某种信任。在强理解中,由于我开始设防,而信任具有易受伤、呈送托付于人的特质,因此我并不信任对方。在后一种理解中,我只是做我应该做的,以规范行事,并没有猜疑对方会有失信行为,因此我仍然信任对方。

经历到确实可疑的迹象时,方去考察他人,这期间虽仍有怀疑、不全然信任,却不再是"逆诈"。关于对人的考察,《论语》中记载了孔子的如下言行:

> 宰予昼寝。子曰:"朽木不可雕也,粪土之墙不可杇也,于予与何诛。"子曰:"始吾于人也,听其言而信其行;今吾于人也,听其言而观其行。于予与改是。"(《论语·公冶长 10》)

人们比较容易相信能说会道的人,谈吐不凡会给人优秀卓绝的印象。自从见到了宰我的言行不一,孔子感慨今后当不轻易听信人言,而要观察其行为。在今天的教学中,教师面对学生的偶尔请假,本不加怀疑,但如果某人经常请假,或者该班级每次课上都有一些人声称生病,不仅在自己课上请假,也在别的老师课上请假,就不得不让人怀疑他们是真的生病,还是因为不好学而逃课。如果再配合旷课、迟到、早退等无纪律行为,那么对于他们的请假,教师如果还完全相信,就是不明智之举了。一个检验的途径便是要求提供相应的证明。然而,信任已经无存,这种检验不能解决根本问题(证明材料仍然可以造假)。况且,有时身体急性的疼痛,并不一定真能去开具证明。对他们普遍的不信任的态度,又使得诚实的人感到被"冤枉"。这再一次说明,在道德实践中,守信比信任更为重要。

(四) 契约与信任的吊诡

虽然律法、证明、规则并不能解决所有问题,但却可以避免最坏局面的出现。**现代社会的契约精神,其动机恰恰出于对人的"不信任"**。在契约中规定好双方的权利与义务,这样便可以对违约的人施加惩罚,对付出并受损的一方进行补偿。借条、收据等字据可以避免抵赖,维持事实的认定。债权人要求中间人做担保,也是要使其负担连带责任,降低自身风险。**吊诡的是,此种"不信任"恰恰促成了社会整体的信任与诚信。**如果一次失信的行为会给自己带来较大的惩罚,人们便会更倾向于诚信。普遍的诚信则又促进人们的互信。相反,若失信成本较低,普遍的欺诈便会盛行,人们便倾向于猜疑他人,去考虑要不要扶起摔倒的人。

对这个吊诡的一种化解,便是前文所述的对信任的弱的理解,在签订契约和字据时,我并没有不信任对方。我只是按照规范去做应该做的事,严肃、认真、慎重地处理我们参与的这件事情。通过契约,人们将初步的言谈条理化、系统化,以事实和理性为支撑,规定谁来负责某项事务。契约越细化,越能避免理解上的纠纷。然而,这种解释仍然有其难点。如果人们借亲人或朋友较小数目的钱,也被要求写下借条,这可能会破坏亲情与友谊。当某人收取了室友兼朋友的房租,以交给共同的房东,对方要求他写下收据,甚至当着他的面对收据拍照存证,那么他便会感到此人也许并没有把自己当朋友。儒家与契约社会嫁接的难点之一,便在于前者重视人之间的感情和信任,而后者恰恰在起初要对其**悬置**。认为儒家凭其对信任与诚信的重视可以步入契约社会,是过于简单和乐观的看法。

(五) 不被信任、避嫌与消弭猜疑

进一步地看,儒家之所以重视对人的信任,也是因为考虑到了是否为人所信任的感受。在原初的人格间情感互动中,被信任给人以鼓舞的力量,而不被信任则使人感到人格的蔑视。其扭曲的形式则是,被信任者滥用信任以辜负信任者,而不被信任者仍然感受到蔑视。不被信任之感受可能使人沉沦,也可能刺激人们通过卓越的表现来证明自己。然而,即便证明了自己,许多人仍是出于怨气,而这并不是应当出现的。由于不当的不信任造成如此的问题,上文中舜与子产的被蒙蔽的信任,也就是值得认可的了。

面对他人的信任,我们当顺其原初的力量,振奋自我。而面对他人的不信任,我们则当从其自然影响中超拔出来,不沉沦,也不愤怒。孔子说:"人不知而不愠,不亦君子乎?"(《论语·学而1》)当别人不了解自己,因而对自己的能力或品性有所质疑时,君子当保持心境的平和。面对谣言中伤时,泰然处之。当然,这并不意味着对不被信任完全无动于衷。一些伟大的艺术家、作家得不到当代人的认可,他们无须迎合世俗的承认。但儒家并未强求每个人都如此洒脱。若自己仍希望得到不认可自己的人们和公众的信赖时,便可以做出解释和提供证明,甚至发誓赌咒。就连孔子在被怀疑时也难以做到全然洒脱,面对子路对他会见南子的不快,他发誓曰:"予所否者,天厌之!天厌之!"(《论语·雍也28》)。当遭受严重中伤之时,去起诉造谣者对名誉的损害,亦是正当的行为。只是在这样做时,内心仍当不受到搅扰,循良知而不动气。

君子不仅在不被信任时不怨怒,而且也会考虑到将要发生的可能的对自己的猜疑。将可能的猜疑消除在萌芽状态,是为**避嫌**。成语"瓜田李下"告诫人们,在瓜田里不要提鞋子,以免使人怀疑自己偷瓜;在李树下不要正冠帽,以免使人怀疑自己偷李子。① 不幸的是,无论如何做,都难以全然避免口舌。自己不避嫌,自然容易招致怀疑。而自己采取避嫌措施,也会被人认为做贼心虚——既然问心无愧,为何刻意不去做正当的事情?这样反而让一些人怀疑当事人心中有鬼,故意遮掩。不难看出,后一种猜疑是一种恶毒的敌对,而前一种猜疑则相对自然。故而,君子之避嫌确实具有正当性。儒家重视礼,部分地也是由于礼仪有助于避免可能的猜疑。男女授受不亲这一礼节,其深层的顾虑正在于,异性的肢体接触可能造成二人有亲密关系的嫌疑,留下话柄。因此礼法限定了

---

① 该成语出自曹植《君子行》:"君子防未然,不处嫌疑间。瓜田不纳履,李下不整冠。"

人与人之间适当的距离。

消除嫌疑不见得总是正当的。如果警方获悉了某罪犯或嫌犯的独特身体特征,正在通缉找寻,而其人并非该罪犯,却恰好具有此特征,因此为了消除嫌疑,此人可能会刻意抹去此特征。如果这一刻意行动被人发觉,他反而更具有了嫌疑。这真是上段所说的,让人觉得欲盖弥彰了,此人的这一做法是否是正当的?表面上看,既然身正不怕影子斜,这一做法便是不正当的,因为它干扰了侦查,这通常是罪犯本人的做法。正当避嫌是去防止可能的猜疑,而不当地消弭猜疑则是在恶事已经发生后的追溯元凶阶段,刻意地呈现虚假的证明。

深入来看,极力避免使自己成为被怀疑的目标,仍是肇因于缺乏信任。如果公权力是值得信任的,他信任警察会查明真相,大概便不会如此做。他知道这里的警察和法院先前为了完成任务,曾刑讯逼供,制造过冤假错案。因而,他为了保护自己,便会抹去招致怀疑的迹象。同理,如果某人在街上,看到警察正在追赶前面的一群人,这群人正在往自己的方向跑,由于不信任警方,他便不知道自己是不是也应该跑。如果跑,被抓到将更加难辩解;而不跑则又担心自己直接被误抓、屈打成招。孔子所说的"民无信不立",其意义也在于,公权力不能获得人民信任会造成社会整体上守信和信任的缺失,而后者又造成正当性的淆乱。

总结

本章不仅在静态、本质的维度上,还透过发生、生成的视角全面地考查了信任与守信的相关问题。综上所述,由于信所具有的道德与精神意涵,汉代人将"信"列入五常之一,而不选择"圣"或其他德目,是有其道理的。全面地认识与信相关的体验,而不是仅仅发出号召,可以更好地促进道德修养与践履。信任是对他人的敞开、呈送、交付,其特征是易受伤。人格之信任不同于理性之相信,我们在知识不能充足地决定是否要去相信的时候,仍会信任他人。没有意识到风险的自发信任为"初始的信任"。在另一种情形下,我们感到了风险的存在,却仍然去信任,即是"决定的信任"。相较于对有限的人的信任,在精神领域中对无限者的信任提供了更根本的安身立命之道。

信任并不必然预设他人先前的诚信,但由于不守信是不信任的诱因,诚信亦是决定信任之恰当与否的关键因素,因此儒家更重视守信这一德行。守信对于朋友与政府尤为重要。而在儒家话语体系中,守信并非最高的德行,当其与仁义冲突时,不必拘泥于守信。可信的品质主要有认真与真诚两点。对普通人来说,某人给自己留下的印象,是自己是否信任他的主要动因。对权威的认真态度与艰苦探索之人格的信任,并不等同于全然相信。知识的进步往往由挑战先前的权威所推动。

为了解决人们的道德困境,还需要了解哪些力量会破坏人们的不信任,甚至造成主动的不诚信。笔者总结这些因素如下:(1)他人辜负自己信任的过往经历造成了此人不可信任的印象;(2)轻率的言语;(3)对他人经历的观察与认识;(4)谣言毁谤;(5)对权力利益的追逐;(6)对被害的恐惧。在儒家看来,靠欺诈取得胜利的人,恰恰在道义上是可耻的,应当被贬斥。面对他人的欺诈,儒家有两种应对方式。第一种是信任欺诈者,察觉不到被欺骗。这样,君子的信任与诚信就具有悲剧色彩。在原初的人格间情感互动中,被信任给人以鼓舞的力量,而不被信任使人感到人格的蔑视。因此舜与子产的被蒙蔽的信任,与其说是愚蠢,毋宁说是纯真。过于精明、过度猜疑则会损害真诚。此外,儒家也不反对考察与防范,亦认可运用理智去察觉他人可能的欺诈,以确保自身的安全与任务的顺利推进。

至于在防范(含签订契约字据)时,人们是否仍然在信任他人,则存在强弱的不同解读。同理,当人们提醒他人说"请不要辜负我的信任"时,若以未设防来理解,则对他人是信任的;而若以仍有担忧、仍旧提醒他人来看,则又是不信任的。这种感受乃是介于彻底的不信任与彻底的信任之间。通过综合对信任的不同理解,笔者以下表展示不同程度的信任,以化解冲突。在此表中间的三种状态,被一些人看作属于不信任,而被一些人认为是信任。在笔者看来,施坦因博克所做的便是最强的理解,即将彻底的信任看作是信任的本质。

彻底的不信任	略强的信任	更强的信任	再强的信任	彻底的信任
有意的设防 (刻意布置) 担忧 提醒警告	无意的设防 (履行规范) 担忧 提醒警告	不设防 担忧 提醒警告	不设防 担忧 不提醒警告	不设防 不担忧 不提醒警告

面对他人的信任,我们当顺其原初的力量,振奋自我。而面对他人的不信任,我们则当从其自然影响中超拔出来,不沉沦,亦不怨怒。君子不仅在不被信任时不怨怒,也会考虑到将要发生的可能的对自己的猜疑。将可能的猜疑消除在萌芽状态,是为避嫌。正当避嫌是去防止可能的猜疑,而不当地消弭猜疑则是刻意呈现虚假证明,在恶事已经发生后的追溯元凶阶段,欺骗稽查者。深入去看,当自己是无辜的,却仍极力避免使自己成为被调查的目标,乃是肇因于对公权力缺乏信任。这再一次呼应了孔子的观点,政府若不能获得人们的信任,国家社会便不能安立。

结语 "心有其理"与"人心惟危"

在早期儒家伦理学中,至少有两种关于人性的道德学说和道德修养实践。在孟子看来,人性本善,而恶是由环境的影响和修养的缺失造成的。① 相反,荀子认为人天生就有破坏性的情感和欲望,人行善是由适当的环境和人为的努力造成的。② 由于没有肯定人性中的相反倾向,这两种理解都未能解释一个人是如何受到环境的影响而违背自己的本性的。

在宋明儒学那里,张载所倡导的学说在某种程度上解决了这一难题,他区分了天地之性和气质之性。③ 朱熹虽然主张先验的人性与经验的人心应当统一,但他的学说确实导致了形而上的天地之性与人们实际感受到的气质之性的对立二分。④ 尽管由"道心"所代表的终极人性是善的,由感受所表达的实际人性仍是危殆的。⑤ 这由朱熹对《书经》"人心

---

① 孟子只讲善的萌芽,没有肯定人性中恶的萌芽。他声称君子不认为欲望是人性(《孟子·尽心下 24》)。关于恶劣的环境和修养的缺乏如何遮蔽一个人的本心,参见《孟子》之《告子上 7》《告子上 8》《告子上 9》。
② 参见《荀子·性恶》。
③ 《张载集》,章锡琛点校,中华书局 1978 年版,第 23 页。
④ 朱熹认为,天地之性是就形而上的理而言,而气质之性则是理与气的混合。参见朱熹《晦庵先生朱文公文集》卷五十六,《朱子全书》第 23 册,第 2688 页;另见朱熹《朱子语类》卷四,《朱子全书》第 14 册,第 196 页。
⑤ 朱熹:《四书章句集注》,第 16 页。

惟危,道心惟微"之陈述的解读可以看出。人心需要按照天理来转化。就对人性经验方面的理解而言,朱熹和荀子都强调情感本身是不可靠的,尽管就道德来源与标准而言,二者存在分歧:朱熹倡导天理,荀子倡导礼。我们如何获得关于天理的知识?朱熹认为,通过对经典的研究、对自然事物的考察、对礼的学习,人们可以认识天理的内容。总有一天,在经过长时间的探索之后,人们会深入到天理的各个方面,既能分辨事物的表面与内在,又能分辨事物的粗糙与细微之处。①

王阳明的人性论与此不同。一方面,他承认人心中有自私的欲望和意图,这些欲望和意图不仅仅是由环境造成的。另一方面,他不认为天地之性只是形而上的,天理不只是抽象的秩序。对阳明来说,天理由人的良知所直观到。如果把气仅仅理解为感性的本能和任意的意图,比如骄惰之气,那么良知不同于气。②但是,如果把气理解为广义上的**可体验者**,那么良知就属于气的纯粹部分,如志气与元气。③王阳明说:"循理便是善,动气便是恶。"④没有受到搅扰的本原之气正是与天理相关联的善气。简言之,良知原初是作为人性中的道德感受而出现的。⑤

本书接续孟子、王阳明的进路,参照舍勒的现象学描述,澄清了儒家语境下人性中先天的道德情感。它不仅阐明了道德情感的理想体验,在此基础上还可推出以往学者所忽视的良知的具体内容。纯粹的道德认

---

① 朱熹:《四书章句集注》,第8页。
② 王阳明:《传习录》,第256条。黄勇也注意到王阳明所言的"客气",他以之解释新儒学中恶的起源。参见 Yong Huang, "A Neo-Confucian Conception of Wisdom: Wang Yangming on the Innate Moral Knowledge (Liangzhi)," p. 399。
③ 王阳明:《传习录》,第142条。孟子也谈及作为可体验的道德力量之气,如夜气(《告子上8》)、浩然之气(《公孙丑上2》)。
④ 王阳明:《传习录》,第101条。
⑤ 参见 Yinghua Lu, "Pure Knowing (Liang Zhi) as Moral Feeling and Moral Cognition: Wang Yangming's Phenomenology of Approval and Disapproval," Asian Philosophy 27, No. 4, 2017, pp. 309-323; Yinghua Lu, "Wang Yangming's Theory of the Unity of Knowledge and Action Revisited: An Investigation from the Perspective of Moral Emotion," Philosophy East & West 69, No. 1, 2019, pp. 197-214。

识（良知）意味着道德情感在时间性维度内的具体运行，它在广义上可扩展至道德反思和判断；天理意味着心的秩序之形式，以及此秩序所表达的价值和价值体系。这些阐明是笔者试图对现象学、中国哲学和伦理学所做的贡献。

必须指出，仅仅倡导道德情感的本真性和重要性，还不足以确保人们的道德行为。首先，健康的政治和法律体系也是必要的。如果一个社会不公正，人们的仁爱很容易受到对他人怨恨的遮蔽，应对策略也迫使自己做出不道德行为。要使人们的良知得以顺利生长，就必须建构一个健康的社会。其次，无论社会制度是怎样的，一定会有大量非道德情感（无论是不道德的还是无关道德的）经常出现。如果它们没有得到适当调节，不道德的行为便会出现。

笔者在研究中，特意避免过于乐观的理想主义趋向。这种趋向只关注完美和理想的道德体验应该是什么，而没有解释为什么在实际经验中人们并不如此感受。相较之下，笔者在阐明舍勒的爱的现象学之后，重新审视了不完美的爱的难题。笔者反对那种认为不完美或不纯粹的爱根本不是爱的观点。笔者了解这些爱的形式与舍勒所描述的爱并不相同，但只要它们是由没有达到理想的爱的普通人实际体验到的，我们就没有理由去忽视这些人性中的弱点。如果一个人没有看到欲望和破坏性情感的难题和复杂性，他就会过于简化问题，武断地任性而为，并认为自己掌握了绝对真理和善的标准。

只有通过详细描述无关道德的情感（如焦虑）和不道德的情感（如嫉妒），人们才能深入了解破坏性的情感并避免受其宰治。然而，由于本书的主要关切，笔者描述了道德情感的破坏形式，而没有描述非道德情感本身。笔者过去曾探讨心理分析视野下的欲望和人性问题，而现在的重点转向了价值现象学领域，它强调人的精神感受，对自然主义持批判态度。尽管如此，我仍然意识到心理分析理论的长处，并准备在将来重温它们。

心的活动至少有三个面向：(1) 心理的感性本能与感受；(2) 心智的理性认知；(3) 心灵的道德与宗教体验。依循孟子、陆九渊对"先立乎其大者"的倡导，① 本书着重于第三个方面，对儒家所表述的道德情感进行了现象学的阐明。

　　笔者未来的工作将是澄清存在情感与不道德情感。前者将借鉴存在主义、佛教、心理分析、变态心理学等；后者则将受到荀子、基督教、犯罪心理学等有关恶的理论的启发。存在情感和不道德情感总是相互联系的，它们可能会导致人们的德性遭到破坏，而不是得到发展。除了描述危险阴暗的情感，笔者未来的工作还将探究将这些情感转化为积极情感的解决方案。一方面，心理主义应当被反对，因为它没有认识到整全人格之独立的精神领域。另一方面，在我们对人类经验的研究中，我们应该吸收其他学科和领域的成果，尤其是心理学的成果。此外，为了了解和达到终极的关怀与彻底的解脱，还有必要对宗教体验进行阐明。对情感和体验所表现的心的全面理解，将更好地引导人的道德和精神生活。

---

① 参见《孟子·告子上 15》；陆九渊《陆九渊集》，钟哲点校，中华书局 1980 年版，第 136 页、180 页、385 页、400 页。

参考文献

英文书籍：

1. Angle, Stephen C. *Sagehood: the Contemporary Significance of Neo-Confucian Philosophy*. New York: Oxford University Press, 2009

2. Aristotle. *The Basic Works of Aristotle*, ed. Richard McKeon, intro. C. D. C. Reeve. New York: Modern Library, 2001

3. Benedict, Ruth. *The Chrysanthemum and the Sword: Patterns of Japanese Culture*. Boston: Houghton Mifflin Company, 1946

4. Berger, Douglas. *Encounters of Mind: Luminosity and Personhood in Indian and Chinese Thought*. Albany: SUNY Press, 2015

5. Berlin, Isaiah. *Liberty: Incorporating Four Essays on Liberty*, ed. Henry Hardy. Oxford: Oxford University Press, 2002

6. Berlin, Isaiah. *Four Essays on Liberty*. Oxford, England: Oxford University Press, 1969

7. Berthrong John H. *All Under Heaven: Transforming Paradigms in Confucian-Christian Dialogue*. Albany, NY: State University of New York Press, 1994

8. Butler, Joseph. *Five Sermons*. Indianapolis: Hackett Publishing Company, 1983

9. Ching, Julia. *To Acquire Wisdom: The Way of Wang yang-ming*. New York and London: Columbia University Press, 1976

10. Copi, Irving and Carl Cohen. *Introduction to Logic* (11th Ed.). Upper Saddle River, N. J.: Prentice Hall, 2002

11. Cua, Antonio S. *The Unity of Knowledge and Action: A Study in Wang Yang-ming's Moral Psychology*. Honolulu: The University Press of Hawaii, 1982

12. Dover, K. J. *Greek Popular Morality in the Time of Plato and Aristotle*. Berkeley: University of California Press, 1974

13. Fingarette, Herbert. *Confucius: The Secular as Sacred*. New York: Harper & Row Publishers, 1972

14. Frings, Manfred. *The Mind of Max Scheler: the First Comprehensive Guide Based on the Complete Works*. Milwaukee: Marquette University Press, 1997

15. Frisina, Warren. *The Unity of Knowledge and Action: Toward a Nonrepresentational Theory of Knowledge*. Albany: State University of New York Press, 2002

16. Hall, David, and Roger T. Ames. *Democracy of the Dead*. La Salle: Open Court Press, 1999

17. Heidegger, Martin. *Being and Time*, trans. John Macquarrie & Edward Robinson. New York: Harper & Row Publishers, 1962

18. Hume, David. *An Enquiry Concerning the Principles of Morals*, ed. J. B. Schneewind. Indianapolis: Hackett Publishing Company, 1983

19. Husserl, Edmund. *Analyses Concerning Passive and Active Synthesis: Lecture on Transcendental Logic*, trans. Anthony J. Steinbock. Dordrecht: Kluwer Academic Publishers, 2001

20. Ivanhoe, Philip J. *Confucian Moral Self Cultivation*. Indianapolis: Hackett, 2000

21. Ivanhoe, Philip. *Readings from the Lu-Wang School of Neo-Confucianism*. Indianapolis and Cambridge: Hackett Publishing Company, 2009

22. Kalupahana, David J. *Mulamadhyamakakarika of Nagarjuna: The Philosophy of the Middle Way*. New York: SUNY Press, 1986

23. Kant, Immanuel. *Critique of Practical Reason*, trans. Mary Gregor.

Cambridge: Cambridge University Press, 1997

24. Kant, Immanuel. *Groundwork of the Metaphysics of Morals*, trans. Mary Gregor. Cambridge: Cambridge University Press, 1997

25. Kant, Immanuel. *The Metaphysics of Morals*, trans. Mary Gregor. Cambridge: Cambridge University Press, 1996

26. Kant, Immanuel. *The Metaphysics of Morals*, trans. Mary Gregor. Cambridge: Cambridge University Press, 1996

27. Liu, Shu-hsien. *Understanding Confucian Philosophy: Classical and Sung-Ming*. Westport, Conn: Praeger, 1988

28. Luther, A. R. *Person in Love: A Study of Max Scheler's Wesen und Fomen dey Sympathie*. Hague: Martinus Nijhoff, 1972

29. Pascal, Blaise. *Pensées*, trans. Roger Ariew. Indianapolis and Cambridge: Hackett Publishing Company, 2004

30. Puett, Michael. *To become a God: Cosmology, Sacrifice and Self-Divinization in Early China*. Cambridge, MA: Harvard University Press, 2002

31. Ryle, Gilbert. *The Concept of Mind*. London: Hutchinson's University Library, 1949

32. Sartre, Jean-Paul. *Being and Nothingness: An Essay in Phenomenological Ontology*, trans. H. E. Barnes. London: Routledge, 2003

33. Scheler, Max. *Formalism in Ethics and Non-Formal Ethics of Values: A New Attempt toward the Foundation of an Ethical Personalism*, trans. Manfred S. Frings and Roger L. Funk. Evanston: Northwestern University Press, 1973

34. Scheler, Max. *On the Eternal in Man*, trans. Bernard Noble. London: SCM Press, 1960

35. Scheler, Max. *Person and Self-Value: Three Essays*, ed. Manfred S. Frings. Dordrecht: Martinus Nijhoff Publishers, 1987

36. Scheler, Max. *Problems of a Sociology of Knowledge*, trans. Manfred S. Frings. London: Routledge & Kegan Paul Ltd, 1980

37. Scheler, Max. *Ressentiment*, trans. Lewis B. Coser and William W. Holdheim. Milwaukee, Wisconsin: Marquette University Press, 1998

38. Scheler, Max. *Selected Philosophical Essays*, trans. David Lachterman.

Evanston: Northwestern University Press, 1973

39. Scheler, Max. *The Nature of Sympathy*, trans. Peter Heath. New Brunswick, New Jersey: Transaction Publishers, 2008

40. Shun, Kwong-loi. *Mencius and Early Chinese Thought*. Stanford: Stanford University Press, 1997

41. Spader, Peter H. *Scheler's Ethical Personalism: Its Logic, Development, and Promise*. New York: Fordham University Press, 2002

42. Steinbock, Anthony. *Moral Emotions: Reclaiming the Evidence of the Heart*. Evanston: Northwestern University Press, 2014

43. Steinbock, Anthony. *Phenomenology and Mysticism: The Verticality of Religious Experience*. Bloomington and Indianapolis: Indiana University Press, 2009

44. Stout, Jeffrey. *Democracy and Tradition*. Princeton, NJ: Princeton University Press, 2004

45. Tu, Wei-ming. *Centrality and Commonality: An Essay on Confucian Religiousness*. Albany, N.Y.: State University of New York Press, 1989

46. Tu, Wei-ming. *Neo-Confucian Thought in Action: Wang Yang-ming's Youth (1472–1509)*. Berkley: University of California Press, 1976

47. Ven. Cheng Kuan (trans.) *The Sutra of Forty-two Chapters Divulged by the Buddha*. Taipei: Neo-Carefree Garden Buddhist Cannon Translation Institute, 2011

48. Wang, Yangming. *Instructions for Practical Living and Other Neo-Confucian Writings by Wang Yang-ming*, trans. Wing-tsit Chan. New York and London: Columbia University Press, 1963

49. Williams, Bernard. *Shame and Necessity*. Berkeley: University of California Press, 1993

50. Zahavi, Dan. 2014. *Self and Other: Exploring Subjectivity, Empathy and Shame*. Oxford: Oxford University Press

英文论文:

1. Angle, Stephen. A Fresh Look at Knowledge and Action: Wang Yangming in Comparative Perspective. *Journal of Chinese Philosophy* 33, No. 2 (2006): 287–

2. Baier, Annette. Trust and Antitrust. *Ethics* 96, January 1986: 231-260

3. Berger, Douglas. Relational and Intrinsic Moral Roots: A Brief Contrast of Confucian and Hindu Concepts of Duty. *Dao: A Journal of Comparative Philosophy* 7, No. 2 (2008): 157-168

4. Chan, Sin Yee. The Confucian Notion of Jing (Respect). *Philosophy East and West* 56, No. 2 (2006): 229-252

5. Cua, Antonio S. The Ethical and Religious Dimensions of Li (Rites). *Review of Metaphysics* 55, No. 3 (2002): 471-519

6. Cua, Antonio S. The Ethical Significance of Shame: Insights of Aristotle and Xunzi. *Philosophy East and West* 53, No. 2 (2003): 147-202

7. Darwall, Stephen L. Two Kinds of Respect. *Ethics* 88, No. 1 (1977): 36-49

8. Debes, Remy. Recasting Scottish Sentimentalism: The Peculiarity of Moral Approval. *Journal of Scottish Philosophy* 10, No. 1 (2012): 91-115

9. Deonna, Julien, and Fabrice Teroni. Is Shame a Social Emotion? In *Self-Evaluation: Affective and Social Grounds of Intentionality*, eds. A. Konzelman-Ziv, K. Lehrer, and H. B Schmid, 193-212. Dordrecht: Springer, 2011

10. Ding, Weixiang. Mengzi's Inheritance, Criticism and Overcoming of Moist Thought. *Journal of Chinese Philosophy* 35, No. 3 (2008): 403-419

11. Drummond, John J. Respect as a Moral Emotion: A Phenomenological Approach. *Husserl Studies* 22, No. 1 (2006): 1-27

12. Hill Jr, Thomas E. Servility and Self-Respect. *Monist: An International Quarterly Journal of General Philosophical Inquiry* 57, No. 1 (1973): 87-104

13. Huang, Yong. A Neo-Confucian Conception of Wisdom: Wang Yangming on the Innate Moral Knowledge (*Liangzhi*). *Journal of Chinese Philosophy* 33, No. 3 (2006): 393-408

14. Ivanhoe, Philip J. Heaven as a Source for Ethical Warrant in Early Confucianism. *Dao: A Journal of Comparative Philosophy* 6, No. 3 (2007): 211-220

15. Keightley, David N. Shamanism, Death, and the Ancestors: Religious

Mediation in Neolithic and Shang China (ca. 5000 – 1000 B. C). *Asiatische Studien* 52, No. 3 (1998): 763 – 831

16. Kim, Myeong-seok. Respect in Mengzi as a Concern-based Construal: How It is Different from Desire and Behavioral Disposition. *Dao: A Journal of Comparative Philosophy* 13, No. 2 (2014): 231 – 250

17. Kupperman, Joel J. Confucian Civility. *Dao: A Journal of Comparative Philosophy* 9, No. 1 (2010): 11 – 23

18. Lahno, Bernd. On the Emotional Character of Trust. *Ethical Theory and Moral Practice* 4, No. 2 (2001): 171 – 189

19. Li, Puqun. The Tension between the length of Mourning and the Nature of Mourning: A Critical Analysis of the Analects 17:21. *International Communication of Chinese Culture* 4, No. 2 (2017): 227 – 253

20. Liu, Qingping. Confucianism and Corruption: An Analysis of Shun's Two Actions Described by Mencius. *Dao: A Journal of Comparative Philosophy* 6, No. 1 (2007): 1 – 19

21. Lu, Yinghua. Pure Knowing (Liang Zhi) as Moral Feeling and Moral Cognition: Wang Yangming's Phenomenology of Approval and Disapproval. *Asian Philosophy* 27, No. 4 (2017): 309 – 323

22. Lu, Yinghua. Wang Yangming's Theory of the Unity of Knowledge and Action Revisited: An Investigation from the Perspective of Moral Emotion. *Philosophy East & West* 69, No. 1 (2019): 197 – 214

23. Lu, Yinghua. The Phenomenology of Guilt: A Clarification with Confucian Discourse. *Sophia: International Journal of Philosophy and Traditions*, forthcoming

24. Robins, Dan. The Moists and the Gentlemen of the World. *Journal of Chinese Philosophy* 35, No. 3 (2008): 385 – 402

25. Scheler, Max. On the Rehabilitation of Virtue, trans. Eugene Kelly. *American Catholic Philosophical Quarterly* 79, No. 1 (2005): 21 – 37

26. Stalnaker, Aaron. Confucianism, Democracy, and the Virtue of Deference. *Dao: A Journal of Comparative Philosophy* 12, No. 4 (2013): 441 – 459

27. Steinbock, Anthony. Interpersonal Attention through Exemplar. In

Between Ourselves: *Second Person Issues in the Study of Consciousness* (*Journal of Consciousness Studies* 8, No. 5 – 7), ed. Evan Thompson. Imprint Academic, 2001: 179 – 196

28. Steinbock, Anthony. Personal Givenness and Cultural A Prioris. In *Space, Time and Culture*, eds. David Carr and Cheung Chan-fai, 159 – 176. Dordrecht: Kluwer Academic Publishers, 2004

29. Stikkers, Kenneth. Value as Ontological Difference. In *Phenomenology of Value and Valuing*, eds. Lester Embree and James G. Hart, 137 – 154. Dordrecht: Kluwer, 1997

30. Van Norden, Bryan W. 2002. The Emotion of Shame and the Virtue of Righteousness in Mencius. *Dao*: *A Journal of Comparative Philosophy* 2, No. 1: 45 – 77

31. Wong, David. Universalism Versus Love with Distinctions: An Ancient Debate Revived. *Journal of Chinese Philosophy* 16 (1989): 251 – 272

32. Yang, Guorong. Wang Yangming's Moral Philosophy: Innate Consciousness and Virtue. *Journal of Chinese Philosophy* 31, No. 1 (2010): 62 – 75

33. Yang, Xiaomei. How to Make Sense of the Claim "True Knowledge is What Constitutes Actions": A New Interpretation of Wang Yangming's Doctrine of Unity of Knowledge and Action. *Dao*: *A Journal of Comparative Philosophy* 8, No. 2 (2009): 173 – 188

中文书籍：

1. CBETA 电子佛典. CBReader V5.3. 中华电子佛典协会（台北），2016
2. 陈大齐. 孟子待解录. 台北：台湾商务印书馆，1981
3. 陈立. 白虎通疏证. 吴则虞点校. 北京：中华书局，1994
4. 程颢，程颐. 二程集. 王孝鱼点校. 北京：中华书局，2004
5. 戴震. 戴震文集. 北京：中华书局，1980
6. 戴震. 孟子字义疏证. 何文光整理. 北京：中华书局，1982
7. 董仲舒，苏舆. 春秋繁露义证. 钟哲点校. 北京：中华书局，2015
8. 傅佩荣. 解读孟子. 上海：上海三联书店，2007
9. 耿宁. 心的现象——耿宁心性现象学研究文集. 倪梁康编. 倪梁康，张祥龙，王

庆节译.北京:商务印书馆,2012

10. 郭庆藩.庄子集释.王孝鱼点校.北京:中华书局,2013

11. 汉语大词典编辑委员会.汉语大词典光碟2.0.香港:商务印书馆,2002

12. 黄进兴.优入圣域——权力、信仰与正当性.西安:陕西师范大学出版社,1998

13. 贾谊.新书校注.阎振益,钟夏校注.北京:中华书局,2000

14. 孔安国传,孔颖达疏.尚书正义.廖名春,陈明整理.北京:北京大学出版社,2000

15. 赖贤宗.道家禅宗与海德格的交涉.台北:新文丰出版公司,2008

16. 劳思光.新编中国哲学史.桂林:广西师范大学出版社,2005

17. 李明辉.儒家与康德.台北:联经出版事业公司,1990

18. 李明辉.四端与七情:关于道德情感的比较哲学探讨.台北:台湾大学出版中心,2005

19. 陆贾.新语校注.王利器校注.北京:中华书局,2012

20. 陆九渊.陆九渊集.钟哲点校.北京:中华书局,1980

21. 毛亨传,郑玄笺,孔颖达疏.毛诗正义.龚抗云等整理.北京:北京大学出版社,2000

22. 牟宗三.从陆象山到刘蕺山(《牟宗三先生全集》第8册).台北:联经出版事业公司,2003

23. 牟宗三.康德的道德哲学(《牟宗三先生全集》第15册).台北:联经出版事业公司,2003

24. 牟宗三.名家与荀子(《牟宗三先生全集》第2册).台北:联经出版事业公司,2003

25. 牟宗三.时代与感受(《牟宗三先生全集》第23册).台北:联经出版事业公司.2003

26. 牟宗三.现象与物自身(《牟宗三先生全集》第21册).台北:联经出版事业公司,2003

27. 牟宗三.心体与性体(《牟宗三先生全集》第5、6、7册).台北:联经出版事业公司,2003

28. 牟宗三.中国哲学的特质(《牟宗三先生全集》第28册).台北:联经出版事业公司, 2003

29. 倪梁康.心的秩序——一种现象学心学研究的可能性.南京:江苏人民出版社,2010

30. 阮籍.阮籍集校注(典藏本).陈伯君校注.北京:中华书局,2015

31. 孙武撰,曹操等注.十一家注孙子校理.杨丙安校理.北京:中华书局,2016

32. 王弼.老子道德经注.楼宇烈校释.北京:中华书局,2011

33. 王庆节.解释学、海德格尔与儒道今释.北京:中国人民大学出版社,2009

34. 王阳明.王阳明全集(全三册).吴光等编校.上海:上海古籍出版社,2011

35. 吴汝钧.佛教的概念与方法.北京:世界图书出版公司,2015

36. 许慎.注音版说文解字.徐铉校定.愈若注音.北京:中华书局,2015

37. 王先谦.荀子集解.沈啸寰,王星贤点校.北京:中华书局,2016

38. 杨天宇撰.礼记译注.上海:上海古籍出版社,2004

39. 叶适.叶适集.刘公纯,王孝鱼,李哲夫点校.北京:中华书局,2010

40. 袁保新.从海德格尔、老子、孟子到当代新儒学.武汉:武汉大学出版社,2011

41. 张祥龙.从现象学到孔夫子.北京:商务印书馆,2011

42. 张祥龙.海德格尔思想与中国天道.北京:三联书店,2007

43. 张载.张载集.章锡琛点校.北京:中华书局:1978

44. 郑玄注,孔颖达疏.礼记正义.龚抗云整理.王文锦审定.北京:北京大学出版社,2000

45. 朱熹.四书章句集注.北京:中华书局,2011

46. 朱熹.朱子全书.上海:上海古籍出版社,2010

47. [德]胡塞尔.现象学的方法.黑尔德编.倪梁康译.上海:上海译文出版社,2016

48. [德]康德.道德形而上学奠基.杨云飞译.邓晓芒校.北京:人民出版社,2013

49. [德]舍勒.伦理学中的形式主义与质料的价值伦理学.倪梁康译.北京:商务印书馆,2011

50. [德]舍勒.同情感与他者.刘小枫主编.朱雁冰等译.北京:北京师范大学出版社,2014

51. [美]赫伯特·芬格莱特.孔子:即凡而圣.彭国翔,张华译.江苏:江苏人民出版社,2002

中文论文:

1. 陈立胜.恻隐之心:"同感"、"同情"与在世基调.《哲学研究》2011年第12期

2. 黄玉顺.论"恻隐"与"同情".《中国社会科学院研究生院学报》2007年第3期

3. 刘昌元.论对"饿死事小,失节事大"的批评与辩护.《二十一世纪》2000年6期

4. 卢盈华.从音乐到礼乐:中国早期艺术伦理探析——以《乐记》、《乐论》、《声无哀乐论》为基础.《商丘师范学院学报》2009年第11期

5. 卢盈华.良知是如何被遮蔽的?——基于阳明心学的阐明.《中国哲学史》2017年第4期

6. 卢盈华.王阳明四句教的"实存与机能说"之新诠释.《浙江学刊》2018年第2期

7. 卢盈华.杨简的心一元论辨析——从一元论与二元论的诸种含义说起.《道德与文明》2020年第4期

8. 卢盈华.怨嫉与良知的遮蔽——马克斯·舍勒与王阳明论心的失序.《中国现象学与哲学评论》第23辑,2018

9. 卢盈华.诚体是如何活动的?——立足于〈中庸〉对诚之现象的阐明.《学术研究》2020年第1期

10. 施坦因博克.道德情感的独特性.卢盈华译.《思想与文化》第21辑,2018

11. 张任之.舍勒的羞耻现象学.《南京大学学报》2007年第3期

12. 张任之.舍勒与宋明儒论一体感——一项现象学的与比较宗教学的探究.《世界宗教研究》2017年第4期

13. 朱晓娟.程朱学派与宋代妇女贞洁观之研究.台湾政治大学.硕士论文,2003

致　谢

　　本书缘起于对情感、价值与德性问题的长期思考,于2012年初动笔。在本书写作和修改的不同时期,我得到了多方面的助益。

　　我首先要感谢我的博士导师Douglas Berger。他广博的东方哲学和比较哲学知识给了我许多启迪。我从导师那里学习了佛学、印度哲学、中国哲学、尼采哲学、叔本华哲学等哲学知识。他不仅是我的良师,还是我的朋友。听导师弹吉他,一起交游,是美好的回忆。我还要感谢我的现象学导师Anthony Steinbock。我常常参与他的常规课程与两周一次的现象学工作坊,学到了如何运用现象学的方法。在他的现象学研究中心做三年访问研究员的经历,使我获益匪浅。我还受惠于以下南伊利诺伊大学哲学系老师的教导:Kenneth Stikkers、Thomas Alexander、Andrew Youpa、Larry Hickman、Stephen Tyman、Robert Hahn、Randall Auxier等。我常常怀念在南伊大四年半的读书时光。

　　在访问香港中文大学时,我在课堂内外得到如下老师的教导:刘笑敢、王庆节、黄勇、郑宗义、姚治华。作为审读老师,刘笑敢教授还针对本书的初稿提出了富有启发的问题。在访问浙江大学人文高等研究院期间,周围的美丽山水赋予了我灵感。感谢我的前辈校友李瑞全教授,我在不同的场合从他那里得到教益。武汉大学郭齐勇教授给予了我许多鼓励,华东师范大学杨国荣教授和郁振华教授对我大力支持,在此深致谢忱。

感谢南伊大哲学系的研究生同学:孙宁、Dennis Lunt、Nicholas Smaligo、Jeffery Morrisey、Kevin Taylor、Thomas Ruble、Matthew Williams-Wyant、Cheongho Lee 与 Juan Alejandro Chindoy。他们在不同的方面与我讨论了本书涉及的问题。我还要感谢李浦群、Carl Helsing、Benjamin Coles、John Ramsey、Jeffery Ulrich,以及我的研究生学生 Rory O'Neill 和 Blake Simmons。他们的评论和交流促进我继续思考。

我要感谢江苏人民出版社。纯粹哲学丛书主编黄裕生教授的首肯使本书的问世成为可能,编辑为本书的出版付出了种种辛劳,在此特致谢意。感谢以下华东师大的研究生校读本书书稿:金雯珏、王昌乐、冯利民、陈蕾、吴泽慧、李月华。

感谢我的父母,没有他们对我的教导,我不可能在学业上取得成就。我特别要感谢我的祖母,她非常爱我,而我亏欠她太多。她去世时,我正在美国读书,家人没有将此消息告知我。等我回国,满怀着与祖母团聚的期待回到老家时,才发现已经永远无法再见到她。我没有来得及见祖母最后一面,在她去世前的最后几年,我也没能多陪伴她,而更多地是使用跨国电话交流。后来电话打不通,乃被告知是电话坏掉。我的心中,总是愧疚不安。几年来,我经常梦到祖母,在梦中与她聊天,音容如旧。

卢盈华

2021 年 4 月于上海

凤凰文库书目·纯粹哲学系列

《哲学作为创造性的智慧:叶秀山西方哲学论集(1998—2002)》 叶秀山 著
《真理与自由:康德哲学的存在论阐释》 黄裕生 著
《走向精神科学之路:狄尔泰哲学思想研究》 谢地坤 著
《从胡塞尔到德里达》 尚杰 著
《海德格尔与存在论历史的解构:〈现象学的基本问题〉引论》 宋继杰 著
《康德的信仰:康德的自由、自然和上帝理念批判》 赵广明 著
《宗教与哲学的相遇:奥古斯丁与托马斯·阿奎那的基督教哲学研究》 黄裕生 著
《理念与神:柏拉图的理念思想及其神学意义》 赵广明 著
《时间性:自身与他者——从胡塞尔、海德格尔到列维纳斯》 王恒 著
《意志及其解脱之路:叔本华哲学思想研究》 黄文前 著
《真理之光:费希特与海德格尔论 SEIN》 李文堂 著
《归隐之路:20世纪法国哲学的踪迹》 尚杰 著
《胡塞尔直观概念的起源:以意向性为线索的早期文本研究》 陈志远 著
《幽灵之舞:德里达与现象学》 方向红 著
《形而上学与社会希望:罗蒂哲学研究》 陈亚军 著
《福柯的主体解构之旅:从知识考古学到"人之死"》 刘永谋 著
《中西智慧的贯通:叶秀山中国哲学文化论集》 叶秀山 著
《学与思的轮回:叶秀山 2003—2007 年最新论文集》 叶秀山 著
《返回爱与自由的生活世界:纯粹民间文学关键词的哲学阐释》 户晓辉 著
《心的秩序:一种现象学心学研究的可能性》 倪梁康 著
《生命与信仰:克尔凯郭尔假名写作时期基督教哲学思想研究》 王齐 著
《时间与永恒:论海德格尔哲学中的时间问题》 黄裕生 著
《道路之思:海德格尔的"存在论差异"思想》 张柯 著
《启蒙与自由:叶秀山论康德》 叶秀山 著
《自由、心灵与时间:奥古斯丁心灵转向问题的文本学研究》 张荣 著
《回归原创之思:"象思维"视野下的中国智慧》 王树人 著
《从语言到心灵:一种生活整体主义的研究》 黄益民 著
《身体、空间与科学:梅洛-庞蒂的空间现象学研究》 刘胜利 著
《超越经验主义与理性主义:实用主义叙事的当代转换及效应》 陈亚军 著
《希望与绝对:康德宗教哲学研究的思想史意义》 尚文华 著
《多元与无端:列维纳斯对西方哲学中一元开端论的解构》 朱刚 著
《哲学的希望:欧洲哲学的发展与中国哲学的机遇》 叶秀山 著
《同感与人格:埃迪·施泰因的交互主体性现象学研究》 郁欣 著

《从逻辑到形而上学:康德判断表研究》 刘萌 著
《重审"直观无概念则盲":当前分析哲学语境下的康德直观理论研究》 段丽真 著
《道德情感现象学:透过儒家哲学的阐明》 卢盈华 著